elefante

elefante

conselho editorial
Bianca Oliveira
João Peres
Tadeu Breda

edição
Tadeu Breda

assistência de edição
Luiza Brandino

preparação
Fabiana Medina

revisão
Alessandra Veronesi
Laura Massunari

projeto gráfico
Bianca Oliveira

diagramação
Victor Prado

organização
Jason W. Moore

Antropoceno ou Capitaloceno?

Natureza, história e a crise do capitalismo

tradução
Antônio Xerxenesky & Fernando Silva e Silva

Culturas, Estados e criação de ambientes

Ao meu pai, que me ensinou
que o diálogo é o que importa.

Agradecimentos

Era um dia de primavera no sul da Suécia, em 2009. Eu conversava com Andreas Malm, então doutorando na Universidade de Lund. "Esqueça do Antropoceno", ele disse. "Deveríamos chamá-lo de *Capitaloceno*!"

Na época, não dei muita atenção. "Sim, é claro", pensei. Mas não fazia ideia do que poderia significar Capitaloceno, além de uma afirmação razoável — mas não especialmente interessante — de que o capitalismo é o pivô da crise biosférica dos dias de hoje.

Foi nesse período também que comecei a repensar boa parte da sabedoria convencional dos estudos ambientais. Essa sabedoria tinha se tornado atmosférica. Afirmava, na verdade, que a tarefa dos pesquisadores da área era estudar "o" ambiente e, portanto, o contexto ambiental, as condições e as consequências *das* relações sociais. As relações sociais em si — não apenas as também importantes relações da economia política — em geral ficavam de fora das principais preocupações desse campo de estudos, o que não me parecia correto. Todas aquelas "relações sociais" já não estariam inclusas na teia da vida? O comércio mundial, o imperialismo, a estrutura de classes, as relações de gênero, as ordens raciais — e muito mais — não seriam produtores de mudanças ambientais e também *produtos* da teia da vida? Em um nível elevado de abstração, esse argumento era amplamente aceito. Mas, num nível prático, analítico, tais ideias eram cada vez mais marginais.

Isso mudou. A ideia do Capitaloceno como um conjunto de múltiplas espécies, uma ecologia-mundo do capital, do poder e da natureza, faz parte da conversa global — para pesquisadores e para um número cada vez maior de ativistas.

Este livro é resultado das conversas que germinaram na Suécia — começando naquela primavera de 2009 — e que acabariam concebendo uma perspectiva de ecologia-mundo na qual as relações do capital, do poder e da natureza formam, no mundo moderno, um todo em evolução, desigual e cheio de padrões. Em vez de buscar uma "teoria de tudo", a conversa sobre a ecologia-mundo começou com um grupo especial de pós-graduandos da Universidade de Lund interessados em ampliar os limites do pensamento sobre espaço, geografia e natureza no capitalismo. Entre esses estudantes estavam: Diana C. Gildea, Erik Jonsson, Cheryl Sjöström, Holly Jean Buck, Bruno Portillo, Geannine Chabaneix, Jenica Frisque, Xiao Yu e Jessica C. Marx. Holly Buck merece crédito especial por insistir que o Antropoceno, apesar de todos os problemas, ainda era uma maneira útil de falar com um público maior. É isso que chamamos de *discordância produtiva*!

Preciso fazer vários agradecimentos. Em primeiro lugar, aos colegas na Universidade de Binghamton: a Bat-Ami Bar On, diretor do Instituto de Pesquisa Avançada em Humanidades, e a Donald G. Nieman, reitor, por me permitir tirar uma licença para finalizar este livro. Agradeço muito também a Denis O'Hearn, chefe de departamento, por fornecer uma atmosfera agradável para completar este projeto. Também gostaria de agradecer aos muitos pesquisadores generosos ao redor do mundo que me convidaram para palestras e ao público que pacientemente as ouviu — suas respostas e discussões enriqueceram o diálogo de maneiras nem sempre óbvias, mas não menos profundas.

Os argumentos apresentados neste livro devem-se integralmente a uma comunidade maravilhosa de intelectuais radicais que encorajaram, de diversas maneiras, as conversas a respeito do Antropoceno/Capitaloceno e da ecologia-mundo: Haroon Akram-Lodhi, Elmar Altvater, Gennaro Avallone, Henry Bernstein, Jay Bolthouse, Neil Brenner, Alvin Camba, Christopher Cox, Sharae Deckard, Marion Dixon, Joshua Eichen, Harriet Friedmann, Paul K. Gellert, Aaron Jakes, Fredrik Albritton Jonsson, Ashok Kumbamu, Benjamin Kunkel, Rebecca Lave, Emanuele Leonardi, Kirk Lawrence, Sasha Lilley, Larry Lohmann, Philip McMichael, Michael Niblett, Kerstin Oloff, Andrew Pragacz, Larry Reynolds, Marcus Taylor, Eric Vanhaute, Tony Weis e Anna Zalik. Sou especialmente grato pelas conversas que prosseguiram com Diana C. Gildea, Christian Parenti, Raj Patel e Marge Thomas. Ramsey Kanaan e a equipe da PM Press foram exemplares e me apoiaram ao longo de todo o processo. Naomi Schulz compilou e me ajudou a formatar a bibliografia. Enfim, sinto-me inspirado e grato a Diana e Malcolm, que, com incondicional alegria e amor, geram vida e transformam o mundo como o conhecemos.

Introdução

Jason W. Moore

As notícias não são boas para o planeta Terra. A humanidade — e todo o restante da vida que a acompanha — encontra-se agora no limiar do que os cientistas do Sistema Terra chamam de "mudança de estado". Esse momento está representado na consciência crescente acerca das mudanças climáticas — entre pesquisadores e também entre um amplo público preocupado. Mas o nosso momento envolve muito mais do que apenas um problema climático. Estamos vivendo uma transição na vida planetária com o "potencial de transformar a Terra rápida e irreversivelmente num estado desconhecido até então pela experiência humana" (Barnosky *et al.*, 2012, p. 52).

O *Zeitgeist* do século XXI, portanto, infunde compreensivelmente um senso de urgência em cidadãos, ativistas e pesquisadores — por exemplo, Foster, Clark & York (2010), Hansen (2009), Parenti (2011) e Klein (2014). A realidade é bastante real. E, de acordo com qualquer avaliação razoável, a situação está se deteriorando. Semanalmente, até diariamente, as pesquisas se empilham. "Pressões humanas" estão levando as condições de estabilidade biosférica — sobretudo o clima e a biodiversidade — a um ponto de ruptura (Steffen *et al.*, 2015; Mace *et al.*, 2014; Dirzo *et al.*, 2014). Múltiplos "limites planetários" estão sendo excedidos agora — ou logo serão (Rockström *et al.*, 2009a). As condições da vida no planeta Terra estão mudando de forma rápida e fundamental.

A conscientização sobre essa difícil situação já vem sendo construída há algum tempo. Mas a realidade de uma *crise* — compreendida aqui como um ponto de inflexão fundamental na vida de um sistema, de *qualquer* sistema — pode ser muito difícil de compreender e interpretar; também pode ser muito difícil tomar qualquer atitude em relação a ela. Crises não são fáceis de compreender por aqueles que as vivenciam. As filosofias, os conceitos e as histórias que usamos para dar sentido a um presente global cada vez mais explosivo e incerto são — quase sempre — ideias herdadas de outra época e lugar. O tipo de pensamento que criou a turbulência global de hoje provavelmente não nos ajudará a resolvê-la.[1]

Modos de pensamento são persistentes. Não são mais fáceis de transcender do que os "modos de produção" que refletem e ajudam a moldar. Esta coletânea de ensaios é um esforço para ampliar e estimular uma conversa global acerca de um novo modo de pensar. Nosso ponto de partida é o conceito de Antropoceno, o mais influente dos estudos ambientais da década passada. Os ensaios deste livro oferecem críticas distintas do argumento Antropoceno — que é, na verdade, uma família de argumentos com muitas variações. Mas a intenção é ir além dessa crítica. O Antropoceno é um ótimo ponto de partida não apenas por sua popularidade, mas, mais importante, porque faz perguntas fundamentais ao nosso tempo: de que maneira nós, humanos, nos encaixamos dentro da teia da vida? Como várias organizações humanas e processos — Estados e impérios, mercados mundiais, urbanização e muito mais — redefiniram a vida planetária? A perspectiva do Antropoceno é poderosa e influente por trazer essas questões ao mainstream acadêmico — e até mesmo (embora de forma desigual) à consciência popular.

A função deste livro é encorajar um debate — e nutrir uma perspectiva — que vai além da Aritmética Verde (*Green Arithmetic*): a ideia de que nossas histórias podem ser contempladas e narradas somando a Humanidade (ou a Sociedade) e a Natureza, ou até mesmo o Capitalismo e a Natureza. Tais dualismos são parte do problema: são fundamentais para o raciocínio que levou a biosfera à transição atual em direção a um mundo menos habitável. Quase não se percebe que as categorias de "Sociedade" e "Natureza" — Sociedade sem natureza, Natureza sem humanos — fazem parte do problema, intelectual e politicamente. O par Natureza/Sociedade, não menos do que os binarismos do eurocentrismo, do racismo e do sexismo, está diretamente implicado nas colossais violência, desigualdade e opressão do mundo moderno. Esse argumento contra o dualismo envolve algo abstrato — Natureza/Sociedade —, mas, ainda assim, muito material, pois a abstração Natureza/Sociedade historicamente se conforma a uma série sem fim de exclusões *humanas* — para não mencionar as disciplinas racionalizantes e as políticas de extermínio impostas sobre naturezas extra-humanas. Essas exclusões correspondem a uma longa história de subordinação de mulheres, populações coloniais e pessoas de cor — humanos que raramente eram membros da "sociedade civilizada" de Adam Smith (1937 [1776]).

Essas são, sem dúvida, questões de opressão. E também são fundamentais para a economia política do capitalismo, que jaz sob uma estratégia audaz de acumulação: a Natureza Barata (*Cheap Nature*). Para o capitalismo, a Natureza é "barata" em dois sentidos: por um lado, precifica os elementos da Natureza, dando-lhes um valor "barato"; por outro, *barateia*, degrada ou inferioriza a Natureza num sentido ético-político, para torná-la barata em termos de preço. Esses dois momentos estão entrelaçados a cada instante e em cada grande transformação do capitalismo dos últimos cinco séculos (Moore, 2015a).

Isso é importante para a nossa análise e também para nossa política. Os esforços para transcender o capitalismo de maneira igualitária e amplamente sustentável serão frustrados enquanto a imaginação política radical for refém da organização e/ou da realidade capitalista Natureza/Sociedade. E qualquer esforço para discernir os limites do capitalismo nos dias de hoje — crucial para qualquer estratégia antissistêmica — não pode ir muito longe se inserir a realidade em dualismos que são imanentes ao desenvolvimento capitalista.

O argumento do Antropoceno mostra que o dualismo Natureza/Sociedade está na etapa mais avançada de seu desenvolvimento. E se o Antropoceno — enquanto argumento histórico, em vez de geológico — é inadequado, ainda assim é um argumento que merece nossa consideração. Novos modos de pensar emergem de muitos passos hesitantes. Há muitos estágios conceituais no caminho para uma nova síntese. O conceito de Antropoceno é com certeza o mais influente desses estágios. Nenhum conceito firmado na mudança histórica foi tão influente ao longo do espectro do Pensamento Verde (*Green Thought*); nenhum outro conceito sociológico atraiu tanta atenção popular.

Formulado por Paul Crutzen e Eugene Stoermer em 2000, o conceito de Antropoceno tem sua origem em uma posição eminentemente razoável: o tempo geológico e da biosfera foi transformado de modo fundamental pela atividade humana. Uma nova conceitualização do tempo geológico — uma que inclua a "humanidade" como "grande força geológica" — é necessária. Sem dúvida foi uma proposta corajosa. Propor que a humanidade seja um agente geológico é transgredir um dos limites intelectuais fundamentais da modernidade. Pesquisadores chamam isso de duas culturas — uma das ciências "naturais", outra das ciências "humanas" (Snow, 1964 [2015]). No melhor dos casos, o conceito de Antropoceno mescla história humana e natural — ainda que o "como" e o "por quê" continuem imprecisos e gerem muita discussão. Tal nebulosidade certamente merece crédito pela popularidade do conceito. Assim como a globalização nos anos 1990, o Antropoceno se tornou uma palavra da moda, que pode significar qualquer coisa para as pessoas. Embora reforçado por avanços na história ambiental (Worster, 1988), o argumento do Antropoceno foi se cristalizando gradualmente: "ação humana" mais "Natureza" é igual a "crise planetária" (Chakrabarty, 2009; Steffen, Crutzen & McNeill, 2007). A Aritmética Verde, ao mutilar a história como agregação de relações humanas e naturais, triunfou.

Aritmética Verde. É um termo curioso, mas não consigo pensar em nenhum outro que melhor descreva o procedimento básico dos estudos ambientais ao longo das últimas décadas: Sociedade + Natureza = História. Hoje é Humanidade, ou Sociedade, ou Capitalismo + Natureza = Catástrofe. Não quero depreciar esse modelo. Ele foi muito poderoso. Forneceu a base filosófica para estudos que produziram uma gama de conhecimentos a respeito da mudança ambiental. Esses estudos, por sua vez, permitiram uma compreensão aprofundada dessa "mudança de estado" que está acontecendo na biosfera. Mas não facilitaram — pelo contrário — nossa compreensão de *como* a crise atual vai se desdobrar num sistema-mundo que é uma *ecologia-mundo*, reunindo poder, natureza e acumulação numa unidade dialética e instável.[2] Este livro busca transcender os limites da Aritmética Verde. Isso nos permite buscar, nas palavras de Donna Haraway, "narrativas maravilhosas e desalinhadas" de história multiespécie, narrativas que apontam as possibilidades "para entrar no agora e, também, na história profunda da Terra" (ver Haraway, "Ficar com o problema", neste volume, p. 67).

A Aritmética Verde funciona quando acreditamos que Sociedade e Natureza formam uma soma. Mas formam de fato? A meu ver, essa "soma" foi necessária — e, por muito tempo, bastante produtiva. A consolidação das ciências históricas sociais após os anos 1870 avançou como se a natureza não existisse. Houve exceções (por exemplo, Mumford, 1934), mas nenhuma que perturbasse o status quo antes da década de 1970. Então, energizados pelos "novos" movimentos sociais — de raça, gênero e meio ambiente —, vimos uma revolta intelectual importante. As lacunas no mapeamento cognitivo dominante da realidade foram preenchidas; o mapa cognitivo antigo, incapaz de ver a natureza, foi desafiado. Nos estudos ambientais, pesquisadores radicais defendiam uma visão relacional da humanidade-na-natureza (*humanity-in-nature*) e da natureza-na-humanidade (*nature-in-humanity*), por exemplo, Harvey (1974) e Naess (1973). Mas essa crítica relacional se manteve, em grande parte, filosófica. Acima de tudo, nossos conceitos de "grande história" (*big history*) — imperialismo, capitalismo, industrialização, comercialização, patriarcado, formações raciais — permaneceram processos *sociais*. Consequências ambientais foram acrescentadas, mas o conceito de história enquanto história social não sofreu mudanças fundamentais.

Hoje sopram novos ventos conceituais. Parece que estamos prontos para fazer e até para começar a responder a uma grande pergunta sobre a grande história: e se esses processos históricos mundiais não apenas produzem, mas também são produtos de mudanças na teia da vida? A questão vira do avesso uma série de premissas que se tornaram marcas registradas do Pensamento Verde. Duas se destacam. Primeiro, somos levados a fazer perguntas não a respeito da *separação* entre humanidade e natureza, mas de que maneira humanos — e organizações humanas, como impérios, mercados mundiais — *se encaixam* dentro da teia da vida e vice-versa. Isso nos permite começar a fazer questionamentos situados, no sentido empregado por Donna Haraway (1988). Começamos a ver a organização humana como algo "mais do que humano" e "menos do que social", como algo completa e variavelmente poroso dentro da teia da vida. Em segundo lugar, podemos começar a fazer perguntas acerca de algo talvez mais significativo do que a "degradação" da natureza. Não há dúvidas de que o capitalismo impõe um padrão incansável de violência sobre a natureza, inclusive sobre os humanos. Mas o capitalismo funciona porque a violência é parte de um repertório maior de estratégias que "colocam a natureza para trabalhar". Portanto, nossa pergunta incorpora a tese da degradação da natureza, mas vai além: como a modernidade põe a natureza para trabalhar? Como combinações específicas de atividade humana e extra-humana trabalham — ou *limitam* — a acumulação sem fim do capital? Tais perguntas, longe de serem as únicas, indicam um novo modo de pensar a respeito da humanidade na teia da vida.

Antropoceno ou Capitaloceno? Uma conversa em evolução

Os capítulos deste volume não são fáceis de resumir, mas deles emergem dois temas comuns. Primeiramente, todos os ensaios sugerem que o argumento do Antropoceno faz uma pergunta a que ele não pode responder. O Antropoceno faz soar o alarme — e que alarme! Mas é incapaz de explicar como essas mudanças alarmantes ocorreram. Questões acerca do capitalismo, de poder e classe, antropocentrismo, enquadramentos dualistas de "natureza" e "sociedade" e o papel dos Estados e impérios — tudo isso costuma ser limitado pela perspectiva dominante do Antropoceno. Em segundo lugar, os colaboradores deste livro buscam ir além da crítica. Todos argumentam a favor de reconstruções que apontem uma nova maneira de pensar a humanidade-na--natureza e a natureza-na-humanidade.

A primeira coisa que quero dizer é que Capitaloceno é uma palavra feia para um sistema feio. Como aponta Haraway, "Capitaloceno" parece ser uma dessas palavras flutuando no éter, cristalizada por vários pesquisadores ao mesmo tempo — muitos de forma independente. Como mencionei, ouvi o termo pela primeira vez de Andreas Malm, em 2009. O economista radical David Ruccio parece ter sido o primeiro a divulgar o conceito em seu blog, em 2011 (Ruccio, 2011). Por volta de 2012, Haraway começou a usar o conceito em suas palestras (Haraway, 2015). Nesse mesmo ano, eu e Tony Weis discutíamos o conceito em relação ao que se tornaria sua obra *The Ecological Hoofprint* [A pegada ecológica] (2013), verdadeira divisora de águas acerca do complexo industrial da produção de carne. Minha concepção do Capitaloceno tomou forma nos primeiros meses de 2013, enquanto aumentava minha infelicidade com o argumento do Antropoceno.

Capitaloceno. Como esclarecem os autores deste livro, o Capitaloceno não significa capitalismo como sistema econômico e social. Não é uma inflexão radical da Aritmética Verde. Em vez disso, entende o capitalismo como uma maneira de organizar a natureza — como uma ecologia--mundo multiespécie, situada e capitalista. Vou tentar usar a palavra com cautela. Já se fizeram outros jogos de linguagem — Antrobsceno (Parikka, 2014), Econoceno (Norgaard, 2013), Tecnoceno (Hornborg, 2015), Misantropoceno (Patel, 2013) e, talvez mais divertido, *Man*tropoceno [*homem*tropoceno].[3] Todos são úteis. Mas nenhum deles captura o padrão moderno histórico básico da história mundial enqunto a "Era do capital" — e a era do capitalismo como uma ecologia-mundo de poder, capital e natureza.

Na Parte I, Eileen Crist e Donna Haraway desmantelam o conceito de Antropoceno e apontam possíveis alternativas. Crist faz um poderoso alerta contra o uso do argumento do Antropoceno — e outros "autorretrato[s] prometeico[s]", os quais tendem a reinventar e, por vezes, sutilmente recuperar o pensamento neomalthusiano. Enquanto muitos defensores do conceito indicam de que maneira o Antropoceno introduziu a discussão, Crist vê essa abertura como demasiado seletiva. Para a autora, o conceito "encolhe o espaço discursivo para questionar a dominação [humana] da biosfera, oferecendo, em vez disso, um argumento tecnocientífico em prol de sua racionalização". Inspirando-se em Thomas Berry, Crist nos direciona para um enquadramento distinto — e mais esperançoso — do presente e de nossos possíveis futuros. Essa não seria uma "Era do homem", mas uma "Era ecozoica": uma visão da humanidade-na-natureza como uma união na diversidade, na qual a humanidade pode abraçar a "comunidade viva integral da Terra".

Donna Haraway desenvolve o espírito da perspectiva "ecozoica" de Crist, levando-a — como costuma fazer — a uma nova visão: o *Chthuluceno*. Aqui, a miragem do sistema fechado, autopoiético, do capital (ou da "sociedade") é revelada como parcial e ilusória. Tal pensamento de sistema fechado não nos ajuda a refletir sobre as possibilidades libertadoras de um futuro desordenado, misturado, interespécie. O Chthuluceno — uma palavra que, vamos admitir, não está na ponta da língua — não é autopoiético, mas simpoiético: "sempre em parceria até o fim, sem 'unidades' iniciais que interagem posteriormente". Para Haraway, o problema do Antropoceno é fundamentalmente pensar o lugar da humanidade na teia da vida: "*importa quais pensamentos pensam pensamentos*". Ela argumenta de maneira vigorosa, até mesmo poética, que não se trata "meramente" de pensar, mas de como o pensamento e a criação de vida desajeitadamente se desdobram em maneiras que estão "sempre em parceria". O Antropoceno, então, não é apenas um raciocínio fraco, uma narrativa do "Humano autorrealizado, a máquina criadora de humanos da história"; é também uma história mal contada:

> O carvão e o motor a vapor não determinaram a história, e, além disso, as datas estão todas erradas, não porque seja preciso retornar à última era do gelo, mas porque é preciso ao menos incluir as grandes remundificações do mercado e da mercadoria dos longos séculos XVI e XVII, mesmo se acharmos (erroneamente) que podemos continuar eurocentrados ao pensar sobre as transformações "globalizantes" que moldam o Capitaloceno.

A geografia histórica do Capitaloceno se desloca para o palco principal na Parte II. Em "O surgimento da Natureza Barata", eu argumento a favor de um enquadramento interpretativo da história do capitalismo, erigido sobre a crítica que Haraway (2008) faz há muito tempo do "excepcionalismo humano". O capitalismo é uma maneira de organizar a *natureza como um todo*, uma natureza na qual organizações humanas (classes, impérios, mercados etc.) não apenas constroem ambientes, mas são simultaneamente criadas pelo fluxo histórico e pelo fluir da teia da vida. Nessa perspectiva, o capitalismo é uma ecologia-mundo que se junta à acumulação do capital, à busca pelo poder e à coprodução da natureza em configurações históricas sucessivas. Mostro que a ênfase na Revolução Industrial como origem da modernidade decorre de um método histórico que privilegia consequências ambientais e oculta as geografias do capital e do poder. O caso de amor entre

Pensamento Verde e Revolução Industrial minou esforços para localizar a origem das crises de hoje nas transformações definidoras de época do capital, do poder e da natureza, que começaram no "longo" século XVI (Braudel, 1953). As origens das crises atuais — inseparáveis, mas distintas — da acumulação de capital e da estabilidade biosférica podem ser localizadas numa série de transformações de paisagem, classes, território e técnica que emergiu nos três séculos após 1450.

Justin McBrien concorda que estamos vivendo no Capitaloceno, destacando o impulso do capitalismo rumo à extinção, num sentido de ecologia-mundo. A extinção, argumenta, é mais do que um processo biológico sofrido por outras espécies. Significa também a "extinção de culturas e linguagens", o genocídio e o espectro de mudanças biosféricas compreendidas como antropogênicas. McBrien demonstra que a própria concepção dessas mudanças como antropogênicas tem como premissa a exclusão conceitual sistemática do capitalismo. Essas concepções são, na narrativa do autor, um produto da ciência moderna, ao mesmo tempo se opondo e se mesclando dentro das teias de poder imperial e acumulação de capital. Longe de ser apenas um produto do sistema — como na Aritmética Verde —, ele mostra que a "acumulação por extinção" foi fundamental para o capitalismo desde o começo. O Capitaloceno, em sua visão, também é um Necroceno: "A acumulação de capital é a acumulação de extinção potencial — um potencial cada vez mais ativo nas décadas recentes". Longe de abraçar o catastrofismo planetário e as visões apocalípticas de muitos ambientalistas, McBrien revela como o próprio catastrofismo foi uma forma de conhecimento enquadrada nos sucessivos regimes ecológicos do pós-guerra e do capitalismo neoliberal. O catastrofismo, em sua leitura, transformou ambos os polos do par binário ambientalista — "sustentabilidade ou colapso?" (Costanza, Graumlich & Steffens, 2007) — em imagens espelhadas uma da outra.

Elmar Altvater vai além da economia política para incluir a "racionalidade europeia da dominação mundial" de Max Weber e desafiar as principais bases da racionalidade moderna. Por um lado, Altvater enxerga as origens do capitalismo no longo século XVI e a invenção da Natureza Barata. Por outro, ele vê uma mudança decisiva na transição da subsunção do trabalho pelo capital de um caráter "formal" para "real" no fim do século XVIII e começo do XIX. Altvater chama essas duas periodizações de hipóteses "Braudel" e "Polanyi" — em referência a Fernand Braudel e Karl Polanyi. Longe de competirem entre si, essas periodizações são mais bem contempladas na totalidade do capitalismo histórico: *ambas* as posições, a de Braudel e a de Polanyi, estão corretas. É importante, para Altvater, que o Capitaloceno não seja apenas uma questão de acumulação do capital, mas de racionalização — imanente ao processo de acumulação. Mapeando as contradições entre o cálculo em âmbito empresarial dos custos e a "racionalidade" microeconômica da externalização, ele ilumina um conjunto mais amplo de problemas da modernidade e sua capacidade de lidar com a mudança climática. Usando a geoengenharia como exemplo, Altvater sinaliza a armadilha da racionalidade burguesa em relação à mudança biosférica de hoje. A tarefa dos geoengenheiros

> é muito maior do que construir um carro, uma represa ou um hotel. Os geoengenheiros precisam controlar sistemas terrestres por completo para combater — ou ao menos reduzir — as consequências negativas da externalização capitalista. No entanto, a internalização que se exige das emissões externalizadas é a internalização dos efeitos externos para custos de produção da empresa. Então, de fato — *em*

princípio —, os preços podiam "dizer a verdade", como nos manuais neoclássicos. Mas ainda não seríamos mais sábios, porque muitas interdependências na sociedade e na natureza *não podem ser expressas em preços*. Qualquer racionalização eficaz teria de ser holística; precisaria ser qualitativa e levar em conta muito mais coisas do que apenas o preço. E isso é impossível, pois contradiz a racionalidade capitalista, que está comprometida em consertar as partes, e não o todo. Em tal cenário, a modernização capitalista, por meio da externalização, chegaria — *inevitavelmente* — ao fim. As Quatro Coisas Baratas (*Four Cheaps*) desapareceriam atrás do "horizonte de eventos". Seria possível que os geoengenheiros trouxessem a moderação necessária da modernização *e* das dinâmicas capitalistas? Não, pois os engenheiros não estão qualificados para trabalhar de forma holística.

Na Parte III, os holofotes se voltam a questões de cultura e política no Capitaloceno. No capítulo 6, Daniel Hartley pergunta qual a importância da cultura para pensar a respeito do Antropoceno e do Capitaloceno. Partindo de uma perspectiva de ecologia-mundo, ele sugere que os conceitos de "natureza abstrata social" (Moore, 2014b, 2015a) e "ajuste cultural" (Shapiro, 2014) fornecem guias rudimentares — porém parciais — à história do capitalismo na teia da vida. Alertando sobre os riscos que podem separar "ciência" e "cultura" na criação capitalista do meio ambiente, Hartley aponta as relações entre ciência e cultura, capital e natureza, como fundamentais para as geografias históricas da acumulação infinita. Nessa formulação, desenvolve um argumento robusto a favor da incorporação analítica dessas relações — racismo, sexismo e outras formas "culturais" — que aparentam não ter relação imediata com a ecologia, mas que são, na verdade, fundamentais às diversas relações da humanidade dentro da teia da vida.

Christian Parenti, no capítulo de encerramento, nos conduz da cultura às políticas do Capitaloceno. A inovação de Parenti é dupla. Primeiro, ele reconstrói o Estado moderno, entendendo-o fundamentalmente como um processo de criação de ambiente (*environment-making*). O Estado moderno não se limita a produzir mudanças ambientais. Da mesma maneira, o poder estatal, como Parenti mostra em sua exploração do início da história estadunidense, desenvolve-se *por meio* da transformação ambiental. Em segundo lugar, o Estado moderno opera através de uma valoração peculiar da natureza — o que Marx chama de trabalho social abstrato. A descoberta de Parenti é que o poder, o valor e a natureza só podem ser pensados em relação uns com os outros. Portanto, o Estado moderno "está no cerne da forma valor [...], porque os valores de uso da natureza não humana são [...] fontes centrais de valor", e é o Estado quem os fornece. Longe de operar fora ou acima da "natureza", na visão de Parenti, o Estado se torna o nexo organizativo fulcral da relação entre território moderno, acumulação de capital e percepção da natureza como torneira e pia. As implicações políticas da análise são cruciais. O Estado não é apenas analiticamente central à elaboração da ecologia-mundo capitalista; é a única instituição grande e poderosa o bastante para permitir uma resposta progressiva para os desafios crescentes das mudanças climáticas.

Rumo ao Chthuluceno... (e/ou) uma ecologia-mundo socialista?

Refletindo as diversas perspectivas acerca de um tema comum — como o mundo moderno organizou as naturezas humanas e extra-humanas —, os ensaios deste livro são alegremente diversos. Indicam uma nova síntese, até mesmo um novo paradigma. Chamei esse paradigma de *ecologia-mundo*, embora talvez ainda possamos encontrar uma expressão melhor. Esse novo pensamento reflete (e molda?) certo *Zeitgeist*. A noção de que os humanos fazem parte da natureza, de que toda a natureza nos compõe, é facilmente aceita por uma camada cada vez maior da população mundial. Estudantes universitários e muitos ativistas parecem especialmente receptivos a ela; mas o *Zeitgeist* vai além, e é revelado dramaticamente em muitos movimentos emergentes de nossa era — a soberania alimentar, a justiça climática, o "direito à cidade", o decrescimento etc. Esses movimentos representam "novas políticas ontológicas" (Moore, 2015b). Todos não só organizam uma distribuição mais igualitária da riqueza como também clamam por uma *nova concepção de riqueza*, segundo a qual a igualdade e a sustentabilidade na reprodução da vida (de *toda* a vida) são centrais para a nossa visão de futuro. Nesses movimentos, esperamos que a visão simpoiética de Haraway se realize: o *Chthuluceno*.

Seja qual for o nome escolhido, a visão simpoiética compartilha uma nova ontologia que se mescla (e aprende) com movimentos que giram em torno da soberania alimentar e da justiça climática (ver, por exemplo, Wittman, Desmarais & Wiebe, 2011; McMichael, 2013; Bond, 2012). As novas políticas ontológicas são tão esperançosas — sem ser românticas — porque oferecem não apenas uma visão distribucional, mas ontológica. Essa visão questiona todo o modelo segundo o qual o capitalismo atribui valor à natureza e aos humanos que fazem parte dela. Para movimentos de justiça alimentar e climática — há variações importantes, é claro —, só é possível pensar em questões de igualdade, sustentabilidade e democracia de modo inter-relacional. Como nunca antes, o alimento, o clima e a teia da vida se tornaram fundamentais para visões radicais mais antigas de igualdade entre humanos.

É importante ressaltar que a visão relacional desses movimentos sobre a humanidade-na-natureza ocorre numa época em que o modelo capitalista demonstra sinais de exaustão. Além de qualquer outra coisa, o capitalismo é um sistema que faz com que a natureza — a natureza humana também! — trabalhe de graça ou por um valor muito barato. A "lei" do valor do capitalismo — como e o que priorizar na teia da vida — sempre foi uma lei da Natureza Barata. (O que é um absurdo, sim, pois a natureza nunca é barata.) O processo estranho e dinâmico de botar a natureza para trabalhar a baixo custo foi a base dos feitos da modernidade — a fome e a capacidade de extrair as Quatro Coisas Baratas: alimento, energia, matéria-prima e vida humana. Essas capacidades agora estão se esgotando. A produtividade agrícola industrial está estagnada desde meados da década de 1980; a produtividade laboral na indústria, desde 1970. As contradições do capitalismo dramatizadas pela instabilidade biosférica revelam o feito da modernidade tendo como premissa um furto ativo e continuado: do nosso tempo, da vida planetária, do nosso futuro e do futuro de nossas crianças (Moore, 2015a).

O colapso do capitalismo hoje é — e ao mesmo tempo não é — a velha história da crise e do fim do capitalismo. O capital progressivamente internaliza os custos da mudança climática, a perda massiva de biodiversidade, a intoxicação, as epidemias e muitos outros prejuízos biofísicos, ao passo que novos movimentos ganham força. Estes desafiam não apenas a distribuição desigual do capitalismo — paguem a "dívida ecológica"! —, mas a própria maneira como pensamos a respeito *do que* está sendo distribuído. Há um esgotamento dessa valoração da realidade empreendida pelo capitalismo que é, simultaneamente, interno ao capital, e abre espaço para novas políticas ontológicas externas ao sistema de valores — e em resposta direta a seu colapso. Vemos, como nunca antes, o desabrochar de uma imaginação ontológica para além do dualismo cartesiano, que leva adiante a possibilidade de valorações diferentes da alimentação, da natureza e de todo o resto. Estão revelando a lei do valor do capitalismo como o valor do nada — ou, pelo menos, de nada particularmente valioso (Patel, 2009). E apontam na direção de uma ecologia-mundo na qual poder, riqueza e (re)produção são forjadas em uma conversa com as necessidades da teia da vida e o lugar da humanidade dentro dela.

Notas

1 Frase atribuída frequentemente a Albert Einstein.

2 Textos fundamentais a respeito da ecologia-mundo incluem: Moore (2015a); Bolthouse (2014); Büscher & Fletcher (2015); Camba (2015); Campbell & Niblett (2016); Cox (2015); Deckard (2015); Dixon (2015); El Khoury (2015); Gill (2016); Jakes (2017); Kröger (2016); Lohmann (2016); Marley (2016); Niblett (2013); Oloff (2012); Ortiz (2014); Parenti (2014a); Weis (2013).

3 Kate Raworth, "Must the Anthropocene be a Manthropocene?" [O Antropoceno deveria ser um Homemtropoceno?], *The Guardian*, 20 out. 2014.

O mal-estar do Antropoceno: rumo ao Chthuluceno?

Eileen Crist é bacharela em sociologia pela Haverford College (1982) e doutora em sociologia pela Universidade de Boston (1994). Leciona na Virginia Tech no Departamento de Ciência e Tecnologia na Sociedade desde 1997. É autora de *Images of Animals: Anthropomorphism and Animal Mind* [Imagens de animais: antropomorfismo e a mente animal] e co-organizou vários livros, entre eles *Gaia in Turmoil: Climate Change, Biodepletion, and Earth Ethics in an Age of Crisis* [Tumulto em Gaia: mudança climática, bioexaustão e ética terrestre em uma era de crise]; *Life on the Brink: Environmentalists Confront Overpopulation* [A vida no limite: ambientalistas confrontam a superpopulação]; e *Keeping the Wild: Against the Domestication of Earth* [Preservando o que é selvagem: contra a domesticação da Terra]. Autora de vários artigos acadêmicos e populares, colaborou também com o extinto periódico *Wild Earth*.

1 A pobreza da nossa nomenclatura[1]

Eileen Crist

A natureza se foi [...] Você está vivendo num planeta degradado. Se isso o incomoda, supere. Agora estamos vivendo no Antropoceno — uma Época geológica na qual a atmosfera, a litosfera e a biosfera da Terra são moldadas, acima de tudo, por forças humanas.

— Erle Ellis, "Stop Trying to Save the Planet" [Pare de tentar salvar o planeta] (2009)

Levando tudo em consideração, estamos em guerra contra toda uma antropologia. Contra a própria ideia de homem.

— Comitê Invisível, *The Coming Insurrection* [A insurreição vindoura] (2009)

O Antropoceno é um desenvolvimento discursivo que apareceu repentinamente diante de nós; um nome proposto para nossa Época geológica, apresentado na virada do século e que agora conta com centenas de títulos, alguns novos periódicos e mais de 250 mil resultados no Google.[2] A tese deste artigo é um convite para considerar as repercussões sombrias de se nomear uma Época tendo nós mesmos como referência para sopesar esse nome, que não é nem um movimento conceitual útil nem uma obviedade empírica, mas, em vez disso, espelha e reforça a visão de mundo antropocêntrica que gerou "o Antropoceno" — com suas emergências iminentes. Para defender esse argumento, farei uma dissecação crítica do discurso do Antropoceno.

Ao abordar o Antropoceno como um discurso, não imputo um significado singular e ideológico a cada cientista, autor ambiental ou repórter que usa esse termo. Na verdade, esse neologismo está sendo usado de forma ampla e muitas vezes despreocupada, em parte porque é uma expressão convidativa e, falando com mais seriedade, porque tem apelo instantâneo às pessoas que estão cientes do escopo do impacto da humanidade na biosfera. Apenas usar o termo Antropoceno, no entanto, não contribui de forma substancial para o que chamo de seu discurso — embora usos compostos do vocábulo fortaleçam de maneira indireta esse discurso, ao amplificar sua legitimidade.

Quando falo do discurso do Antropoceno, refiro-me à defesa e à elaboração de fundamentações que favorecem o conceito em textos científicos, ambientais, populares e em outras mídias. Essas fundamentações e sua defesa comunicam um conjunto de ideias coeso, embora não homogêneo, o que justifica o termo "discurso". De forma análoga a uma corda feita de vários fios e trançada de maneira sólida, mas heterogênea, o discurso do Antropoceno é constituído por uma mescla de temas recorrentes e entremeados, desenvolvidos em níveis diferentes ou enfatizados por exponentes distintos. O mais importante é que o discurso vai muito além do fundamento principal (e provavelmente não controverso) do Antropoceno, isto é, de que a marca estratigráfica dos humanos seria perceptível para geólogos do futuro.

Os temas do Antropoceno se entrelaçam; a "corda" trançada é seu discurso. Os principais são: a população humana continuará crescendo até atingir nove bilhões ou dez bilhões de pessoas; o crescimento econômico e a cultura consumista permanecerão como o principal modelo social (muitos defensores do Antropoceno enxergam isso como algo desejável, enquanto alguns poucos são ambivalentes); vivemos agora num planeta domesticado, e sua porção selvagem[3] desapareceu de vez; podemos deixar a visão apocalíptica ecológica de lado e abraçar uma atitude mais positiva a respeito das perspectivas para um planeta humanizado; a tecnologia, inclusive sistemas arriscados e centralizados, em escala industrial, deve ser abraçada como nosso destino e até mesmo nossa salvação; grandes reparos tecnológicos provavelmente serão necessários, incluindo a engenharia do clima e da vida; o impacto humano é "natural" (e não a expressão, como argumentei em outro texto — ver Crist, 2014 —, de uma política de humanos como supremacistas especistas); humanos são como deuses no seu poder ou pelo menos uma espécie especial de "vida inteligente", pelo que sabemos, "a sós no universo"; para avançar, a humanidade deve abraçar o papel de gerente e administradora ativa dos sistemas naturais da Terra.

De igual importância, se não maior, é o que esse discurso exclui do nosso campo de visão: a possibilidade de questionar a regência humana. O curso da história abriu um alcance cada vez mais amplo de domínio sobre a natureza, provocando impactos propositais e inadvertidos na biosfera. Para o discurso do Antropoceno, nossos efeitos propositais precisam ser racionalizados e gerenciados de forma sustentável, e as consequências negativas e inadvertidas precisam ser tecnicamente mitigadas — mas o legado histórico da dominação humana não está sob escrutínio, muito menos sua abolição (Crutzen & Stoermer, 2000, p. 18).

O compromisso com a marcha colonizadora da história aparece sob o pretexto de se submeter às suas principais tendências. A reificacão das tendências em variáveis independentes da situação — que não são pragmaticamente abertas para mudança ou reversão

— se expressa como aceitação de sua força de movimento irrefreável. A fórmula famosa de Paul Ehrlich e John Holdren (1971), na qual o impacto humano (I) é igual a população vezes afluência vezes desenvolvimento tecnológico (PAT), encapsula algumas das principais tendências sociais, cujo ímpeto parece blindá-las contra mudanças. As tendências recalcitrantes também se infiltram por uma rede de críticas, tomadas como obviedade e consequentemente projetadas como constituintes da realidade futura.

Em resumo, eis o que sabemos: a população, a afluência e a tecnologia continuarão se expandindo — a primeira até se estabilizar por conta própria, a segunda até "todos os navios terem sido construídos" e a terceira para sempre —, porque a história está no controle da rota. E, embora a história possa ver a iniciativa humana prevalecendo após superar ou conter seus efeitos prejudiciais a si mesma, o caminho rumo à dominação mundial não deveria (ou não poderia) ser interrompido: a história continuará avançando nessa direção — a empreitada humana cedo ou tarde partirá para o espaço sideral, minerando outros planetas e a Lua, prevenindo eras do gelo ou o superaquecimento, rebatendo colisões de asteroides e atingindo outros feitos impossíveis de prever:

> Olhando com profundidade para a evolução do Antropoceno, gerações futuras do *Homo sapiens* provavelmente farão o possível para impedir a chegada de uma nova era do gelo, inserindo poderosos gases de efeito estufa artificiais na atmosfera. De maneira similar, qualquer queda nos níveis de CO_2 até uma baixa concentração, causando forte redução na fotossíntese e na produtividade agrícola, pode ser combatida com liberação artificial de CO_2, talvez de uma apreensão anterior de CO_2. E assim por diante, até muito tempo no futuro, o *H. sapiens* irá fazer meteoritos e asteroides desviarem antes de atingir a Terra. (Steffen, Crutzen & McNeill, 2007, p. 620)

O discurso do Antropoceno mostra um autorretrato prometeico: uma espécie engenhosa, ainda que indisciplinada, distinguindo-se do pano de fundo da mera sobrevivência, ascendendo a ponto de receber um nome separado (*anthropos* significa "homem" e sempre implica "não animal"), cuja história irrefreável e em muitos sentidos gloriosa (criada em boa parte por meio do desenvolvimento tecnológico) gerou um impacto que se iguala às forças tremendas da Natureza. Essa história — que envolve apenas alguns poucos milhares de anos — agora se infiltrou no tempo geológico, projetando-se (ou pelo menos projetando o *golden spike* [pico dourado] de vários marcadores estratigráficos)[4] por milhares ou até mesmo milhões de anos. Argumenta-se que esse é um fenômeno tão sem precedentes que é necessário batizar uma nova Época geológica — para a qual a banalidade de "Era do homem" é proposta como obviamente adequada.

Descrições da humanidade como "rival das grandes forças da Natureza", "elemental", "força geológica e morfológica", "força da natureza que molda o planeta numa escala geológica" e assim por diante são o padrão na literatura do Antropoceno e seus subprodutos populares. A veracidade desse enquadramento do impacto humano o torna incontestável e, portanto, *também* permite que seu subtexto, alarmado com a excepcionalidade humana, se infiltre e, de forma previsível, triunfe.

No discurso do Antropoceno, testemunhamos a força motriz da história avançando como a conquista não apenas do espaço geográfico mas também do tempo geológico. A conquista é retratada de modo abrangente, muitas vezes deixando de mencionar processos biológicos e geológicos fundamentais que os humanos não domesticaram nem controlaram (Kidner, 2014, p. 13).[5] Um pressentimento de sucesso tende a permear a literatura, apesar dos equívocos compreensíveis de expoentes do Antropoceno — um clima demasiado disruptivo, um excesso de nitrogênio fabricado por humanos ou uma diversidade muito diminuta. "Estamos tão versados no uso de energia e da manipulação do ambiente", de acordo com o geólogo Jan Zalasiewicz, "que agora somos uma força definidora do processo geológico na superfície da Terra".[6] "O Antropoceno", destaca o mesmo autor e seus colegas em outro texto, "é um episódio notável na história do nosso planeta" (Zalasiewicz *et al.*, 2010). Por mais cruel e falido que seja, ainda é algo para se exaltar. A força definidora desse episódio notável — a empreitada humana — deve conter certos aspectos do seu "I", mas, diante de todo paradoxo, a fórmula PAT continuará crescendo, e a quantidade de movimento do seu produto sustentará o impulso da história, extrapolando o passado, mas não sem disparar uma nota ocasional de incerteza. Apoiadores do Antropoceno esperam (ou torcem para) que esse movimento de avanço continue materializando variantes do progresso, como energia verde, desenvolvimento econômico para todos, um planeta ajardinado ou o desabrochar de uma noosfera global.

O clichê de que a história é escrita pelos vitoriosos é verdadeiro, e é ainda mais verdadeiro quando se trata da história da conquista do planeta, contra a qual nenhum não humano pode emitir uma enxurrada de críticas que despertem um pouco de humildade na alma humana. Impactos adversos devem ser contidos enquanto representarem uma ameaça de dano material ou à sobrevivência da empreitada humana, mas o "I" está se tornando *linguisticamente* contido de tal maneira que suas incisões e ataques muitas vezes brutais à natureza se configuram em representações mais palatáveis (ou otimistas).[7] O discurso do Antropoceno se afasta do ambientalismo e de seu idioma sombrio de destruição, depredação, estupro, perda, devastação, deterioração do mundo natural, e assim por diante, usando o vocabulário inócuo de que os humanos estão mudando, moldando, transformando ou alterando a biosfera e criando novos ecossistemas e biomas antropogênicos durante o processo. Tais locuções tendem a ser veículos conceituais dominantes para registrar nosso impacto.[8]

Essa maneira de usar as palavras se apresenta como um vocabulário mais neutro do que quando falamos com ênfase ou indignação em nome do reino não humano. Não estamos destruindo a biosfera — estamos alterando-a: o primeiro termo, tão emocional e "parcial"; o último, muito mais desapaixonado e *civilizado*. Para além dessas aparências, no entanto, o vocabulário da neutralidade é um alimentador sub-reptício (proposital ou não) do complexo da supremacia humana,[9] ecoando a crença muito difundida de que não existem perspectivas (para além da opinião humana) nas quais as mudanças antropogênicas podem ser vivenciadas como devastação. O vocabulário de que estamos "mudando o mundo" — retratado de forma tão imparcial que apaga seus próprios rastros normativos ao falar — garante seu terreno ontológico ao silenciar os deslocados, mortos e escravizados cujas terras natais foram assimiladas e cuja vida, de fato, mudou para sempre ou foi aniquilada.

E aqui também jaz a aliança existencial e política do Antropoceno com a história e sua vontade de assegurar o domínio humano: a própria história se desenvolveu silenciando outros não humanos, que — como o cânone ocidental muitas vezes reiterou[10] — não falam, não possuem significado, não vivenciam perspectivas nem possuem direito adquirido ao próprio destino. Esses outros foram *de fato* silenciados porque, se algum dia falaram conosco em outros registros — primitivos, simbólicos, sagrados, totêmicos, sensuais ou poéticos —, retrocederam tanto que não transmitem mais figuras de linguagem numinosas e, com certeza, são incapazes de rivalizar com as sereias digitais da Avenida Principal. A redução global de séculos da linha de base ecológica, a perda cumulativa de Vida[11] respaldada historicamente, é um cemitério que tem mais do que formas de vida extintas e a efervescência do selvagem. Mas tais intimações diáfanas foram quase completamente esquecidas, e até a lembrança da lembrança está desaparecendo com rapidez. O esquecimento da Terra se projeta, então, no futuro da humanidade, no qual o próprio esquecimento será esquecido se a Terra puder ser disciplinada para permanecer um palco humano seguro e funcional. Aparentemente, essa é a expectativa, levando em conta tanto o esquecimento quanto o disciplinamento.

Além de ser narrada pelo ponto de vista dos vitoriosos, a história muitas vezes oculta capítulos que poderiam conspurcar a narrativa de uma marcha em avanço constante. De maneira análoga, para o futuro da humanidade, a projeção do Antropoceno de um império humano sustentável mantém distância de uma previsão das consequências sombrias da materialização mais ampla de tendências atuais. O que se oferece, em vez disso, são tarefas tecnológicas e gerenciais que teremos à frente, realizáveis (espera-se) pela virtude da distinta proporção "cérebro/massa corporal" e outros feitos do *Homo sapiens*. Em uma edição especial de maio de 2011 sobre o Antropoceno, a revista *The Economist* (que aderiu ao termo antes mesmo de ele surgir) destaca que, na Era do homem, vamos precisar de um "planeta inteligente".[12] Uma vez que os números de seres humanos e da riqueza continuam inflando, as pessoas deveriam, entre outras medidas, criar "sistemas de energia de zero emissão de carbono"; desenvolver, com o apoio técnico da engenharia, safras, árvores, peixes e outras formas de vida; tornar a dessalinização factível em larga escala; reciclar de forma rigorosa, sobretudo os metais "fundamentais à vida industrial"; ajustar o termostato da Terra para uma configuração segura; e manipular regionalmente microclimas, tudo para colocar em prática a visão deslumbrante de um mundo de "dez bilhões de pessoas razoavelmente ricas".

Diante do imperativo da história, a "imaginação se atrofia" (Horkheimer & Adorno, 1972, p. 35). Há um pequeno entrave em se imaginar um mundo com dez bilhões de pessoas razoavelmente ricas (supondo, para fins argumentativos, que isso seja possível) — um entrave amplamente consentido pelo discurso do Antropoceno. Quantas estradas e veículos (a mais), quantos dispositivos elétricos, quantos produtos químicos e plásticos, quanta construção e manufatura, quanto lixo despejado, incinerado ou esmagado em quantos aterros, quantos aviões e navios, quanto comércio global[13] e turismo, quanta mineração, extração de madeira, represas, pesca e aquicultura, quanto arado sob os trópicos (pois a zona temperada já foi dominada pela agricultura), quantas operações de alimentação animal intensiva (ou seja, pecuária industrial) — em resumo, o que mais será necessário, além de um planeta e terráqueos forçados a se submeter à empreitada humana?

O atual desenvolvimento econômico e a superprodução, a propagação de infraestruturas industriais, o contágio na produção e no consumo de alimentos industrializados e a disseminação de materiais descartáveis e da cultura ideacional[14] estão fazendo com que "neo-Europas"[15] se proliferem por todos os lugares (Manning, 2005). O ponto-final existencial dessa homogeneização biológica e cultural foi capturado pela descrição do cenário europeu dada pelo Comitê Invisível:

> Ouvimos o bastante a respeito da "cidade" e do "campo", em especial acerca da suposta oposição antiga entre os

> dois. De perto ou de longe, o que nos cerca não se parece com nada similar: é um único tecido urbano, sem forma ou ordem, uma zona sombria, sem fim e indefinida, um contínuo global de hipercentros e parques naturais como museus, de enormes projetos habitacionais suburbanos e massivos projetos agrícolas, zonas industriais e subdivisões, chalés no campo e bares da moda: a metrópole [...] Todo o território é subordinado à metrópole. Tudo ocupa o mesmo espaço, se não geograficamente, então pelo entrelaçamento de suas redes. (Comitê Invisível, 2009, p. 52)

Esse trecho descreve o território expurgado de qualquer parte selvagem. O Comitê Invisível mostra um retrato da domesticação que aguarda a Terra no Antropoceno, ainda que muitos dos expoentes "otimistas" prefiram descrever a geografia futura como similar a um jardim (Kareiva, Marvier & Lalasz, 2011; Shellenberger & Nordhaus, 2011).[16]

A "empreitada humana"[17] é o que defensores do Antropoceno querem proteger dos seus efeitos colaterais indesejáveis autogerados.

> Um dos principais avanços para sair da definição do problema e ir para a formulação da solução é o conceito de Antropoceno [...] que atravessa uma massa de complexidade e detalhes para posicionar a evolução da empreitada humana no contexto de uma história terrestre muito mais longa. Essa análise aumenta o foco em um objetivo abrangente e de longo prazo para a humanidade: *manter o ambiente da Terra num estado propício para mais desenvolvimento humano.* (Steffen *et al.*, 2011b, p. 741)

Manter viável a empreitada humana não significa rejeitar a trajetória da história da conquista planetária, mas sustentá-la com a ressalva de algumas correções urgentemente necessárias, sobretudo a gestão de certas fronteiras biofísicas que seria arriscado demais ultrapassar, tendo como objetivo estabilizar um "espaço seguro de operação" no qual a humanidade pode continuar a dirigir e se desenvolver (Ellis, 2012; Rockström *et al.*, 2009a, 2009b; Lynas, 2011).[18] A lealdade implícita ao curso imperialista humano da história é apoiada por um deslumbre com as narrativas de ascensão humana[19] e pela compulsão em perpetuar a redução da Terra a uma fonte de recursos (Shepard, 2002; Foreman, 2007; Crist, 2012). "Entretanto", como o filósofo Hans Jonas rogou, décadas atrás, "um apelo mudo pela preservação de sua integridade parece escapar da plenitude ameaçada do mundo vital" (Jonas, 1974, p. 126 [2006, p. 42]). A plenitude ameaçada da Vida pede que olhemos para as histórias deterioradas de ascensão humana com a desconfiança profunda que estas merecem; que olhemos para além da ontologia que se autobeneficia do mundo recodificado como "recursos", "capital natural" e "serviços ecológicos"; e questionemos o que nosso desejo de sustentar a empreitada humana está preservando. Não existe "empreitada humana" que valha ser defendida num planeta aplainado e reformulado apenas para servi-la.

Dominação e esbulho da liberdade humana

A sexta extinção é um infortúnio da história, o *grand finale* da devastação da diversidade biológica ao longo de muitos séculos, acelerada nos últimos dois. Como uma tendência histórica impetuosa, a literatura do Antropoceno enfatiza a facticidade da sexta extinção. A ênfase se dá de duas maneiras distintas, porém relacionadas: enxerga a extinção antropogênica em massa até sua potencial completude e entende a extinção em massa como um marcador estratigráfico fundamental, dando um selo de aprovação à nomenclatura proposta. "A onda atual de extinção perpetrada por humanos", nos informam, "*tem tudo* para se tornar o sexto evento de extinção da Terra" (Zalasiewicz *et al.*, 2010, p. 2.229, grifo meu). Will Steffen e coautores também dão como fato que "o mundo está provavelmente entrando em seu sexto evento de extinção em massa, e o primeiro causado por uma espécie biológica" (Steffen *et al.*, 2011a, p. 850). Extinções em massa podem ser vistas como indicadores poderosos de transições geológicas; a sexta delas representa, portanto, um critério importante para a demarcação de uma nova Época (ou até Era). De acordo com Steffen, a prova mais contundente de que deixamos o Holoceno para trás é o "estado da biodiversidade", pois "muitos períodos da história terrestre são definidos por mudanças abruptas no passado biológico".[20] De fato, Zalasiewicz e coautores sustentam que "uma mescla de extinções, migrações globais [...] e uma substituição disseminada de vegetação natural por monoculturas agrícolas está produzindo um sinal bioestratigráfico distintivo" (Zalasiewicz *et al.*, 2008, p. 6). A condição da biodiversidade pede uma avaliação científica meticulosa: "É preciso cuidado para dizer quão significativo é o evento de extinção atual, que está em curso, em comparação àqueles que remodelaram a vida no passado — e, portanto, quão significativo é o Antropoceno, do ponto de vista biológico" (Zalasiewicz *et al.*, 2010, p. 2.230).

Descrever a extinção promovida pelos humanos de uma perspectiva distante (e muitas vezes superficial), certamente evitando emitir um grito *à la* Munch para pedir sua prevenção, permite esquivar-se de uma questão de significado incomparável, até cosmológico, para um "mundo de fatos";[21] ao mesmo tempo, tais fatos são exibidos como exemplos favoráveis ao designador geológico defendido. Relatos distanciados a respeito da sexta extinção correspondem a uma ausência de clareza acerca do seu significado avassalador e evitam verbalizar o imperativo de seu impedimento. Isso evoca certas questões. Será que o legado da empreitada humana para o planeta, e para todas as futuras gerações, é obliterar uma grande parcela da coorte não humana, enquanto constringe e escraviza outra porção considerável do que sobrou? É possível que a recusa em esclarecer esse legado em processo de construção seja julgada pelas pessoas do futuro — como é julgada por uma minoria hoje — como uma herança histórica de alheamento à coletividade humana?[22] Em um mundo onde a ideia de liberdade ostenta um status superlativo, por que não estamos buscando maiores possibilidades de liberdade para pessoas e não humanos, para além da política liberal, dos acordos comerciais, das inovações tecnológicas e das escolhas dos consumidores?

As reificações da moda características do discurso do Antropoceno (projeções de um número crescente de seres humanos,[23] desenvolvimento econômico contínuo,[24] expansão de projetos e incursões tecnológicas e aprofundamento da crise de biodiversidade) não mencionam a abdicação da liberdade que a reificação das tendências afirma: a liberdade da humanidade para escolher uma maneira diferente de habitar a Terra está tacitamente ausente. Essa própria presunção, no entanto, apenas reforça a ausência de liberdade considerada implicitamente como algo dado. A incapacidade de mudar o curso histórico permanece uma afirmação à qual se adere de maneira subentendida dentro do discurso do Antropoceno. Não se trata de uma inocência em suas próprias preferências de enquadramento:

se a impotência da humanidade em mudar a direção da história fosse contemplada abertamente, ela entraria em colisão dissonante com a apresentação deslumbrada do "I" como "uma força elemental" (os humanos no mesmo nível dos poderes colossais da Natureza) e o resultado da singularidade do *Homo sapiens* (a "espécie de Deus", com seus próprios poderes distintivos; ver Lynas, 2011). Admitir que estamos presos numa trajetória cuja alteração está além da força de vontade humana tornaria o "I" da empreitada humana algo menos glamoroso do que uma demonstração de poder; é mais atrativo aderir desajeitadamente à arrogância especista e ao solipsismo existencial que mantém a humanidade hipnotizada. Em vez de aceitarmos avaliações empíricas aparentemente incontroversas, como "estamos tão habituados a usar energia e a manipular o ambiente que agora somos uma força definidora no processo geológico da superfície da Terra", e se considerássemos a aceitação sincera de nossa impotência para criar (ou até imaginar) outra forma de vida, poderíamos concluir que somos tão impotentes em controlar nossos números, apetites e tecnologias de pilhagem, e tão indiferentes à maneira como engolimos cada vez mais o mundo mais que humano, que agora somos uma força colonizadora da biosfera, privando-a de sua riqueza e potencial biológicos, assim como de sua beleza extraordinária e de sua arte criativa. "Tornar-se cada vez mais mestra do mundo", afirma Jonas (1979, p. 38), "para avançar de poder em poder, mesmo se coletivamente e talvez não mais por escolha, pode ser visto como a principal vocação da humanidade". Quando escreveu essas palavras, Jonas já tinha mais do que suspeitas acerca do preço alto que os humanos pagariam por avançar de poder em poder: o desenrolar da teia da Vida provocado pela reconstrução da biosfera para servir a apenas uma espécie. Mas ele também não deixou de notar o esbulho da liberdade para cultivar outra espécie de poder — o de deixar as coisas em paz, o poder da autolimitação, o poder de celebrar a Criação: esse é o preço da vocação da humanidade à dominação.[25] "O poderoso nós, ou o Homem personificado, é, infelizmente, uma abstração", Jonas percebeu com perspicácia. "O *Homem* pode ter se tornado mais poderoso; com os *homens* provavelmente aconteceu o contrário" (Jonas, 1979, p. 42). O discurso do Antropoceno se agarra ao poder imenso dessa abstração falida de "Homem" e à terra prometida que essa postura divina ainda pode entregar, isto é, um planeta gerenciado para a produção de recursos e governado para a contenção de riscos. Pela mesma razão, no entanto, o poder do *Anthropos* está arrebanhando os homens, por bem ou por mal, para a condição desgraçada de serem forçados a participar de uma identidade dominante, cujas consequências éticas e existenciais são inevitáveis. Nossa sobrevivência enquanto espécie está em risco, uma preocupação que a todos aflige; mas não teria também de enorme importância entender quem nós *somos* na Terra? Como Jonas (1979, p. 43) observou de forma críptica: "A imagem do homem está em jogo". Se criamos, em nossas ficções populares, vilões arquetípicos que assimilam os outros para inflar sua própria empreitada — os Borg[26] —, o que os homens pensarão de si mesmos quando finalmente encararem o modo de operação de assimilação do Homem?

Desconstruindo o Antropoceno

Modos de pensar se misturam às atitudes e aos meios de vida das pessoas. Esses modos de pensar se tornam possíveis e se estruturam por meio de *conceitos*, entre os quais Ian Hacking (2000) criou a categoria de conceito-elevador, especialmente potente.[27] Esses meios de vida são, em grande medida, manifestações conceituais — das ideias que cultivam e das possibilidades de ação que permitem, delimitam e descartam. Para saber o modo de vida ao qual o "Antropoceno" direciona a humanidade, não é preciso muita especulação, nem esperar para ver o que o futuro nos traz: juntas, a literatura atual do Antropoceno e suas extensões populares o exibem de forma clara ao constituir um discurso robusto que organiza a percepção de uma imagem do mundo (passado, presente e futuro) por meio de um conjunto de ideias e prescrições. O perfil elevado desse discurso é contemplado pela série de especialistas que defendem com veemência a nomenclatura, bem como pelos subtextos narcisistas e contagiosos do termo, e reforçado por uma fetichização dos fatos que ataca a exploração normativa — tudo imiscuído na sensação familiar de estar em um movimento irrefreável da história.

O que comunica o discurso do Antropoceno? Nada a seu respeito — muito menos a própria nomenclatura — oferece uma alternativa para a recriação da Terra como base de operações humanas, como palco funcional para a performance ininterrupta da história. O discurso nos sujeita à narrativa consagrada da ascensão humana a uma espécie distinta; a uma execução naturalizada e sutilmente glamorizada do "I", como se estivéssemos ao nível das forças estupendas da natureza; a um protagonista homogeneizado chamado de "empreitada humana", indefeso por sua singularidade (todos os humanos estão envolvidos na mesma empreitada?) ou insularidade (os não humanos estão excluídos dessa empreitada?); a uma inescapável reificação das tendências demográficas e econômicas, deixando intocada a identidade historicamente construída do *Homo sapiens* como um regente planetário, permitindo que as proclividades expansionistas da humanidade permaneçam

— sob os auspícios de serem "apenas os fatos" — as variáveis independentes da situação; a um desvio do confronto com o desmantelamento da Vida, representando-o, em vez disso, como um critério que merece um novo nome; e a uma predileção por soluções de gestão e tecnologia, incluindo uma tendência à geoengenharia que, se o clima continuar piorando, logo será promovida como necessária para salvar a civilização (ver, por exemplo, Crutzen, 2006).[28] O discurso do Antropoceno fornece, portanto, um credo antropocêntrico familiar, dando alertas cautelosos e ressalvas acionadas covardemente acerca da necessidade de pesquisa como algo que precede experimentações megatecnológicas.[29]

Há uma enxurrada de fatos para mostrar como o impacto humano está, sem dúvida, deixando uma marca legível na bioestratigrafia, na quimioestratigrafia e na litoestratigrafia terrestre. Por meio dos fatos expostos de maneira meticulosa, a agência causal da dominação humana é exposta de forma espetacular e, ao mesmo tempo, emudecida cognitivamente ao se distorcer a dominação — por uma sobrecarga incansável de dados — para que se transforme "na pura verdade" (Horkheimer & Adorno, 1972, p. 9 [1985, p. 24]).

O discurso do Antropoceno é possivelmente uma prévia ideacional de como esse conceito se materializará de forma coletiva na habitação planetária. Enquanto discurso coeso, ele bloqueia formas alternativas de vida humana na Terra que pedem atenção. Ao sustentar o impulso de avanço da história, ele também se submete à sua ideologia totalizante (e, nesse sentido, espúria) de entregar uma "melhoria contínua" (Leo Marx, 1996, p. 210).[30] Ao afirmar a centralidade do homem — como força causal e alvo de preocupação —, o Antropoceno encolhe o espaço discursivo para questionar a dominação da biosfera, oferecendo, em vez disso, um argumento técnico-científico em prol de sua racionalização e uma súplica pragmática para nos resignarmos à sua realidade. O próprio conceito de Antropoceno cristaliza o domínio da humanidade, conduzindo o intelecto humano, que já estava disposto a ir naquela direção, a ver nossa identidade dominante como um destino manifesto, quase natural e até impressionante.[31] O Antropoceno aceita a humanização da Terra como uma realidade, embora isso seja contestável, parcialmente reversível e digno de resistência e de inspirar uma visão diferente. No entanto, o discurso do Antropoceno perpetua o ocultamento de que o domínio humano é (agora) uma *escolha* sobre a qual não se refletiu, mas está no poder e na natureza dos seres humanos a capacidade de rescindi-la, se nosso olhar criativo e crítico a enfocasse.

Como Ulrich Beck (1992 [2011]) notou, duas décadas atrás, a humanidade está ameaçada pelos efeitos colaterais de seus excessos tecnológicos e expansionistas. O discurso do Antropoceno está profundamente preocupado com essa "civilização de risco". Contudo, enclausurado nessa mentalidade humanística, parece não estar disposto a reconhecer (como fato significativo) que a existência não humana e a liberdade — e a própria arte da Terra de gerar vida — estão ameaçadas pela própria empreitada humana, cujo potencial de sair praticamente ilesa de sua roleta russa civilizacional só deixará a humanidade presa num planeta que algum dia foi rico em Vida e se tornou apenas um satélite de recursos. Como o poeta e ecologista Gary Snyder escreveu há muitos anos em *Turtle Island* [Ilha da tartaruga], "se a raça humana [...] sobrevivesse à custa de muitas espécies de plantas e animais, isso *não seria uma vitória*" (Snyder, 1974, p. 103, grifos meus).

O filósofo Edmund Burke (1958, p. 173 [1993, p. 178]) observou que as palavras têm o poder de "causar uma impressão profunda e enraizar-se no espírito". Há motivos convincentes para impedir que a palavra Antropoceno tenha essa oportunidade. Como um referente de duas faces, o vocábulo aponta, por um lado, o Homem e a realidade espaço-temporal da Terra; por outro, apresenta isso como um encaixe empírico direto que, em grande medida, foi resultado de uma pilhagem forçada. A ocupação da biosfera é *constitutiva* do sabor conceitual e do conteúdo prescritivo do Antropoceno — que, transformado em modo de vida, irá encenar essa ocupação enquanto for sustentável. Portanto, se fosse visto como o mapa do que virá a seguir, o Antropoceno convidaria o coletivo humano — de forma dócil ou arrastando-o enquanto esperneia — para participar de um projeto de dominação racionalizada perpetuada no futuro e *como* futuro. Tal prospecto é um chamado à guerra contra a ideia, ainda dominante, do Homem e de sua audácia recente de entalhar seu nome numa fatia da eternidade.

O que Henry Thoreau poderia ter achado do "Antropoceno" provavelmente condiz com sua descrição da família Flint de Concord, que nomeou o lago ao lado de sua fazenda em homenagem a eles mesmos. "*Lago dos Flints!*", ele exclamou:

> Tal é a pobreza de nossa nomenclatura. Que direito tinha o agricultor sujo e obtuso, cuja terra chegava até essa água celestial, de margens que desnudou impiedosamente, de dar seu nome a ela? Um Flint sovina, que preferia a superfície reluzente de um dólar ou de um luzidio centavo, onde podia mirar sua cara despudorada; o qual considerava como invasores até os patos selvagens que pousavam ali; os dedos convertidos em garras aduncas e calosas pelo longo hábito de agarrar as coisas feito uma harpia — por isso, para mim, o lago não tem nome. Não vou lá para ver nem para ouvir quem nunca *viu* o lago, quem nunca se banhou nele, quem nunca o amou,

> quem nunca o protegeu, quem nunca o elogiou, quem nunca agradeceu a Deus por tê-lo feito. (Thoreau, 1991, p. 158-9 [2010, p. 157])

O *Antropoceno*? Tal é a pobreza da nossa nomenclatura, curvando-se mais uma vez a essa ostentação tediosa do Homem para oferecer um nome que não acrescenta conteúdo substancial, nenhuma conotação empírica ou ética, que não abriga nenhuma visão maior para além de *Anthropos* definindo uma Era geológica. Se precisamos de um novo nome, por que não ter uma conversa ou um debate acerca de qual deveria ser, em vez de insistir (há muito tempo, eu diria) no uso de Era do homem como uma escolha "óbvia"?[32]

Integração ou dominação?

De fato, por que não escolher um nome que evoque algo a que aspiremos alcançar? Poderíamos, por exemplo, optar pelo termo proposto pelo ecoteólogo Thomas Berry, "Ecozoico", que abraça a comunidade viva integral da Terra e convida a história humana, em parceria com a história natural, para reinos não mapeados de beleza, diversidade, abundância e liberdade. "Avaliando nossa situação atual", escreveu Berry, "proponho que acabemos com a Era Cenozoica dos sistemas geobiológicos do planeta. Foram exterminados 65 milhões de anos de desenvolvimento vital. A extinção ocorre em todos os sistemas de vida numa escala sem igual desde a fase terminal da Era Mesozoica". Por que esse evento de extinção não está dominando as notícias e por que os intelectuais da cultura acompanham o mainstream em silêncio? Como Berry argumentou em todo seu trabalho, esse evento pode arrancar a humanidade da desconexão, inaugurando "um período no qual humanos morariam na Terra de maneira mutuamente vantajosa. Esse novo modo de existir no planeta", prossegue, "descrevo como a Era Ecozoica [...] A Era Ecozoica só pode ser criada se envolver toda a comunidade viva" (Berry, 2008, p. 359-60). Berry chamou de o "Grande Trabalho" (1999) aquilo que se exigiria da humanidade como membro da comunidade viva em sua integralidade.

A integração dentro de um organismo, um ecossistema, uma biorregião, uma família ou uma comunidade sinaliza um estado de ser no qual dádivas de bem-estar podem fluir. Tornar-se integral, tal qual a qualidade semelhante de possuir integridade, significa trabalhar em conjunto de forma harmoniosa, aprimorando e complementando um ao outro, apoiando o florescimento mútuo, respeitando identidades diferentes e fronteiras apropriadas e vivenciando a união na diversidade.

Por meio da conexão ecológica, da mudança evolutiva e da moldagem parcial dos organismos na química ambiental e na morfologia, a natureza selvagem gera diversidade, abundância, complexidade e *Umwelt* (ou seja, diferentes modalidades sensoriais e, portanto, diferentes formas de percepção). Integrar os humanos nessa matriz original sinalizaria que sua vida está integrada à biosfera, e colher tais dádivas seria um desvio da nossa civilização antropocêntrica, aparentemente incapaz de conceber que o bem-estar da mente humana, das emoções, dos corpos e do que nos cerca pode ser construído com base em algo além de "recursos".

Uma vida integrada à natureza selvagem não é um convite velado de retorno à fase pré-neolítica;[33] nem sinaliza automaticamente um teto *a priori* para a inovação tecnológica; nem tem como intenção invocar uma visão ingênua da vida como um reino edênico. Não é meu objetivo aqui recomendar como deveria ser, especificamente, essa integração humana dentro da biosfera. Em vez disso, busco argumentar a respeito do *pré-requisito* para que tal modo de vida se concretize, capturando "um olhar de soslaio para um vasto mundo não humano que já foi vilipendiado pelos conceitos, pelas instituições e pelas práticas associadas ao 'humano'" (Calarco, 2012, p. 56). Também proponho uma recepção ao imperativo de respeito à integridade do mundo natural e de seu valor intrínseco — coisa que não parece consolidada na mente humana, pois foi condicionada e cerceada por uma civilização especista. Uma vida humana integrada só pode ser imaginada e criada numa perspectiva de profunda deferência ao mundo vivo. O discurso do Antropoceno não faz nenhum gesto nessa direção, optando, em vez disso, por recauchutar a rotina de autocuidado e autoadmiração humana.

Estamos em meio a um processo de fusão entre o social e o natural, que não trata da integração mútua, nem mesmo de uma "composição" humana/não humana até então socialmente subvalorizada (Latour, 2011). Essa fusão tem a ver com a *dominação*, que sobreveio de uma práxis alienada na Terra, na qual humanos civilizados exterminaram e reconstruíram o mundo mais que humano com finalidades de assimilação — que foram, de forma bastante específica e franca, unilateralmente definidas para engrandecer a empreitada humana, sobretudo seus subgrupos privilegiados. Há um abismo gigantesco entre a assimilação do natural *pelo* social, por um lado, e a integração do natural *e* do social, por outro — um abismo que o discurso do Antropoceno acoberta com suas descrições nebulosas da nossa condição presente de "acoplamento social-natural".[34]

A dominação (ou assimilação) avançou por meio da limpeza biótica e do empobrecimento: gastando e envenenando o solo; elegendo seres assassináveis;[35] impregnando o temor a Deus nos animais de tal forma que eles se escondem ou fogem na nossa presença; renomeando os peixes como "recursos pesqueiros", os animais como "gado", as árvores como "madeira", os rios como "água fresca", as montanhas como "material estéril" e as costas marítimas como "praias", para legitimar empreendimentos de conversão, extermínio e mercantilização. O impacto da assimilação é incansável — como podemos ver ao nosso redor — e está assentado na experiência da alienação e na postura de se dar o direito de agir como quiser. A assimilação não sinaliza o "acoplamento" da sociedade com a natureza; em vez disso, produz escassez para ambas as partes. É claro que a escassez para humanos e não humanos ocorre de vez em quando; mas a agravante continuidade e o sofrimento acarretado a toda forma de vida são um artefato do excepcionalismo humano em todos os níveis. Se o sonho do Antropoceno de evitar a escassez para dez bilhões de humanos (num planeta inteligente ajardinado) for de alguma maneira realizado, a escassez será dolorosamente intensa em outros lugares — nas paisagens homogeneizadas, nos oceanos esvaziados, na fome entre não humanos, em extinções.

Para que os humanos e a biosfera se tornem integrais, é preciso varrer a reles visão do planeta como uma variedade de "recursos" (ou "capital natural", "serviços ecossistêmicos", "paisagens funcionais" e assim por diante), em favor de uma visão mais cósmica e verdadeira da Terra como um planeta selvagem transbordando abundância e criatividade.

O discurso do Antropoceno apresenta descaradamente a fusão inevitável do humano-natural, que, de acordo com os relatos, nos convoca a assumir a posição nobre de nos tornarmos bons gestores da reserva restante. Disfarça, portanto, um convite para optar pelo caminho inescrupuloso de racionalizar (e "tornar verde") o regime totalitário da humanidade na Terra.

Mas erguer a bandeira da integridade humana é um convite a *priorizarmos* nosso afastamento e decrescimento e darmos boas-vindas às limitações de números, economias e habitats em nome de uma liberdade e de uma qualidade de vida mais amplas e inclusivas. A integração pede que abracemos nossa afiliação planetária, o que requer desindustrializar a relação com a terra, com os oceanos e com os animais domésticos; fornecer à biosfera geografias não exploradas e, em grande escala, contíguas, para expressar suas artes ecológicas e evolucionárias; e garantir aos nossos descendentes o privilégio de testemunhar a grandeza da Terra. Ao nos tornarmos integrados e ao nos abrirmos ao nosso maior dom — salvaguardar o sopro da Vida —, o espírito divino do humano vem à luz.

Notas

1 Publicado originalmente em *Environmental Humanities*, v. 3, p. 129-47, 2013.

2 Em 2022, o Google estadunidense contabiliza mais de 4,8 milhões de resultados para a busca do vocábulo "Anthropocene". Para "Antropoceno", o mesmo buscador retorna cerca de 1,6 milhão de resultados. [N.E.]

3 Exponentes do Antropoceno operam uma falácia do espantalho ao definir "natureza selvagem" como um estado completamente intocado por humanos, o que lhes permite fazer a afirmação irrefutável de que tal coisa já desapareceu por completo. Defensores da natureza selvagem, no entanto, consideram o selvagem como grandes parcelas de áreas naturais razoavelmente pouco perturbadas. (Para uma discussão da área selvagem remanescente, ver Sanderson *et al.*, 2002; Caro *et al.*, 2011). Nas palavras do ambientalista Paul Kingsnorth, a defesa da natureza selvagem não trata da ilusão de proteger estados imaculados da natureza, mas de "ecossistemas funcionais em grande escala [...] que devemos proteger da destruição" (Paul Kingsnorth, "Dark Ecology: Searching for Truth in a Post-Green World" [Ecologia sombria: a busca pela verdade num mundo pós-verde], *Orion*, 2012).

4 Os pontos de transição dos marcadores de estratos entre um período geológico e outro são denominados *golden spikes*. No caso da transição para o Antropoceno, há uma abundância desses marcadores — da extinção em massa e da biomassa humana e de gado à mudança climática e ao ciclo do nitrogênio, de substâncias químicas criadas pelo homem e materiais radioativos a estradas e certas cidades, o que, de acordo com seus defensores, garante a designação da Época geológica proposta. Ver Vince (2011); Jones (2011); Zalasiewicz *et al.* (2010).

5 O psicólogo ambientalista David Kidner (2014, p. 13) argumenta a favor dessa questão da seguinte maneira: "Até uma consciência ecológica rudimentar deixa claro que a natureza emerge da interação entre *várias* formas de vida; e o controle absoluto por qualquer única espécie não sinaliza uma forma única de construção, mas a morte do ecossistema. Portanto, a noção de que humanos 'construíram' a natureza selvagem

deriva da arrogância ilusória antropocêntrica que superestima, em grande medida, as contribuições humanas, ao mesmo tempo que minimiza as de outras formas de vida quase ao ponto da não existência".

6 Citado em James Owen, "New Earth Epoch Has Begun, Scientists Say" [Uma nova Época terrestre começou, dizem os cientistas], *National Geographic News*, 6 abr. 2010. Comparar com o que diz Lenton (2008, p. 691): "Num feito sem precedentes para uma única espécie animal, o uso de energia total da humanidade agora excedeu o de toda a biosfera antes da fotossíntese oxigênica, atingindo cerca de um décimo da energia processada pela biosfera de hoje". Ver também o editorial publicado no *New York Times*: "Somos a única espécie a definir um período geológico pela nossa atividade — algo em geral realizado por grandes glaciações, extinção em massa e o impacto colossal de objetos vindos do espaço sideral" (*The New York Times*, "The Anthropocene" [O Antropoceno], 27 fev. 2011).

7 Sobre o Antropoceno e o "eco-otimismo", ver Margaret Wente, "Can Enviro-Optmists Save the Movement for Itself?" [Os eco-otimistas podem salvar o movimento?], *The Globe and Mail*, 20 abr. 2013; Emma Marris, Peter Kareiva, Joseph Mascaro & Erle C. Ellis, "Hope in the Age of Man" [Esperança na Era do homem], *The New York Times*, 7 dez. 2011.

8 De acordo com Peter Kareiva e seus colegas, "em todo o mundo, uma mistura de mudanças climáticas e espécies não nativas criaram uma *rica gama de novos ecossistemas* catalisados por atividades humanas" (Kareiva, Marvier & Lalasz, 2011, p. 35, grifos meus). Ver também Ellis (2011).

9 Considero que esse complexo seja composto de três crenças amplamente difundidas e que se reforçam mutuamente: a Terra é uma coleção de recursos e serviços; o planeta pertence às pessoas; e os humanos são diferentes, se não superiores, a todas as formas de vida.

10 Para análises, ver Manes (1992), Steiner (2005), Crist (2013).

11 Uso "Vida" (com inicial maiúscula) como modo abreviado de dizer surgimento interdependente de diversidade biológica, complexidade ecológica, potencial evolucionário e uma variedade de inteligências que ocorre na natureza selvagem terrestre e marinha. Com "natureza selvagem", não me refiro a um conceito espúrio de algo intocado, de espaços imaculados, mas de áreas naturais de larga escala que estão além dos limites da interferência civilizatória excessiva, nas quais a diversidade, a complexidade, a especiação e as vidas selvagens e livres de não humanos podem não apenas existir, mas *florescer*, e onde

humanos — longe de estarem no comando — podem ainda acabar virando o almoço de outro animal.

12 Ver "A Man-Made World" [Um mundo feito pelo homem], *The Economist*, 26 maio 2011; "Welcome to the Anthropocene" [Bem-vindo ao Antropoceno], *The Economist*, 26 maio 2011.

13 A conexão entre comércio e declínio biológico foi documentada em muitos casos específicos (como nas florestas do Brasil e da Indonésia), mas recentemente também foi estimada em âmbito global: "países em desenvolvimento estão degradando o habitat e ameaçando a biodiversidade em nome da produção para exportação. Entre os países exportadores, 35% das ameaças a espécies registradas estão ligadas à produção para exportação. Em Madagascar, Papua-Nova Guiné, Sri Lanka e Honduras, a proporção é de cerca de 50%-60%" (Lenzen *et al.*, 2012, p. 109). A essa avaliação soma-se o enorme impacto do comércio na biodiversidade, e estão se abrindo ainda *mais* rotas comerciais, enquanto as já existentes se expandem. Por exemplo, só no porto de Los Angeles/Long Beach, espera-se que o tráfego de contêineres duplique até 2030, enquanto, nos próximos anos, a África pode se tornar o maior parceiro comercial da China ("Protectionism: The Hidden Persuaders" [Protecionismo: os defensores ocultos], *The Economist*, 12 out. 2013). O frenesi de transportar mais e mais coisas ao redor do mundo — impulsionado pelo número cada vez maior de humanos e a afluência crescente dentro de um sistema movido a lucro no capitalismo — está no cerne da definição superficial da civilização para "prosperidade" e é uma sentença de morte para o mundo mais que humano.

14 O termo "cultura ideacional" denota algo muito mais abrangente do que políticos e política. Diz respeito a atitudes, valores, objetivos, práticas e crenças que constituem um estilo de vida e um modo de organizar e dar sentido à experiência (Adam Briggie & Carl Mitcham, "Science and Ideational Culture". *In*: *Ethics and Science — An Introduction*. Cambridge: Cambridge University Press, 2012, p. 268-89). [N.E.]

15 A expressão também poderia ser "Neo-Américas do Norte", mas o Velho Mundo permanece sendo o modelo ocidental de apagamento do selvagem.

16 Ver também Emma Marris, Peter Kareiva, Joseph Mascaro & Erle C. Ellis, "Hope in the Age of Man", *op. cit.*

17 O termo empreitada humana (*human enterprise*) é usado em publicações sobre o Antropoceno para caracterizar a trajetória do desenvolvimento humano, desde a fase dos caçadores-coletores, passando pela Revolução Industrial, pelo período da "Grande Aceleração" pós-Segunda Guerra e chegando aos dias atuais. Às vezes, a expressão "empreitada humana" se repete constantemente numa só publicação (por exemplo, pelo menos catorze vezes em Steffen *et al.*, 2011a). Mas o termo nunca é definido, o que permite entender o significado cultural da história como um progresso que se desenrola (encorajado também pela alusão a *Jornada nas Estrelas* [em referência ao nome da espaçonave da série, *Enterprise*]). Neste artigo, uso retoricamente o termo "empreitada humana", não para atacar o expoente do Antropoceno Will Steffen e seus coautores (que parecem gostar da expressão), mas para sinalizar, no discurso do Antropoceno, as preocupações e narrativas antropocêntricas e ligadas ao progresso capturadas por essa expressão.

18 Ver também Will Steffen, "The Anthropocene", TEDx Talk, Camberra, Austrália, 14 nov. 2010. Disponível em: https://www.youtube.com/watch?v=ABZjlfhNoEQ.

19 Depois de esboçar a emergência da capacidade hominídea de desenvolver ferramentas, armas rudimentares, controle do fogo e a mudança subsequente para uma dieta onívora, Will Steffen e seus colegas nos informam que o cérebro humano triplicou de tamanho, dando aos "humanos a maior proporção cérebro/massa corporal de todos os animais da Terra", o que, por sua vez, permitiu o desenvolvimento da linguagem, da escrita, da acumulação de conhecimento e do aprendizado social. "Isso levou a um armazenamento enorme de conhecimento — e que aumenta com rapidez —, por meio do qual a humanidade acabou desenvolvendo civilizações complexas e continua ampliando seu poder de manipular o ambiente. Nenhuma outra espécie na Terra ou na história da Terra chegou perto dessa capacidade" (Steffen *et al.*, 2011a, p. 846; Ellis, 2012).

20 Will Steffen, "The Anthropocene", TEDx Talk, 14 nov. 2010.

21 Esse movimento de amontoar tantas camadas de coisas "factuais" para soterrar a chamada do "normativo" foi apontado por teóricos críticos como uma característica da visão de mundo iluminista: "A nova ideologia tem como objeto o mundo enquanto tal. Ela recorre ao culto do fato, limitando-se a elevar — graças a uma representação tão precisa quanto possível — a existência ruim ao mundo dos fatos. Essa transferência converte a própria existência num sucedâneo do sentido e do direito" (Horkheimer & Adorno, 1972, p. 148 [1985, p. 138]).

22 Segundo Thomas Berry (*apud* Jensen, 2002, p. 36): "Nossas espontaneidades primordiais, que nos oferecem um deleite na existência e nos permitem interagir criativamente com fenômenos naturais, estão enrijecendo. [...] Não escutamos as vozes. Não nos maravilhamos com o universo, com o mundo natural. Em vez disso, estamos maravilhados com a dominação do mundo natural, com a possibilidade de promover uma transformação violenta".

23 A maioria das publicações do gênero oferece a previsão mecânica de que a população humana aumentará em até dois bilhões entre a metade e o fim do século XXI, o que relatam como um acontecimento natural para além de qualquer julgamento ou capacidade humana de controle. Para argumentos a favor da estabilização e redução da população global, bem como as razões que as tornam viáveis, ver Cafaro & Crist (2012); Foreman (2011).

24 A literatura do Antropoceno costuma apresentar o desenvolvimento econômico à moda ocidental como inexorável e desejável. Por exemplo, Kareiva, Marvier & Lalasz (2011, p. 35) escrevem: "Cientistas cunharam um nome para nossa era — o Antropoceno — para enfatizar que entramos em uma nova Era geológica na qual humanos dominam cada fluxo e ciclo ecológico e geoquímico do planeta. A maioria dos povos ao redor do mundo (não importa a cultura) aceita as oportunidades que o desenvolvimento fornece para melhorar sua vida de pobreza rural opressiva".

25 Heidegger (1977, p. 28, 32 [2012, p. 30-1, 34]) tampouco deixou de captar essa implicação: "O predomínio da com-posição [o modo de vida e mentalidade presas à moldura de ordenar o mundo como uma reserva disponível] arrasta consigo a possibilidade ameaçadora de se poder vetar ao homem voltar-se para um desencobrimento mais originário e fazer assim a experiência de uma verdade mais inaugural. [...] A com-posição é o perigo extremo porque justamente ela ameaça trancar o homem na dis-posição, como pretensamente o único modo de descobrimento. E assim trancado, tenta levá-lo para o perigo de abandonar sua essência de homem livre".

26 Personagens do universo de *Jornada nas Estrelas* que viajam pelas galáxias assimilando forçosamente as especificidades biológicas e tecnológicas de outras espécies em busca de chegar à perfeição de seu próprio organismo cibernético. São conhecidos pela frase "Nós somos os Borg. Resistir é inútil. Você será assimilado". [N.E.]

27 Conceitos-elevador (*elevator words*) são "usados para dizer algo a respeito do mundo, ou acerca do que dizemos ou pensamos a respeito do mundo [...] [que] estão em um nível mais elevado"

(Hacking, 2000, p. 22-3). O Antropoceno pode ser considerado um "conceito-elevador".

28 As discussões a respeito da geoengenharia são comuns no discurso do Antropoceno. A meu ver, esse discurso (nas suas vertentes científicas, ambientais e jornalísticas reunidas) se tornou a força central de normalização da expectativa de experimentação megatecnológica na (e/ou com a) biosfera.

29 "O Antropoceno será um alerta ao mundo", brinca Crutzen (*apud* Elizabeth Kolbert, "Enter the Anthropocene — Age of Man" [Entre no Antropoceno, a Era do homem], *National Geographic*, mar. 2011). Por que (e como) um termo *sem conteúdo* além do rosto descarado do *Anthropos* marcado sobre a face da Terra deveria ser um alerta ao mundo?

30 Para uma narração implícita e explícita da história como um registro de melhorias contínuas, ver Ellis (2011; 2012).

31 Um argumento correlato foi elaborado pelo biólogo de conservação Tim Caro e seus colegas a respeito das consequências de adotar o termo Antropoceno: "Tememos que o conceito de uma mudança universal causada pelo ser humano possa cultivar a desesperança nas pessoas dedicadas à conservação e até mesmo ser um ímpeto para mudanças aceleradas no uso da terra motivado pelo lucro" (Caro *et al.*, 2011, p. 185). Em uma linha diferente e mais cáustica, Jensen (2013, p. 41) escreve o seguinte acerca do nome proposto: "É claro que membros dessa cultura, que já se autodenominaram, sem ironia ou humildade, *Homo sapiens*, iriam, ao assassinar o planeta, declarar esta a Era do homem".

32 O nome Antropoceno foi debatido na edição da primavera de 2013 do *Earth Island Journal*, com colaborações de Raj Patel, Gus Speth, Kathleen Dean Moore e Derrick Jensen, entre outros. Moore e Jensen oferecem críticas perspicazes acerca dessa nomenclatura.

33 Embora se aventurar pela natureza selvagem seja um direito de nascença que algumas pessoas são chamadas a seguir — ver Drengson (2004) —, essa possibilidade, para aqueles que a escolhem, inútil dizer, está sendo eclipsada pelas pessoas do futuro por meio da destruição da natureza selvagem.

34 São frequentes, na literatura, as referências ao "acoplamento próximo" dos sistemas sociais e naturais. Steffen *et al.* (2011b, p. 740), por exemplo, descrevem "a empreitada humana [como] um componente plenamente acoplado e interativo do sistema da Terra em si". Ver também Kareiva & Marvier (2012); Kotchen & Young (2007).

35 Expressão de Donna Haraway (2008, p. 8).

Donna J. Haraway é professora emérita no Departamento de História da Consciência na Universidade da Califórnia, em Santa Cruz. Concluiu o doutorado em biologia na Universidade Yale, em 1972, e lecionou história da ciência, estudos de ciência e tecnologia, teoria feminista e estudos multiespécies na Universidade do Havaí, na Universidade Johns Hopkins e na Universidade da Califórnia. Em 2000, recebeu, pelo conjunto da obra, o prêmio J. D. Bernal da Sociedade para Estudos Sociais de Ciência. Estudando as teias entre ciências biológicas, cultura e política, Haraway explora camas de gato compostas por fatos científicos, ficção científica, feminismo especulativo, fabulação especulativa, estudos de ciência e tecnologia e mundificação multiespécie. Entre seus livros, estão *Crystals, Fabrics, and Fields* [Cristais, tecidos e campos] (1976); *Primate Visions* [Visões de primatas] (1989); *Simians, Cyborgs, and Women* [Símios, ciborgues e mulheres] (1991); *Modest_Witness@ Second_Millennium* [Testemunha_modesta@ Segundo_ milênio] (1997); *O manifesto das espécies companheiras: cachorros, pessoas e alteridade significativa* (2003 [2021]); *The Haraway Reader* [O leitor de Haraway] (2004); *When Species Meet* [Quando as espécies se encontram] (2008); e *Manifestly Haraway* [Manifestamente Haraway], uma reedição de *Cyborg Manifesto* [Manifesto ciborgue] e *The Companion Species Manifesto*, com uma entrevista estendida com Cary Wolfe (2016). Seu livro acerca da respons-habilidade em uma época de grande urgência ecossocial tem o título de *Staying with the Trouble: Making Kin in the Chthulucene* [Manter o incômodo: construir parentescos no Chthuluceno].

2 Ficar com o problema: Antropoceno, Capitaloceno, Chthuluceno[1]

Donna J. Haraway

Somos todos líquens.
— Scott Gilbert[2]

Pensar devemos. Devemos pensar.
— Isabelle Stengers & Vinciane Despret, *Women Who Make a Fuss* [Mulheres que fazem barulho] (2014)[3]

O que acontece quando o excepcionalismo humano e o individualismo metodológico, esses clichês da filosofia ocidental e da economia política, se tornam impensáveis para as grandes ciências, sejam naturais ou sociais? De fato, são impensáveis: não estão disponíveis para se pensar com eles. As ciências biológicas foram especialmente potentes em fermentar noções sobre todos os habitantes mortais da Terra desde o imperializante século XVIII. O *Homo sapiens* — o Humano como espécie, o *Anthropos* como espécie humana, o Homem Moderno — foi um produto importante dessas práticas de conhecimento. O que acontece quando as melhores biologias do século XXI não podem fazer seu trabalho, isso se um dia foram capazes, com indivíduos delimitados e contextos, quando organismos e ambientes, ou genes e o que mais for necessário, não sustentam mais a fartura transbordante dos conhecimentos biológicos?

O que acontece quando mal se pode lembrar de organismos e ambientes pelas mesmas razões que até mesmo pessoas herdeiras do Ocidente não podem mais se imaginar como indivíduos e sociedades em histórias exclusivamente humanas? Com certeza, uma Época tão transformadora na Terra não pode ser nomeada Antropoceno!

Neste ensaio, com toda a prole infiel dos deuses celestes, com meus companheiros de ninhada que se revolvem com opulência em chafurdas multiespécie, quero fazer um escândalo crítico e alegre sobre essas questões. Quero ficar com o problema, e só sei fazer isso com alegria, terror e pensamento coletivo generativos.[4]

Meu primeiro familiar demoníaco nesta tarefa é uma aranha, *Pimoa cthulhu*, que vive sob tocos nas florestas de sequoias nas regiões de Sonoma e Mendocino, perto de onde moro, no centro-norte da Califórnia (Hormiga, 1994, p. 549). Ninguém vive em todos os lugares; todos vivem em algum lugar. Ninguém está conectado a tudo; tudo está conectado a algo (Van Dooren, 2014).[5] Essa aranha está localizada, tem um lugar; no entanto, ganha seu nome de intrigantes viagens a outros lugares. Ela me ajudará com retornos, raízes e rotas.[6] O aracnídeo tentacular de oito pernas a que me refiro recebe seu nome genérico da língua do povo Goshute de Utah, e seu nome específico origina-se dos habitantes das profundezas, das entidades abissais e elementais, chamadas ctônicas.[7] Os poderes ctônicos da Terra infundem seus tecidos por todo lugar, apesar dos esforços civilizacionais dos agentes dos deuses celestiais para astralizá-los e para colocar na chefia Indivíduos e seus domados comitês de múltiplos ou subdeuses, o Uno e o Múltiplo. Com *Pimoa cthulhu*, proponho um nome para um outro lugar e um outro tempo que foi, ainda é, talvez ainda será: o Chthuluceno. Lembro que "tentáculo" vem do latim *tentaculum*, que significa "órgão usado para apalpar ou testar", e de *tentare*, que significa "sentir" ou "experimentar"; e sei que minha aranha pernuda tem aliados de muitos braços. Uma miríade de tentáculos será necessária para contar a história do Chthuluceno.[8]

Os tentaculares me enredam em SF. Seus muitos apêndices fazem figuras com fios (*string figures*); elas me enlaçam na *poiesis* — o fazer — da fabulação especulativa (*speculative fabulation*), da ficção científica (*science fiction*), do fato científico (*science fact*), do feminismo especulativo (*speculative feminism*), até agora (*so far*). Os tentaculares produzem conexões e desconexões; fazem cortes e nós; fazem diferença; tecem caminhos e consequências, mas não determinismos; são tanto abertos quanto amarrados de algumas maneiras e não de outras.[9] "SF" é contar histórias e fatos; é desenhar padrões de mundos e tempos possíveis, mundos material-semióticos, passados, presentes e futuros. Trabalho com figuras filamentosas como um tropo teórico, uma maneira de pensar-com um bando de companheiros em simpoiética fiação, feltragem, enredo, busca e seleção. Eu trabalho com e em SF como uma compostagem semiótico-material, como teoria na lama, como chafurda (*muddle*).[10] As figuras tentaculares não são descorporificadas; são cnidários, aranhas, seres cheios de dedos como humanos e guaxinins, lulas, águas-vivas, extravagâncias neurais, entidades fibrosas, seres flagelados, tranças de miofibrilas, emaranhados embaraçados e felpudos de micróbios e fungos, rastejantes curiosos, raízes volumosas, entidades tentaculares que se estendem e escalam. O tentacular é também malhas e redes, bichos de tecnologia da informação, dentro e fora de nuvens. A tentacularidade está relacionada a viver sobre fios (*strings*) — e que riqueza de fios! —, não em pontos, nem em esferas. "Os habitantes do mundo, criaturas de todos os tipos, humanas e não humanas, são caminhantes"; as gerações são como "uma série de trilhas entrelaçadas" (Ingold, 2007, p. 116-9). Os fios figuram tudo.[11]

Todos os tentaculares filamentosos me deixaram infeliz com o pós-humanismo, ainda que eu seja nutrida por muito trabalho generativo que se produz sob esse signo. Meu companheiro Rusten Hogness sugeriu húmus em vez de pós-human(ism)o, e também humosidades em vez de humanidades, e eu pulei naquela pilha de minhocas.[12] O humano como húmus tem potencial, se pudéssemos cortar e fatiar o humano como *homo*, o projeto detumescente de um CEO autorrealizado e destruidor do planeta. Imagine uma conferência não sobre o Futuro das Humanidades na Universidade Capitalista em Reestruturação, mas, em vez disso, sobre o Poder das Humosidades por uma Chafurda Multiespécie Habitável! As artistas ecossexuais Beth Stephens e Annie Sprinkle fizeram um adesivo de para-choque para mim, para nós, para SF: "A compostagem é tão sexy!".[13]

A Terra do persistente Chthuluceno é simpoiética, não autopoiética. Mundos mortais (Terra, Gaia, Chthulu, a miríade de nomes e poderes que não são nem um pouco gregos, latinos ou indoeuropeus)[14] não se fazem sozinhos, não importa quão complexos e multiníveis sejam os sistemas, não importa quanta ordem seja produzida da desordem, em decomposições generativas autopoiéticas do sistema e relançamentos em níveis de ordem mais alta. Sistemas autopoiéticos são imensamente interessantes — veja a história da cibernética e das ciências da informação; mas não são bons modelos para os mundos vivos e mortos e suas criaturas. Sistemas autopoiéticos não são fechados, esféricos, deterministas ou teleológicos; mas eles não são ainda modelos bons o suficiente para o mortal Mundo SF. A *poiesis* é sinctônica, simpoiética, sempre em parcerias até o fim, sem "unidades" iniciais que interagem posteriormente.[15] O Chthuluceno não se fecha em si mesmo; ele não se encerra; suas zonas de contato são ubíquas e prolongam continuamente tentáculos retorcidos. A aranha é uma figura muito melhor da simpoiese do que qualquer vertebrado de pernas inadequadas de qualquer panteão. A tentacularidade é sinctônica, enrolada em apreensões abissais e temerosas, desgastes e teceduras, transmitindo algo de novo e de novo, nos reajustes generativos que fazem a manutenção do viver e do morrer.

Imaginando que eu era de alguma forma original, usei pela primeira vez o termo "simpoiese" em busca de algo diferente dos atrativos da autopoiese, até receber digitalmente a dissertação de mestrado em Estudos Ambientais de M. Beth Dempster, escrita em 1998 no Canadá, na qual ela sugeriu o termo "simpoiese" para "sistemas de produção coletiva que não possuem limites espaciais e temporais autodefinidos. Informação e controle são distribuídos ao longo dos componentes. Os sistemas são evolutivos e têm potencial para mudanças surpreendentes". Em contraste, sistemas autopoiéticos são unidades autônomas de "autoprodução", "com limites espaciais e temporais que tendem a ser controlados centralmente, homeostáticos e previsíveis".[16] Dempster argumentou que muitos sistemas, que na verdade são simpoiéticos, são confundidos com sistemas autopoiéticos. Acredito que essa questão seja importante para pensar sobre re-habitação (tornar habitável novamente) e sustentabilidade entre os tecidos porosos e bordas abertas de mundos vivos danificados, mas ainda persistentes, com o planeta Terra e seus habitantes no tempo atual, que está sendo chamado de Antropoceno. Se é verdade que nem a biologia nem a filosofia defendem mais a noção de organismos independentes nos ambientes, isto é, unidades interagindo com contextos/regras, então simpoiese é realmente a palavra-chave. O individualismo metodológico remendado com autopoiese não é suficiente em termos figurativos ou científicos; ele nos leva por caminhos fatais. O realismo agencial de Barad e a intra-ação se tornam senso comum, e talvez haja uma linha de resgate para caminhantes terráqueos.

SF, figuras com fios, é simpoiético. Pensando-com meu trabalho em cama de gato (*cat's cradle*), assim como com o trabalho de Félix Guattari, um de seus companheiros de pensamento, Isabelle Stengers me contou como jogadores repassam um para o outro os padrões em jogo às vezes conservando, às vezes propondo e inventando:

> Mais precisamente, comentar (*com-menting*), se isso significa pensar-com — isto é, devir-com —, é por si só uma maneira de passar adiante [...]. Mas saber que o que você pega foi oferecido implica uma forma peculiar de pensar "entre". Não exige fidelidade, menos ainda fieldade, e sim um tipo particular de lealdade, a resposta à confiança da mão estendida. Mesmo se essa confiança não estiver em "você", mas na "incerteza criativa", mesmo se as consequências e o significado do que foi feito, pensado ou escrito não pertencerem mais a você do que pertencem àquele de quem você está passando algo adiante, de uma maneira ou de outra, o jogo está agora nas suas mãos, junto com a exigência de que você não prossiga com "confiança mecânica". Dois pares de mãos são necessários [na cama de gato], e, em cada passo sucessivo, um é "passivo", oferecendo o resultado de sua operação prévia, uma linha emaranhada, para que o outro opere, apenas para se tornar ativo novamente no próximo passo, quando o outro apresenta o novo emaranhado. Mas também pode ser dito que cada vez o par "passivo" é quem segura, e é segurado pelo emaranhado, "soltando" apenas quando o outro toma o jogo. (Stengers, 2011, p. 34)

Em paixão e ação, conexão e desconexão, isso é o que chamo de cultivar respons-habilidade (*response-ability*), que é também saber e fazer coletivos, uma ecologia das práticas. Não importa se pedimos ou não por ele: o desenho está em nossas mãos. A resposta à confiança da mão estendida é: pensar devemos.

Marilyn Strathern (1991; 1995; 2005) é uma etnógrafa das práticas de pensamento. Ela define antropologia como "estudar relações com relações" — uma espécie de compromisso extremamente consequente, transformador da mente e do corpo. Alimentada por seu trabalho de uma vida inteira nas terras altas da Papua-Nova Guiné (Monte Hagen), ela escreve sobre aceitar o risco da contingência incansável, de colocar relações em risco com outras relações, dos mundos inesperados. Incorporando a prática da fabulação feminista especulativa em modo pesquisadora, Strathern (1992, p. 10) me ensinou — nos ensinou — algo simples que muda tudo: "importa quais ideias usamos para pensar outras ideias" (ver também Strathern, 1990). Compus um tipo de mantra a partir do desenho SF de Strathern. Coloco minha alma em compostagem nessa pilha quente. As minhocas não são humanas; seus corpos ondulantes ingerem e se estendem, e suas fezes fertilizam mundos.

> Importa quais pensamentos pensam pensamentos.
> Importa quais conhecimentos conhecem conhecimentos.
> Importa quais relações relacionam relações.
> Importa quais mundos mundificam mundos.
> Importa quais histórias contam histórias.

Importa quais pensamentos pensam pensamentos. O que é renunciar à capacidade de pensar? Estes tempos chamados de Antropoceno são os da urgência multiespécie, incluindo os humanos: de grande morte e extinção em massa; de desastres avassaladores, cujas especificidades imprevisíveis são tolamente tomadas como a própria incognoscibilidade; da recusa em conhecer e cultivar a respons-habilidade; da recusa em estar presente na e para a avassaladora catástrofe no tempo; de um desviar os olhos sem precedentes. Certamente, dizer "sem precedentes" diante das realidades dos últimos séculos é dizer algo quase inimaginável. Como podemos pensar em tempos de urgências *sem* os mitos apocalípticos autoindulgentes e autorrealizantes quando toda fibra do nosso ser está entrelaçada, e é até mesmo cúmplice, nas teias de processos que devem, de alguma forma, ser encarados e redesenhados? Repetidamente, tenhamos pedido por isso ou não, o desenho está em nossas mãos. A resposta à confiança da mão estendida é: pensar devemos.

Instruída por Valerie Hartouni, me volto à análise de Hannah Arendt sobre a incapacidade de pensar do criminoso de guerra Adolf Eichmann. Naquela renúncia ao pensar estava a "banalidade do mal" do tipo particular que poderia tornar real o desastre do Antropoceno, com seus genocídios e especídios intensificados (Arendt, 1964 [1999]; ver também Hartouni, 2012, especialmente o capítulo 3).[17] Esse resultado ainda está em disputa; pensar devemos, devemos pensar! Na leitura de Hartouni, Arendt insiste que o pensamento era profundamente diferente do que podemos chamar de conhecimento disciplinar, ou ciência, baseado em evidências, ou a seleção de verdade e crença, ou fato e opinião, ou bom e mau. Pensar, no sentido de Arendt, não é um processo para avaliar informação e argumentação, para estar certo ou errado, para julgar certo ou errado em si ou nos outros. Tudo isso é importante, mas não é o que Arendt tinha a dizer sobre a maldade da falta de pensamento que quero trazer para a questão da conjuntura geo-histórica que vem sendo chamada de Antropoceno.

Arendt viu em Eichmann não um monstro incompreensível, mas algo muito mais apavorante — ela viu a ordinária falta de pensamento. Isto é, lá estava um humano incapaz de apresentar a si mesmo o que estava ausente, o que não era ele mesmo, o que é o mundo em sua pura não-eu-mesmidade e o que afirma-ser-inerente em não-eu-mesmo. Lá estava alguém que era incapaz de ser um viajante, incapaz de emaranhar, incapaz de trilhar as linhas de viver e morrer, de cultivar respons-habilidade, de apresentar para si mesmo o que estava fazendo, de viver com as consequências e, consequentemente, incapaz de compostar. Sua função importava, seu dever importava, mas o mundo não importava para Eichmann. O mundo não importa para a falta de pensamento ordinária. Os espaços escavados são todos preenchidos avaliando informações, determinando amigos e inimigos e trabalhando muito; a negatividade, o escavar de tal positividade, é buscada, um chocante abandono do pensar.[18] Essa qualidade não era uma falta emocional, uma falta de compaixão, embora, certamente, isso fosse verdade no caso de Eichmann, mas uma renúncia mais profunda ao que eu chamaria de imaterialidade, inconsequencialidade ou, para Arendt e também para mim, falta de pensamento. Eichmann foi astralizado para fora da chafurda do pensamento e para dentro da manutenção da normalidade, não importa o que acontecesse. Era impossível que o mundo se tornasse para Eichmann e seus herdeiros — nós? — uma "questão de cuidado" (Puig de la Bellacasa, 2011). O resultado foi a participação ativa em um genocídio.

Anna Tsing, antropóloga, feminista, teórica cultural, contadora de histórias e conhecedora dos tecidos heterogêneos do capitalismo, do globalismo, de mundos viajantes e lugares locais, examina as "artes de viver em um planeta deteriorado",[19] ou como no título de seu livro, a "vida nas ruínas" (Tsing, 2015). Ela performa um tipo de pensamento que deve ser cultivado nas urgências muito ordinárias de avassaladoras extinções multiespécie, genocídios, pauperizações e extermínios. Chamo essas coisas de urgências em vez de emergências porque esta palavra conota algo que se aproxima do apocalipse e suas mitologias. Urgências têm outras temporalidades, e esses tempos são nossos. Esses são os tempos em que devemos pensar; esses são os tempos de urgências que precisam de histórias.

Seguindo os cogumelos matsutake em suas mesclas fulminantes de japoneses, estadunidenses, chineses, coreanos, hmong, lao, mexicanos, esporos e filamentos fúngicos, carvalhos e pinheiros, simbioses micorrízicas, catadores, compradores, transportadores, proprietários de restaurantes, lanchonetes, empresários, cientistas, guardas florestais, sequenciadores de DNA e suas espécies mutantes, e muito mais, Tsing pratica simpoiese em tempos limite. Recusando-se a desviar o olhar ou a reduzir a urgência da Terra a um sistema abstrato de destruição causativa, como um ato da espécie humana ou capitalismo indiferenciado, Tsing defende que a precariedade — a falha das promessas mentirosas do progresso moderno — caracteriza a vida e a morte de todas as criaturas terráqueas nesses tempos. Ela busca as erupções de vivacidade inesperada e as práticas contínuas contaminadas e não deterministas, inacabadas, de viver nas ruínas. Ela performa a força das histórias; ela mostra na carne como importa quais histórias contam histórias como uma prática de cuidado e pensamento.

> Se uma torrente de histórias incômodas é a melhor maneira de contar a diversidade contaminada, então é hora de tornar essa torrente parte de nossas práticas de conhecimento [...].
>
> A disposição do matsutake de emergir em paisagens devastadas nos permite explorar as ruínas que se tornaram nosso lar coletivo. Seguir o matsutake nos guia a possibilidades de coexistência dentro da perturbação ambiental. Isso não é uma desculpa para mais dano humano. Ainda assim, o matsutake nos mostra um tipo de sobrevivência colaborativa. (Tsing, 2015, p. 34)

Impelida por uma curiosidade radical, Tsing faz a etnografia da "acumulação por recuperação" e do "capitalismo em retalhos", o tipo que não pode mais prometer progresso, mas pode estender — e de fato estende — a devastação e torna a precariedade o nome de nossa sistematicidade. Não há um argumento simples, ético, político ou teórico a ser encontrado no trabalho de Tsing; há, em vez disso, a força de engajar o mundo no tipo de prática de pensamento impossível para os herdeiros de Eichmann. "O matsutake pode nos catapultar para a curiosidade que me parece ser o primeiro requisito da sobrevivência colaborativa em tempos precários" (Tsing, 2015, p. 2). Isso não é um anseio por salvação ou algum outro tipo de política otimista; tampouco é um quietismo cínico diante da profundidade do problema. Pelo contrário, Tsing propõe um compromisso com o viver e o morrer com respons-habilidade em companhia inesperada. Esse viver e morrer tem a grande chance de cultivar condições de persistência.

Thom van Dooren, filósofo ecológico e etnógrafo multiespécie, também habita as complexas camadas de viver em tempos de extinção, extermínio e recuperação parcial, e aprofunda nossa consideração sobre o que significa pensar, sobre o que a atitude de não deixar de pensar exige de todos nós. Em seu extraordiário livro *Flight Ways* [Caminhos de voo] (2014), Van Dooren acompanha espécies de pássaros situadas no limite estendido da extinção, perguntando o que significa manter um espaço aberto para outro. Esse "manter aberto" está longe de ser uma prática material ou ética inocente ou óbvia; mesmo quando bem-sucedida, tem seu custo em sofrimento, assim como na sobrevivência de indivíduos e espécies. Em seu exame das práticas do plano de sobrevivência da espécie do grou-americano da América do Norte, por exemplo, Van Dooren detalha múltiplos tipos de cativeiros e trabalhos multiespécie difíceis, vida forçada, trabalho reprodutivo de aluguel e morte substitucionária — nenhum dos quais deve ser esquecido, especialmente em projetos exitosos. Manter um espaço aberto pode — ou não — retardar a extinção de maneiras que possibilitam compor e recompor agenciamentos natural-culturais (*naturalcultural*) florescentes. *Flight Ways* mostra como a extinção não é um ponto, um acontecimento único, mas algo mais como um limite estendido ou uma borda alargada. A extinção é uma morte lenta e alongada, que desdobra grandes tecidos de maneiras de persistir no mundo para muitas espécies, incluindo pessoas historicamente situadas.[20]

Van Dooren propõe que o luto é intrínseco ao cultivo da respons-habilidade. Em seu capítulo sobre os esforços de conservação dos corvos havaianos (*'Alalā*, para os havaianos; *Corvus hawaiiensis*, para os lineanos), cujas florestas natais e alimentos, assim como amigos, filhotes e companheiros, desapareceram em grande parte, Van Dooren defende que não são apenas humanos que ficam de luto pela perda de seus entes queridos, de seus lugares, de suas linhas de vida; outros seres também o fazem. Corvídeos lamentam perdas. O argumento se apoia em estudos biocomportamentais, assim como em história natural íntima; nem a capacidade, nem a prática do luto são especialidades humanas. Fora dos privilégios dúbios do excepcionalismo humano, pessoas pensantes devem aprender a lamentar-com.

> O luto tem a ver com habitar uma perda e, assim, chegar a apreciar o que ela significa, como o mundo mudou e como devemos, *nós mesmos*, mudar e, se vamos continuar a partir daí, renovar nossas relações. Nesse contexto, o luto genuíno deveria nos abrir para uma percepção de nossa dependência e das relações com aqueles incontáveis outros sendo levados além do limite da extinção [...]. A realidade, no entanto, é que não *existe* evitar a necessidade do difícil trabalho

> cultural de reflexão e luto. Esse trabalho não é o contrário da ação prática — pelo contrário, ele é a fundação de qualquer resposta sustentável e informada.[21]

O luto é um caminho para entender o viver e o morrer compartilhados e emaranhados; seres humanos devem lamentar *com*, porque estamos dentro e fora desse tecido de desaparecimento. Sem um relembrar contínuo, não conseguimos aprender a viver com fantasmas e, assim, não conseguimos pensar. Como os corvos e com os corvos, vivos e mortos "estamos em jogo na companhia uns dos outros" (Van Dooren, 2014, capítulo 5).[22]

Pelo menos mais um fio SF é crucial para a prática de pensar, que deve ser um pensar-com: contar histórias. Importa quais pensamentos pensam pensamentos; importa quais histórias contam histórias. O capítulo de Van Dooren sobre os pequenos pinguins (*Eudyptula minor*) do Porto de Sydney é bem-sucedido em criar um sentido não antropomórfico, não antropocêntrico, de local historizado. Em sua nidificação resolutamente "filopátrica" (apegada ao lar) e outras práticas de vida, esses pinguins urbanos — pássaros reais, particulares — historizam o lugar, *este* lugar, não qualquer lugar. Estabelecer a realidade e a vívida especificidade de um local historizado por pinguins é uma grande realização material-semiótica. Historizar não pode mais ser colocado na caixa do excepcionalismo humano. Sem abandonar o terreno básico da ecologia comportamental e da história natural, essa escrita alcança uma sintonia poderosa com a historização na semiótica multimodal do pinguim.[23]

Ursula Le Guin me ensinou a teoria da bolsa da ficção e de história natural-cultural. Suas teorias e histórias são bolsas espaçosas para coletar, carregar e narrar a coisa de que é feita a vida. "Uma folha, uma cuia, uma concha, uma rede, uma bolsa, um tecido, um saco, uma garrafa, um pote, uma caixa, um recipiente" (Le Guin, 1989, p. 166).[24] Boa parte da história da Terra foi contada sob o encanto das primeiras belas palavras e armas, das primeiras lindas armas *como* palavras, e vice-versa. Ferramenta, arma, palavra: essa é a palavra encarnada à imagem do deus celestial; isso é o *Anthropos*. Em uma história trágica com apenas um verdadeiro ator, um verdadeiro criador do mundo, o herói, esse é o conto do caçador feito pelo Homem, em uma missão para matar e resgatar o terrível espólio. Esse é o conto de ação cortante, afiado, combativo, que adia o sofrimento da insuportável passividade pegajosa e apodrecida. Todos os outros no conto fálico são objetos, chão, espaço ou presa. Eles não importam; seu trabalho é estar no caminho, ser superado, ser a estrada, o canal, mas não o viajante, o gerador. A última coisa que o herói quer saber é que suas belas palavras e armas serão inúteis sem uma bolsa, um pote, uma rede.

De toda maneira, nenhum aventureiro deveria sair de casa sem um saco. Como um tecido, um pote, uma garrafa entraram de repente na história? Como coisas tão modestas dão continuidade à história? Ou talvez, ainda pior para o herói, como essas coisas côncavas e ocas, esses buracos no Ser, de saída, geram histórias mais ricas, excêntricas, fartas, inapropriadas e persistentes, histórias com espaço para o caçador, mas que não eram e não são sobre ele, o Humano autorrealizado, a máquina criadora de humanos da História. A leve curva da concha que guarda só um pouco de água, apenas poucas sementes para dar e receber, sugere histórias de devir-com, de indução recíproca, de espécies companheiras, cujo trabalho em viver e morrer é não acabar com a historização, a mundificação. Com uma concha e uma rede, devir humano, devir húmus, devir terráqueo tem outra forma — isto é, a sinuosa, serpentina forma do devir-com.

Le Guin rapidamente nos assegura que somos muito desconfiados de holismos e organicismos evasivos e sentimentais; que ela

> não é, que seja dito de uma vez, um ser humano não agressivo ou não combativo. Sou uma mulher de alguma idade furiosa, carregando poderosamente comigo minha bolsa, espantando malfeitores [...]. É só uma das malditas coisas que você precisa fazer para recolher aveias silvestres e contar histórias. (Le Guin, 1989, p. 169)

Há espaço para conflito na história de Le Guin, mas suas narrativas de bolsa são cheias de muitas outras coisas, em contos maravilhosos e complexos usados para recontar, ou ressemear, possibilidades de embarcar em histórias do agora, assim como da Terra profunda.

> Às vezes parece que a história [heroica] está se aproximando do seu fim. A não ser que não haja mais contação de histórias, alguns de nós aqui nas aveias silvestres, no milharal estrangeiro, achamos melhor começar a contar outra, com a qual talvez as pessoas possam prosseguir quando a antiga acabar [...]. Portanto, é com certo sentimento de urgência que busco a natureza, o assunto, as palavras da outra história, a história não contada, a história da vida. (Le Guin, 1989, p. 169)

O livro *Floresta é o nome do mundo* (1976 [2020]) tem como ponto de partida as fabulações de Le Guin do Ciclo Hainish[25] sobre seres nativos e coloniais envolvidos em um conflito relacionado à exploração imperialista e sobre as chances de florescimento multiespécie.[26] A história acontece em outro planeta e é bastante similar ao conto de opressão colonial em nome da pacificação e extração de recursos que acontece em Pandora, no filme *blockbuster* de 2010, *Avatar*. Mas há um detalhe particular muito diferente: o protagonista de *Floresta é o nome do mundo* não é um herói colonial "branco" arrependido e redimido. Sua história tem a forma de uma bolsa que é desprezada por heróis. Além disso, mesmo condenando seu principal opressor a viver, ao invés de matá-lo depois da vitória, para os "nativos" de Le Guin as consequências da luta pela liberdade incluem o conhecimento duradouro de como matar *uns aos outros*, não apenas o invasor, e também de como relembrar e talvez reaprender a florescer pelo envolvimento tentacular dessa história. Não há *status quo ante*, nem conto de salvação, como em Pandora. Instruída pela luta no planeta Athshe em *Floresta é o nome do mundo*, permanecerei em Terra, onde e quando o conhecimento de como assassinar não é raro, e imaginarei que a espécie Hainish de Le Guin não foi toda de linhagem ou teia hominídea, não importa quão dispersa. Pensar-com é seguir com o incômodo natural-cultural multiespécie na Terra, fortalecidos pela luta por liberdade de um mundo pós-colonial no planeta Athshe de Le Guin. Em tais lutas, não há garantias, flecha do tempo, Lei da História ou da Ciência ou da Natureza. Há apenas a mundificação (*worlding*) SF incansável e contingente de viver e morrer, de devir-com e desdevir-com, de simpoiese e, assim, apenas talvez, de florescimento multiespécie na Terra.

Tal como Le Guin, Bruno Latour entende apaixonadamente a necessidade de mudar de história, de aprender de alguma forma a narrar — a pensar — fora do conto fálico de Humanos na História, quando o conhecimento de assassinar uns aos outros — e juntos, uns com os outros, multidões incontáveis da Terra viva — não é raro. Pensar devemos; devemos pensar. Isso significa simplesmente que *devemos* mudar de história; a história *deve* mudar. Le Guin (1989, p. 169) escreve: "Portanto é com certo sentimento de urgência que busco a natureza, o assunto, as palavras da outra história, a história não contada, a história da vida". Neste tempo terrível chamado Antropoceno, Latour sustenta que o fundamento da geopolítica foi implodido. Nenhuma das partes na crise pode invocar a Providência, a Ciência, o Progresso ou qualquer outro truque divino fora do combate comum para resolver os incômodos.[27] Um mundo comum habitável deve ser composto pouco a pouco ou de modo algum. O que costumava ser chamado de natureza irrompeu nos assuntos humanos ordinários, e vice-versa, de tal modo e com tal permanência a ponto de mudar fundamentalmente os meios e as perspectivas de persistir, inclusive de qualquer persistência. Buscando práticas composicionistas capazes de construir novos coletivos efetivos, Latour afirma que devemos aprender a contar "histórias de Gaia". Se essa palavra for muito difícil, então podemos chamar nossas narrativas de "geo-histórias", em que "tudo que antes eram objetos e agentes passivos se tornaram ativos sem, por isso, serem parte de um grande enredo escrito por uma entidade supervisora" (Latour, 2013a, conferência 3). Os que contam Gaia-histórias ou geo-histórias são os "terranos", aqueles que se abstêm dos dúbios prazeres dos enredos transcendentes da modernidade e da divisão purificadora de sociedade e natureza. Latour defende que estamos diante de uma inflexível divisão: "Alguns estão se preparando para viver como terráqueos no Antropoceno; outros decidiram permanecer humanos no Holoceno" (Latour, 2013b).[28]

Em muito de sua escrita, Latour desenvolve a linguagem e a imagética de testes de força; e, pensando sobre o Antropoceno e os terráqueos, ele estende essa metáfora para desenvolver a diferença entre ação policial — em que a paz é restaurada por uma ordem já existente —, e ação bélica ou política, em que os verdadeiros inimigos devem ser derrotados para estabelecer o que será. Latour está determinado a evitar os ídolos de um reparo instantâneo, tais como as Leis da História, da Modernidade, do Estado, de Deus, do Progresso, da Razão, da Decadência, da Natureza, da Tecnologia ou da Ciência, assim como o debilitante desrespeito pela diferença e pela finitude compartilhada, inerentes àqueles que já sabem as respostas sobre aqueles que apenas precisam aprendê-las — pela força, pela fé ou pela pedagogia autoconfiante. Quem "acredita" ter as respostas às urgências presentes é terrivelmente perigoso. Quem se recusa a ser *favorável* a algumas formas de viver e morrer, e não a outras, é igualmente perigoso. Questões de fato, questões de interesse,[29] questões de cuidado estão atadas em figuras de linhas, em SF.

Latour abraça as ciências, não a Ciência. Na geopolítica, "o importante é entender que os fatos da questão não podem ser delegados a uma autoridade superior unificada que teria feito a escolha *por nós*. Controvérsias — não importa o quão enganadoras sejam — não são uma desculpa para adiar a *decisão* sobre que lado representa *melhor* nosso mundo" (Latour, 2013b). Latour se *alinha* com os relatórios do Painel Intergovernamental sobre Mudança Climática (IPCC); ele não *acredita* em suas avaliações e relatos; ele *decide* o que é robusto e confiável e o que não é. Ele se associa com alguns mundos e mundificações, e não com outros. Não é preciso ouvir o discurso de "decisão" de Latour com um ouvido individualista; ele é um composicionista determinado a compreender como um mundo comum e como coletivos são construídos-com mutuamente, em um contexto em que nem todos os construtores são seres humanos. Isso não é nem relativismo nem racionalismo; é SF, que Latour chamaria tanto de ciências quanto de cientificção, e eu chamaria de ciências e de fabulação especulativa — que são todas ciências políticas em nossas abordagens alinhadas.

"Alinhamento" é uma metáfora rica para viajantes, para os terráqueos, e não carrega os tons do discurso moderno da escolha liberal tão facilmente quanto "decisão", ao menos nos Estados Unidos. Além disso, a recusa da categoria moderna de crença é também crucial para o meu esforço de nos persuadir a aceitar o Chthuluceno e suas tarefas tentaculares.[30] Como Stengers, e como eu mesma, Latour é um completo materialista comprometido com uma ecologia das práticas, com uma articulação mundana de encontros motivados por trabalho localizado e jogo na chafurda do viver e morrer desordenados. Verdadeiros jogadores, articulando-se com aliados variados de todos os tipos ontológicos (moléculas, colegas e muito mais), devem compor e sustentar o que é e será. Alinhamento em mundificações tentaculares deve ser um negócio realmente enredado!

Decidido a recusar de maneira fundamental a autocerteza e os truques divinos preexistentes, algo de que compartilho apaixonadamente, Latour se volta a um recurso — a confiança incansável no tropo material-semiótico dos testes de força — que, acredito, torna desnecessariamente difícil contar a nova história de que ele e nós precisamos. Ele define a guerra como a ausência de um Árbitro, de modo que testes de força devem determinar a autoridade legítima. Humanos na História e terranos no Antropoceno estão envolvidos em testes de força em que não há Árbitro capaz de estabelecer o que é/foi/será. Estão em jogo a História *versus* Gaia-histórias. Esses testes — a guerra dos terranos com os humanos — não seriam conduzidos com foguetes e bombas, mas com qualquer outro recurso imaginável e sem qualquer truque divino vindo de cima para decidir vida e morte, verdade e erro. Ainda assim, estamos na história do herói e das primeiras belas palavras e armas, não em uma história da bolsa. Qualquer coisa não decidida na presença da Autoridade é guerra; a Ciência (no singular e com inicial maiúscula) é a Autoridade; a Autoridade conduz ações policiais. Em contraste, as ciências (sempre enraizadas em práticas) são guerra. Portanto, na fabulação especulativa apaixonada de Latour, tal guerra é sempre nossa única esperança de uma política verdadeira. O passado é uma zona contestada tanto quanto o presente.

O pensamento e as histórias de Latour precisam de um tipo específico de inimigos. Ele se inspira na "teologia política" de Carl Schmitt, uma teoria da paz pela guerra, tendo o inimigo como *hostis*,[31] com todos os seus tons de hospedeiro, refém, hóspede e inimigo valoroso. Apenas com tal inimigo, sustentam Schmitt e Latour, há respeito e uma chance de ser menos mortal em conflito. Aqueles que operam dentro das categorias da Autoridade e da crença têm a notória tendência ao combate exterminacionista e genocida (é difícil negá-lo!). Eles estão perdidos sem um Árbitro preestabelecido. Os *hostis* exigem muito mais. Mas toda a ação permanece dentro do torniquete narrativo dos testes de força, do combate mortal, dentro do qual o conhecimento de como assassinar um ao outro permanece arraigado. Latour deixa claro que ele não *quer* essa história, mas ele não propõe outra. A única possibilidade real de paz está no conto do inimigo respeitado, os *hostis*, e dos testes de força. "Mas, quando você está em guerra, é apenas através dos espasmos dos encontros que a autoridade que você tem ou não tem será decidida *a depender de sua vitória ou derrota*" (Latour, 2013b; Schmitt, 2003).[32]

Os inimigos de Schmitt não permitem que a história mude em sua essência; os terranos precisam de uma história de vida mais tentacular e menos binária. As Gaia-histórias de Latour merecem companheiros melhores na tarefa de contar histórias do que Schmitt. A questão de quem é adequado para pensar-com é imensamente material. Não penso que o dilema de Latour possa ser resolvido nos termos do Antropoceno. Seu terrano precisará trilhar um caminho até o Chthuluceno para se emaranhar com os seres persistentes, serpentinos, não heroicos, tentaculares, terríveis, os que fazem sacolas material-semióticas de pouco uso em testes de força, mas capazes de levar para casa e compartilhar os meios de viver e morrer bem, talvez até os meios de recuperação ecológica para criaturas humanas e mais que humanas igualmente.

Moldando seu pensamento sobre os tempos chamados de Antropoceno e "Gaia de múltiplas faces" (termo de Stengers) em fricção amigável com Latour, Isabelle Stengers não pede que nos recomponhamos para nos tornarmos capazes, talvez, de "estar diante de Gaia". Mas, como Latour, e ainda mais como Le Guin, uma de suas mais generativas escritoras SF, Stengers está determinada a mudar a história. Concentrando-se na intrusão em vez da composição, Stengers chama Gaia de um poder temeroso e devastador que faz intrusão em nossas categorias de pensamento, faz intrusão no próprio pensamento.[33] A Terra/Gaia é criadora e destruidora, não um recurso a ser explorado, uma entidade tutelada a ser protegida ou uma mãe protetora prometendo nutrição. Gaia não é uma pessoa, mas um fenômeno sistêmico complexo que compõe um planeta vivo. A intrusão de Gaia em nossos assuntos é um acontecimento radicalmente materialista que nos coleta em multidões. Essa intrusão não ameaça a vida na Terra em si — os micróbios se adaptarão, usando um eufemismo —, mas ameaça a possibilidade de viver na Terra para muitos tipos, espécies, coletivos e indivíduos em um "acontecimento" já em curso chamado de Sexta Grande Extinção.[34]

Stengers, como Latour, evoca o nome de Gaia da maneira como James Lovelock e Lynn Margulis o fizeram, nomeando acoplamentos complexos não lineares entre processos que compõem e sustentam subsistemas entrelaçados, mas não aditivos como um todo sistêmico parcialmente coerente (Lovelock & Margulis, 1974; Lovelock, 1967).[35] Nessa hipótese, Gaia é autopoietica — autoformadora, mantém limites, é contigente, dinâmica e estável sob algumas condições, mas não sob outras. Gaia não é redutível à soma de suas partes, mas atinge coerência sistêmica finita diante de perturbações dentro de parâmetros que são, eles mesmos, responsivos aos processos dinâmicos sistêmicos. Gaia não se importa, e nem poderia, com intenções, desejos ou necessidades de seres humanos ou outros seres biológicos; Gaia coloca nossa própria existência em questão, nós, que provocamos sua mutação brutal que ameaça os presentes e futuros humanos e não humanos vivos. Com Gaia, não se trata de uma lista de perguntas à espera de políticas públicas racionais;[36] Gaia é um acontecimento intrusivo que desfaz o pensamento ordinário. "Ela é o que questiona especificamente os contos e refrões da história moderna. Há apenas um mistério real em jogo, este: é a resposta que nós, isto é, aqueles que pertencem a essa história, talvez sejamos capazes de criar quando encararmos as consequências do que provocamos."[37]

E o que provocamos, então? Já passou da hora de nos voltarmos diretamente à coisa espaço-tempo-global chamada Antropoceno.[38] O termo parece ter sido cunhado no início da década de 1980 por Eugene Stoermer, ecólogo da Universidade de Michigan, especialista em diatomáceas de água doce e falecido em 2012. Ele introduziu o termo para se referir à evidência crescente dos efeitos transformativos das atividades humanas na Terra. O nome Antropoceno fez uma aparição dramática nos discursos globalizantes em 2000, quando Paul Crutzen, químico holandês vencedor do Prêmio Nobel, se juntou a Stoermer para propor que as atividades humanas são de tamanha natureza e magnitude que merecem o uso de um novo termo geológico para uma nova Época, suplantando o Holoceno, que datou do fim da última era do gelo, ou o fim do Pleistoceno, há cerca de doze mil anos. Mudanças antrópicas indicadas pelo motor a vapor e o uso explosivo de carvão, que transformou o planeta, ficaram evidentes no ar, nas águas e nas rochas (Crutzen & Stoermer, 2000; Crutzen, 2002; Zalasiewicz *et al.*, 2008).[39] Acumulavam-se evidências de que a acidificação e o aquecimento dos oceanos estavam rapidamente decompondo ecossistemas de recifes de coral, resultando em gigantescos esqueletos fantasmagóricos de coral branqueado, morto ou à beira da morte. A noção de que um sistema simbiótico — o coral, com suas associações aquosas criadoras de mundos de cnidários e zooxantela, com muitas outras criaturas também — possa funcionar como indicativo de tal transformação global será retomada em nossa história.

Mas, por agora, perceba que o Antropoceno obteve adesão no discurso popular e científico no contexto de esforços urgentes e ubíquos para encontrar maneiras de falar, teorizar, modelizar e administrar a Grande Coisa chamada Globalização. A modelagem da mudança climática é uma poderosa reiteração do feedback positivo que provoca mudança de estado em sistemas de discursos políticos e ecológicos.[40] E Paul Crutzen era tanto um vencedor do Nobel quanto um químico atmosférico. Já em 2008, muitos cientistas ao redor do mundo haviam adotado o termo,[41] ainda não oficial, mas cada vez mais indispensável; e uma miríade de projetos de pesquisa, performances, instalações e conferências nas artes, ciências sociais e humanidades considerou o termo obrigatório nos títulos e no pensamento, sobretudo por estar diante da aceleração de extinções em todos os táxons biológicos e também da pauperização multiespécie, humana inclusive, em toda a Terra. Seres humanos que queimam combustíveis fósseis parecem decididos a criar quantos fósseis for possível, o mais rápido possível. Eles serão lidos por geólogos de um futuro muito próximo nos estratos das rochas na terra e sob as águas, se já não o são. O festival Burning Man, de fato![42]

A escala das ambições incendiárias do homem criador de fósseis — desse *Anthropos* cujos projetos de acelerar extinções merecem um nome para uma Época geológica — é difícil de compreender. Deixando de lado todas as outras extrações em aceleração — de minerais, de plantas e animais, de terras natais humanas e assim por diante —, certamente queremos dizer que o ritmo de desenvolvimento das tecnologias de energia renovável e de medidas políticas e técnicas de redução de poluição de carbono, diante de colapsos ecossistêmicos palpáveis e onerosos, bem como da desordem política disseminante, mitigará, se não eliminar, o fardo do excesso de carbono que aquece o planeta devido à queima de ainda mais combustíveis fósseis. Mas nem tanto. Mesmo um contato passageiro com as notícias diárias desfaz tais esperanças, mas o problema é pior do que aquele encontrado por um leitor cuidadoso dos documentos do IPCC e pela imprensa. No artigo "The Third Carbon Age" [A terceira era do carbono], Michael Klare, professor de estudos de paz e segurança mundial na Hampshire College, apresenta fortes evidências contra a ideia de que a antiga era do carvão, substituída pela recente era do petróleo, será substituída pela era dos renováveis.[43] Ele detalha grandes e crescentes investimentos em renováveis, globais, nacionais e privados; claramente, há grandes vantagens em se obter lucro e poder nesse setor. E, ao mesmo tempo, todas as tecnologias e medidas estratégicas imagináveis, e muitas inimagináveis, estão sendo exploradas por todas as grandes forças políticas e econômicas globais a fim de extrair cada última caloria de carvão fóssil, em qualquer profundidade, em qualquer formação de areia, lama ou rocha, e com quaisquer horrores no traslado para os pontos de distribuição e de uso, para queimar antes que alguém a queime na grande história fálica de primeiras e últimas belas palavras e armas.[44] No que Klare chama de era do petróleo e gás incomuns, o hidrofracionamento é a ponta de um iceberg (derretendo). O derretimento das calotas polares, terrível para os ursos polares e para povos costeiros, é muito bom para o grandioso transporte petroleiro competitivo, militar, exploratório e de perfuração ao longo das passagens do norte. Quem precisa de um quebra--gelo quando você pode contar com o derretimento?[45]

Brad Werner, engenheiro de sistemas complexos, dirigiu-se a uma sessão nas reuniões da American Geophysical Union [União geofísica estadunidense] em São Francisco, em 2012. Seu argumento era bastante simples: cientificamente falando, o capitalismo global "tornou o esgotamento dos recursos tão rápido, conveniente e livre de barreiras que 'sistemas terra-humanos' estão se tornando perigosamente instáveis em resposta". Portanto, ele defendeu, a única coisa científica a fazer é: revoltar-se! Movimentos, não apenas indivíduos, são cruciais. O que é necessário é ação e pensamento que não se encaixem na cultura capitalista dominante; e, disse Werner, isso não é uma questão de opinião, mas de dinâmica geofísica. A jornalista que cobriu essa sessão resumiu a fala de Werner: "Ele está dizendo que sua pesquisa mostra que nosso paradigma econômico inteiro é uma ameaça à estabilidade ecológica".[46] Werner não é o primeiro nem o último pesquisador e criador de questões de interesse a sustentar esse argumento, mas sua clareza é revigorante. Revoltem-se! Pensar devemos; devemos pensar. Realmente pensar, não como Eichmann, o Sem Pensamento. É claro, o diabo está nos detalhes — como se revoltar? Como ter relevância e não apenas querer ter relevância?

Mas ao menos uma coisa está evidente: não importa quanto esteja envolvido no universal masculino genérico e quanto apenas olhe para cima, o *Anthropos* não criou essa coisa de fracionamento e não deveria nomear essa Época duplamente amante da morte. O *Anthropos* não é o Burning Man, no fim das contas. Mas, uma vez que a palavra já está bem arraigada e parece menos controversa para muitos agentes econômicos e políticos importantes se comparada a Capitaloceno, sei que continuarei a precisar do termo Antropoceno. Usarei-o também, com moderação; o que e quem o Antropoceno coleta em sua sacola reaproveitada pode se provar potente para viver nas ruínas e mesmo para uma recuperação terráquea modesta. Ainda assim, se pudéssemos ter apenas uma palavra para esses tempos SF, certamente ela deve ser Capitaloceno.[47] O Homem-Espécie não moldou as condições da terceira era do carbono. A história do Homem-Espécie como agente do Antropoceno é quase uma reprise risível da grande e fálica aventura humanizante e modernizante, em que o homem, criado à imagem de um deus desaparecido, assume superpoderes em sua ascendência secular-sagrada, apenas para acabar em trágica detumescência novamente. O homem autorrealizado, autopoiético, caiu novamente, dessa vez em uma falência sistêmica trágica, tornando ecossistemas biodiversos em desertos fora de controle, com emaranhados gelatinosos e águas-vivas queimando. Nem o determinismo tecnológico produziu a terceira era do carbono. O carvão e o motor a vapor não determinaram a história, e, além disso, as datas estão todas erradas, não porque seja preciso retornar à última era do gelo, mas porque é preciso ao menos incluir as grandes remundificações do mercado e da mercadoria dos longos séculos XVI e XVII, mesmo se acharmos (erroneamente) que podemos continuar eurocentrados ao pensar sobre as transformações "globalizantes" que moldam o Capitaloceno.[48] Certamente, é necessário contar sobre as redes de açúcar, metais preciosos, plantations, genocídio indígena e escravidão, com suas inovações de trabalho, remoções e recomposições de criaturas e coisas que devastaram trabalhadores tanto humanos quanto não humanos de todos os tipos. A infecciosa Revolução Industrial da Inglaterra foi imensamente importante, mas é apenas um agente nas relações de mundificação relativamente novas e historicamente situadas que transformam o planeta. A remoção de povos, micróbios, plantas e animais; a destruição de vastas florestas; e a mineração violenta precederam o motor a vapor; mas isso não é uma autorização para se lamentar impotentemente sobre a maldade do *Anthropos*, ou do Homem-Espécie, ou do Homem-Caçador.

As histórias sistêmicas dos metabolismos conectados, das articulações ou coproduções (escolha sua metáfora) de economias e ecologias, de histórias de criaturas humanas e não humanas devem ser incansavelmente oportunistas e contingentes. Também devem ser incansavelmente relacionais, simpoiéticas e consequentes.[49] Elas são terráqueas — não são cósmicas nem abençoadas nem amaldiçoadas no espaço sideral. O Capitaloceno é terráqueo; ele não precisa ser a última Época geológica biodiversa que inclui nossa espécie. Há tantas boas histórias ainda para contar, tantas bolsas para tecer, e não apenas por seres humanos.

Como uma provocação, vou listar minhas objeções ao Antropoceno como ferramenta, história ou Época com a qual pensar: (i) o sistema de mito associado com o *Anthropos* é uma armadilha, e as histórias não terminam bem. Mais diretamente, elas acabam em morte dupla; elas não versam sobre a persistência. É difícil contar uma boa história com um ator tão ruim; (ii) o Homem-Espécie não faz História; (iii) Homem + Ferramenta não fazem História. A História é um tipo de história contada por excepcionalistas humanos; (iv) a História deve dar lugar a geo-histórias, a Gaia-histórias, a histórias sinctônicas; terráqueos fazem viver e morrer tramados, trançados e tentaculares em figuras de fios multiespécie simpoiéticas; eles não fazem História; (v) o aparato social humano do Antropoceno tem a tendência de ser pesado e inclinado à burocracia. A revolta precisa de outras formas de ação e outras histórias de consolo, inspiração e efetividade; (vi) apesar da confiança na ágil modelização computadorizada e nas teorias de sistemas autopoiéticos, o Antropoceno confia demais no que deveria ser uma teoria "impensável" de relações, a saber, a antiga teoria do individualismo delimitado — unidades preexistentes em relações competitivas, que tomam todo o ar da atmosfera (exceto, aparentemente, o dióxido de carbono); (vii) as ciências do Antropoceno são contidas demais em teorias de sistemas de autopoiese e em teorias evolutivas chamadas de Síntese Moderna, que, apesar de toda sua extraordinária importância, se provou incapaz de pensar com eficácia a respeito de simpoiese, simbiose, simbiogênese, desenvolvimento, ecologias tramadas e micróbios. São muitos incômodos para uma teoria evolutiva adequada.[50]

Estou alinhada com a ambientalista feminista Eileen Crist quando ela escreve contra os comprometimentos com a normalidade humanista e modernizante, gerencial, tecnocrática e apaixonada pelo mercado e pelo lucro de muito do discurso do Antropoceno. Esse discurso não simplesmente carrega ideias e sentimentos errados; ele também suga nossa capacidade de imaginar e nos importar com outros mundos, tanto aqueles que agora existem precariamente (incluindo aqueles chamados de "natureza selvagem", com toda a história contaminada desse termo no colonialismo racista) quanto aqueles que precisamos trazer à luz em aliança com outras criaturas, por passados, presentes e futuros ainda recuperáveis. "A persistência que se aprofunda e o sofrimento que está trazendo para toda forma de vida são um artefato do excepcionalismo humano em todos os níveis", escreve Crist. Em vez disso, a humanidade com mais integridade terrestre nos faz "um convite a *priorizarmos* nosso afastamento e decrescimento e darmos boas-vindas às limitações de números, economias e habitats em nome de uma liberdade e de uma qualidade de vida mais amplas e inclusivas" (Crist, "A pobreza da nossa nomenclatura", neste volume, p. 35).

Se os humanos vivem na História e os terranos assumem sua tarefa dentro do Antropoceno, muitos pós-humanos (e pós-humanistas, toda uma outra junção) parecem ter emigrado para o Antropoceno. Talvez meu povo humano e o não humano sejam o terrível Ctônico que serpenteia nos tecidos de Terrapólis.[51]

Percebam que, à medida que o Capitaloceno é contado no idioma do marxismo fundamentalista, com todas as suas vestimentas de Modernidade, Progresso e História, esse termo se sujeita às mesmas ou, ainda, a maiores críticas. As histórias do Antropoceno e do Capitaloceno vacilam constantemente no limite de se tornarem Grandes Demais. Marx foi melhor do que isso, assim como Darwin. Podemos herdar sua bravura e capacidade de contar histórias grandes o suficiente sem determinismo, teleologia e plano.[52]

Mundificações relacionais historicamente situadas zombam tanto da divisão binária entre natureza e sociedade quando de nossa subserviência ao Progresso e sua gêmea malvada, a Modernização. O Capitaloceno foi criado de forma relacional, e não por um *Anthropos* secular quase divino, uma lei da história, a máquina Ela Mesma ou um demônio chamado modernidade. O Capitaloceno deve ser relacionalmente desfeito para compor histórias e desenhos SF material-semióticos mais habitáveis, algo do qual Ursula Le Guin se orgulharia. Chocados mais uma vez pelo nosso — de bilhões de habitantes da Terra, incluindo eu e você — persistente consentimento diário a essa coisa chamada capitalismo, Philippe Pignarre e Isabelle Stengers (2005) ressaltam que a denúncia foi particularmente ineficaz, senão o capitalismo já teria desaparecido da Terra há muito tempo. Um tipo de compromisso enfeitiçado e sombrio com o chamariz do Progresso nos amarra a infinitas alternativas infernais, como se não tivéssemos outras maneiras de remundificar, reimaginar, reviver e nos reconectar uns com os outros em um ambiente de bem-estar multiespécie. Percebam que essa explicação não nos permite deixar de melhorar muitas coisas importantes, muito pelo contrário. Pignarre e Stengers falam a favor de coletivos locais capazes de inventar práticas de imaginação, resistência, revolta, reparo e luto, e de viver e morrer bem. Eles nos lembram que a desordem estabelecida não é necessária; outro mundo não é apenas urgentemente necessário, ele é possível, mas apenas se não estivermos enfeitiçados pelo desespero, pelo cinismo ou pelo otimismo e pelo discurso de crença/descrença do Progresso.[53] Muitos teóricos críticos e culturais marxistas concordariam.[54] E também o fariam os seres tentaculares.

Gaia figura o Antropoceno. Erguendo-se do Caos,[55] Gaia foi e é uma poderosa força intrusiva, não a ponto de manter alguém sob sua influência ou de ser sua esperança de salvação, mas capaz de provocar o melhor pensamento de sistemas complexos autopoiéticos do fim do século XX que levaram a reconhecer a devastação causada pelos processos antrópicos dos últimos séculos, uma contraposição necessária às figuras euclidianas e às histórias do Homem.[56] Antropólogos e filósofos brasileiros, Eduardo Viveiros de Castro e Déborah Danowski, exorcizam noções remanescentes de que Gaia esteja confinada aos antigos gregos e às euroculturas subsequentes em sua refiguração das urgências de nossos tempos exposta na conferência pós-eurocêntrica a respeito de "Os mil nomes de Gaia".[57] Nomes, não faces, não formas do mesmo, outra coisa, mil outras coisas, que ainda contam histórias conectadas, persistentes, generativas e destrutivas sobre mundificação e remundificação nesta idade da Terra. Precisamos de outra figura, mil nomes de outra coisa, para irromper do Antropoceno em direção a outra história grande o suficiente. Mordida em uma floresta de sequoias pela aranha *Pimoa cthulhu*, quero propor a Medusa serpentina e as muitas mundificações inacabadas de seus antecedentes, afiliados e descendentes. Talvez Medusa, a única górgona mortal, possa nos levar aos holobiomas de Terrapólis e aumentar nossas chances de jogar as embarcações do século XXI dos Heróis em um recife de coral vivo em vez de permitir que eles suguem a última gota de matéria fóssil da rocha morta.[58]

Pintada em um prato de cerâmica, a figura de Potnia Theron, a Senhora dos Animais, retrata uma deusa alada, vestida com uma saia plissada, que toca um pássaro com cada mão.[59] Ela é um vívido lembrete da amplitude, da largura e do alcance temporal em passados e futuros dos poderes ctônicos nos mundos mediterrâneos, do Oriente Próximo e além.[60] Potnia Theron tem raízes nas culturas minoica e micênica e infunde as histórias gregas das górgonas (sobretudo da única górgona mortal, Medusa) e de Ártemis. Uma espécie de Ur-Medusa vinda de longe, a Dama das Bestas é uma conexão potente entre Creta e a Índia. A figura alada é também chamada de Potnia Melissa, Senhora das Abelhas, ornada com todos os seus presentes de zumbidos, ferrões e mel. Percebam os sentidos auditivo, tátil e gustativo suscitados pela Senhora e sua carne simpoiética mais-que-humana. As cobras e as abelhas são mais como antenas tentaculares que picam do que olhos binoculares, embora essas criaturas vejam também, com olhos compostos de inseto e óticas múltiplas, cheias de braços.

Em muitas representações ao redor do mundo, as deusas com asas de abelha são muito velhas e são muito necessárias agora.[61] Os cachos serpentinos de Potnia Theron/Melissa e o rosto de górgona a entrelaçam com uma linhagem diversa de forças terrestres ctônicas que transitam ricamente no espaço e no tempo.[62] A palavra grega para górgona pode ser traduzida como "terrível", mas talvez seja uma influência astralizada e patriarcal de histórias e representações muito mais impressionantes de formação, destruição e finitude terráquea tenaz e contínua. Potnia Theron/Melissa/Medusa conferem à aparência facial uma profunda transformação, e isso é um golpe para as figurações humanistas modernas (incluindo tecno-humanistas) do *Anthropos*, que olha para o céu e para o futuro. Lembrem-se de que o grego *chthonios* significa "de/em/sob as terras e os mares" — uma rica chafurda terráquea para SF, fato científico (*science fact*), ficção científica (*science fiction*) e fabulação especulativa (*speculative fabulation*). Os ctônicos não são, precisamente, deuses celestes, não são uma base para a Olimpíada, não são amigos do Antropoceno ou do Capitaloceno e definitivamente não acabaram. O terrano pode tomar coragem — e também a ação.

As górgonas são poderosas entidades ctônicas aladas sem uma genealogia apropriada; seu alcance é lateral e tentacular; elas não têm linhagem estabelecida e um tipo (gênero, nos dois sentidos) confiável, embora sejam figuradas e historizadas como fêmeas. Em versões antigas, as górgonas se enrolam com as Erínias (Fúrias), poderes ctônicos subterrâneos que vingam crimes contra a ordem natural. Nos domínios alados, as harpias com corpo de pássaro executam essas funções vitais.[63] O que fazem os pássaros em cada mão de Potnia Theron? Serão as harpias suas primas? Em torno de 700 a.C., Hesíodo imaginou as górgonas como demônios marinhos e lhes deu divindades marítimas como pais. Eu li a

Teogonia de Hesíodo como um esforço de estabilizar uma família atrevida e queer. As górgonas irrompem mais do que emergem; elas são intrusivas num sentido parecido com o que Stengers entende por Gaia.

As górgonas transformavam em pedra homens que olhavam para seu rosto vivo, venenoso e ladeado por cobras. Pergunto-me o que poderia ter acontecido se esses homens soubessem saudar educadamente os terríveis seres ctônicos. Pergunto-me se esses bons modos ainda podem ser aprendidos, se há tempo para aprendê-los agora ou se a estratigrafia das rochas registrará apenas os fins e o fim de um *Anthropos* empedrado.[64]

Uma vez que as divindades olímpicas a identificaram como um inimigo particularmente perigoso à sucessão e à autoridade dos deuses celestes, a Medusa mortal é especialmente interessante para meus esforços em propor o Chthuluceno como uma das histórias grandes o suficiente para ficar com o problema em nossa época. Ressignifico e retorço as histórias, mas não mais do que os gregos faziam constantemente.[65] O herói Perseu foi enviado para matar Medusa; com a ajuda de Atena, filha favorita nascida da cabeça de Zeus, ele cortou a cabeça da górgona e a deu para sua cúmplice, a deusa virgem da sabedoria e da guerra. Atena, ao fixar a cabeça de Medusa em seu escudo, a Égide (*Aegis*), traiu os terranos, como de hábito; não esperamos nada melhor de filhos que não se importam com a mãe. Mas algo muito benéfico veio desse assassinato encomendado, pois, do corpo morto de Medusa, veio o cavalo alado Pégaso. Feministas têm uma amizade especial com cavalos. Quem disse que essas histórias ainda não nos movem materialmente?[66] E do sangue pingando da cabeça cortada de Medusa vieram os corais rochosos dos mares do oeste, lembrados hoje nos nomes taxonômicos dos gorgonianos, leques e chicotes do mar, compostos em simbiose de animais cnidários tentaculares e seres fotossintéticos similares a algas chamados zooxantelas.[67]

Com os corais, nos afastamos definitivamente das representações faciais inebriantes, não importa quão serpentinas. Mesmo Potnia Theron, Potnia Melissa e Medusa não são capazes de estender, sozinhas, as tentacularidades necessárias. Nas tarefas de pensar, figurar e contar histórias, a aranha das minhas primeiras páginas, *Pimoa cthulhu*, se alia com as criaturas decididamente não vertebradas dos mares. Corais se alinham com polvos, lulas e sépias. Polvos são chamados de aranhas dos mares, não apenas pela tentacularidade, mas também pelos hábitos predatórios.[68] Os seres ctônicos tentaculares precisam comer; eles estão à mesa; *cum panis*; espécies companheiras da Terra. Eles são boas figuras para as precariedades atraentes, chamativas, belas, finitas e perigosas do Chthuluceno. Esse Chthuluceno não é nem sagrado, nem secular; essa mundificação terrena é completamente terráquea, enlameada e mortal.

Todas essas histórias são uma isca para propor o Chthuluceno como uma terceira história necessária, uma terceira bolsa para coletar o que é crucial para persistir, para ficar com o problema (Haraway & Kenney, 2015). Os seres ctônicos não estão confinados a um passado desaparecido; eles são um enxame zumbindo, picando, sugando, e os seres humanos não estão em uma composteira separada. Nós somos húmus, não *homo*, não *Anthropos*; nós somos compostagem (*compost*), não pós-humanos (*posthumans*). Como um sufixo, a palavra *kainos*, "-ceno", indica Épocas novas, recém-feitas, frescas, do presente espesso. Para renovar simpoieticamente os poderes biodiversos da Terra — esse é o trabalho e o jogo simpoiético do Chthuluceno. Especificamente, de modo diferente do Antropoceno ou do Capitaloceno, o Chthuluceno é feito de histórias e práticas multiespécie persistentes de devir-com em tempos que permanecem em jogo, em tempos precários, em que o mundo não acabou e o céu não caiu — ainda. Estamos em jogo uns pelos outros. Diferentemente dos dramas dominantes do discurso do Antropoceno e do Capitaloceno, seres humanos não são os únicos atores importantes no Chthuluceno, com todos os outros seres capazes apenas de reagir. A ordem está, na verdade, invertida: seres humanos estão com e na Terra, e as outras forças bióticas e abióticas dessa Terra são a história principal.

No entanto, os fazeres são situados, seres humanos reais importam. Importa em quais maneiras de viver e morrer apostamos em detrimento de outras. Importa não apenas para seres humanos mas também para as várias criaturas ao longo da taxonomia que sujeitamos a extermínios, extinções, genocídios e nenhuma perspectiva de futuro. Gostando ou não, estamos no jogo de cama de gato do cuidar de, com mundificações precárias tornadas terrivelmente mais precárias pelo homem queimador de fóssil que faz novos fósseis tão rápido quanto possível nas orgias do Antropoceno e do Capitaloceno. São necessários jogadores humanos e não humanos diversos em toda fibra da trama necessária e urgente do Chthuluceno. Os atores principais não estão limitados aos jogadores de destaque das histórias de destaque do Capitalismo e do *Anthropos*, ambos provocando estranhos pânicos apocalípticos e ainda mais estranhas denúncias sem engajamento, em vez de práticas atentas de pensamento, amor, raiva e cuidado.

Tanto o Antropoceno quanto o Capitaloceno se oferecem com excessiva prontidão ao cinismo, ao derrotismo e a previsões autoconfiantes e autorrealizáveis, como o discurso "o jogo acabou, tarde demais" que escuto ao meu redor atualmente, nos discursos de especialistas e de populares, em que tanto as soluções tecnocráticas de geoengenharia quanto se afogar em desespero parecem coinfectar qualquer imaginação comum. Encontrar a mundificação radicalmente não-nós e mais-que-humana dos recifes de coral, com suas exigências para um viver e morrer contínuo de todas as criaturas, é também encontrar o conhecimento de que ao menos 250 milhões de seres humanos hoje dependem de forma direta da integridade persistente desses holobiomas para a continuidade de seu viver e morrer bem. Corais diversos e pessoas e povos diversos estão em jogo uns para os outros e uns com os outros. O florescimento será cultivado como uma respons-habilidade multiespécie, livre da arrogância dos deuses celestes e de seus servos, senão a Terra biodiversa se tornará viscosa, como qualquer sistema adaptativo complexo sobrecarregado no fim de suas capacidades de absorver dano atrás de dano.

Num primeiro momento, os corais nos ajudaram a trazer os terranos à consciência do Antropoceno. Desde o início, os usos do termo Antropoceno enfatizaram o aquecimento e a acidificação dos oceanos causados por humanos com as emissões de CO_2 geradas pelos combustíveis fósseis. O aquecimento e a acidificação eram conhecidos estressores que adoeciam e branqueavam os recifes de coral, matando a zooxantela, responsável pela fotossíntese, e, finalmente, seus simbiontes cnidários e todos as outras criaturas que pertencem à miríade de táxons cuja mundificação depende de sistemas de recifes intactos (Rosenberg & Falkovitz, 2004).[69] Corais dos mares e líquens das terras também nos trazem à consciência do Capitaloceno, em que a mineração e a perfuração de grande profundidade nos oceanos e o fracionamento e a construção de dutos ao longo de delicadas paisagens no norte cobertas por líquens são fundamentais para acelerar a desmundificação nacionalista, transnacionalista e empresarial.

Mas simbiontes de corais e líquens também nos conduzem com opulência aos tecidos historizados do Chthuluceno espessamente presente, em que permanece possível — apenas um pouco — jogar um jogo SF muito melhor, em colaboração humilde com todos aqueles na chafurda. Simpoieticamente, somos todos líquens agora. Podemos ser raspados das pedras pelas Fúrias que ainda irrompem para vingar crimes contra a Terra; ou podemos nos juntar às transformações metabólicas entre rochas e criaturas para viver e morrer bem. "'Você percebe', o fitolinguista dirá ao crítico estético, 'que [noutros tempos] eles não eram capazes de ler berinjela?' E eles vão sorrir da nossa ignorância, enquanto pegam suas mochilas e sobem a trilha para ler as recém-decifradas líricas do líquen na face norte do Pico de Pike" (Le Guin, 1988, p. 175).

Lidar com essas questões persistentes me traz de volta à pergunta que começou este ensaio. O que acontece quando o excepcionalismo humano e o individualismo limitado se tornam impensáveis nas melhores ciências em muitas disciplinas e interdisciplinas? De fato, impensáveis: indisponíveis para pensar com eles. Por que o nome epocal do *Anthropos* se impôs justamente no momento em que entendimentos e práticas de conhecimento sobre e dentro da simbiogênese e da simpoiese estão louca e maravilhosamente disponíveis e generativos em todas as humosidades, incluindo as artes, as ciências e as políticas não colonizadoras e descolonizadoras? E se os fazeres doloridos do Antropoceno e as desmundificações do Capitaloceno fossem os últimos suspiros dos deuses celestes, e não garantias do futuro acabado, do fim de jogo? Importa quais pensamentos pensam pensamentos. Devemos pensar!

O Chthuluceno inacabado deve coletar o lixo do Antropoceno, o exterminismo do Capitaloceno e, picando, rasgando e fazendo camadas como um jardineiro maluco, fazer uma composteira muito mais quente para passados, presentes e futuros ainda possíveis.

Notas

1 Publicado originalmente em *Gestes Spéculatifs* (2015), organizado por Isabelle Stengers. Uma versão mais longa foi publicada em Haraway (2016).

2 Esse é o grito de guerra de Scott Gilbert; ver Gilbert, Sapp & Tauber (2012).

3 Essas frases estão na contracapa do livro de Stengers & Despret (2014). A expressão "pensar devemos", oriunda de *Três guinéus* de Virginia Woolf, é também a urgência transmitida ao pensar-com coletivo de Puig de la Bellacasa (2013).

4 Palestra *Staying with the Trouble: Sympoiesis, String Figures, Multispecies Muddles* [Ficar com o problema: simpoiese, figuras de barbante, chafurdas multiespécie], Think Tank de Pesquisa e Criação, Knowing and Knots, Universidade de Alberta, Edmonton, Canadá, 23-25 mar. 2014.

5 "O tipo de filosofia ecológica holista que enfatiza que 'tudo está conectado a tudo' não nos ajudará aqui. Em vez disso, tudo está conectado a algo, que está conectado a outra coisa. Enquanto podemos estar todos, enfim, conectados, a especificidade e a proximidade das conexões importam, ou seja, com quem estamos ligados e de que formas. A vida e a morte acontecem dentro dessas relações. E, assim, precisamos entender de que modo comunidades humanas particulares, assim como as de outros seres vivos, estão emaranhadas e como esses emaranhados estão implicados na produção de extinções e seus padrões de morte amplificada" (Van Dooren, 2014, p. 60).

6 Dois livros indispensáveis, escritos por meu colega-irmão de mais de trinta anos no departamento de História da Consciência, na Universidade da Califórnia, em Santa Cruz, guiam minha escrita (Clifford, 1997; 2013).

7 A palavra "ctônica" deriva do grego antigo *khthonios*, "da terra", e de *kthōno*, "terra". A mitologia grega retrata o ctônico como submundo, embaixo da terra; mas os ctônicos são muito mais velhos (e jovens) do que esses gregos. A Suméria é o cenário de uma civilização ribeirinha da qual emergem grandes contos ctônicos, incluindo possivelmente a grande cobra circular que devora seu próprio rabo, a polissêmica Ouroboros (símbolo da continuidade da vida, uma figura egípcia que data pelo menos desde 1600 a.C.; a mundialização SF [ver p. 69]

suméria data de 3500 a.C. ou antes). O ctônico agregará muitas ressonâncias ao longo do meu ensaio (ver Jacobsen, 1976). Gildas Hamel, pesquisador dos mundos do antigo Oriente Médio na Universidade da Califórnia, em Santa Cruz, me deu em aulas, conversas e e-mails, "as forças abissais e elementais antes de elas serem astralizadas pelos deuses centrais e seus comitês submissos". Cthulhu (notem a grafia), desenvolvido com exuberância na ficção científica de H. P. Lovecraft, tem pouca importância para mim, embora ele/isso tenha tido importância para o cientista que nomeou minha familiar aranha demoníaca. Para o deus antigo masculino (Cthulhu), ver Lovecraft (2009 [2019]).

Tomo a liberdade de resgatar minha aranha de Lovecraft para inseri-la em outras histórias e assinalo essa libertação usando a grafia mais comum de ctônicos. Minha aranha, *Pimoa cthulhu*, tem a grafia lovecraftiana em seu nome lineano, mas insisto que o sabido aracnídeo está na verdade alinhado a forças ctônicas, não lovecraftianas. O submundo de Lovecraft de serpentes ctônicas apavorantes era terrível apenas para o modo de pensar patriarcal. O Chthuluceno tem outros terrores — mais perigoso e generativo em mundos em que não há o reinado do gênero. Eros obscuro e ondulante, cobras emaranhadas, forças tentaculares persistentes enrolando-se através do século XXI. Considere: em inglês antigo, *oearth*; em alemão, *Erde*; em grego, *Gaia*; em romano, *terra*; em holandês, *aarde*; em inglês antigo, *w(e)oruld* ("negócios da vida," "um longo período", "a vida conhecida" ou "vida na terra" oposto a "vida após a morte"), de um composto germânico que significa "era da raça humana" (*wer*); nórdico antigo, *heimr*, literalmente "morada". Considere, então, em turco, *dünya*, e vá a *dunyā* (دُنْيَا) (o mundo temporal), palavra árabe herdada por muitas outras línguas, como persa, dari, afegão, bengali, punjabi, urdu, hindi, curdo, nepalês, turco, arromeno e línguas do norte do Cáucaso. *Dunyā* é também uma palavra emprestada em malaio e indonésio, assim como em grego, δουνιας — tantas palavras, tantas raízes, tantos caminhos, tantas simbioses micorrízicas, mesmo se nos restringirmos apenas aos entrelaçamentos indoeuropeus. Há tantos congêneres que esta Época do Antropoceno, agora em jogo, podia ter sido mais bem nomeada. O *Anthropos* é um camarada paroquial demais; é muito grande e também muito pequeno para as histórias necessárias.

Os Goshute do leste de Nevada e do oeste de Utah são pessoas Shoshoni. O nome Goshute ou Gosiute, derivado de *Kutsipiuti* (*Gutsipiuti*), significa "pessoas do deserto". Há atualmente dois grupos da Nação Goshute (ver Goshute Tribe, disponível em: http://www.goshutetribe.com; Utah American Indian Digital

Archive, "Goshute", disponível em: http://utahindians.org/archives/goshute.html). Como todos os povos do sudoeste dos Estados Unidos, os Goshute estão imbricados nas ecologias, economias e política da mineração nuclear, da guerra e do processamento e armazenamento de lixo. Seus parentes viveram nesses desertos por mais de mil anos; e, vivos e mortos, eles são indígenas do Chthuluceno persistente, atados ao nó do Antropoceno e do Capitaloceno coloniais e imperiais. O Projeto Gosiute/Shoshoni da Universidade de Utah fez uma animação em *stop-motion* com bonecos de barro, com o tema "o sapo disputa uma corrida com o coiote", construída a partir dos arquivos de vários contadores de histórias de língua Shoshoni. Sapos pensam-com sapos; o sapo ganha a corrida ao redor do lago contra o coiote; o sapo é um tipo de SF GECO, o Groupe d'Études Constructivistes [Grupo de estudos construtivistas], o mundo natal para pensar-com Isabelle Stengers, Maria Puig de la Bellacasa, Benedikte Zitouni, Émilie Hache e outras, moldado em Bruxelas para práticas SF como "pensar devemos; devemos pensar". A história do sapo e do coiote é ensinada hoje no Guia Curricular Indígena de Utah (ver Utah Indian Curriculum Guide, disponível em: http://utahindians.org/Curriculum/pdf/4th-goshute.pdf). Escutar e aprender uma língua Shoshoni hoje em escolas públicas e na internet permite, em grande parte, que a América indígena *não* desapareça, mas viaje em línguas a lugares inesperados para reabrir questões de persistência, responsabilização e histórias vividas. Agrada-me que o GECO em inglês sugira lagartos gekkota (*gecko*), um grupo social de lagartos que trina e não pisca, o mais biodiverso de todo seu tipo, com milhares de espécies ao redor do mundo, que umedecem os olhos com a língua, prontos para trilhar suas linhas de vida com patas aderentes. *Gēkok* é uma palavra indonésio-malaia que, como muitos outros empréstimos, foi parar nas ciências e na cultura popular europeias. Caminhantes por um planeta habitável!

8 Eva Hayward propõe o termo tentacularidade; seu transpensamento e sua ação em mundos aracnídeos e coralinos se entrelaçam com minha escrita em desenhos SF (Hayward, 2010a; 2010b; 2012; ver também Eva Hayward, "The Crochet Coral Reef Project Heightens Our Sense of Responsibility to the Oceans" [O projeto crochê dos recifes de coral reforça nosso senso de responsabilidade em relação aos oceanos], *Independent Weekly*, 1º ago. 2012).

9 Katie King alinha os "olhos cheio de dedos" e a "tentacularidade" de Hayward com "representações em rede" ou "transconhecimentos". "Trabalhando em um multiverso de disciplinas, interdisciplinas e multidisciplinaridades em articulação, tal inspeção transdisciplinar goza na verdade das muitas nuances dos detalhes, ofertas, paixões, linguagens,

coisas [...]. Um índice para a avaliação do trabalho transdisciplinar é quão bem ele aprende e modela como ser afetado ou movido, quão bem ele abre elementos inesperados de suas próprias incorporações em mundos vívidos e ressensibilizados" (King, 2011, p. 19). Ver também King (2012). Pensar devemos.

10 *Muddle* é um termo em holandês antigo para embarrar as águas. Uso chafurda (*muddle*) como um tropo teórico e um chafurdar relaxante para incomodar o tropo da clareza visual como o único sentido e afeto para o pensamento mortal. Chafurdas são cheias de companhia. Espaços vazios e visão clara são más ficções para o pensamento, que não merecem SF ou a biologia contemporânea. Minha coragem feminista especulativa foi alimentada por Puig de la Bellacasa (2009). Para um lindo modelo animado de um neurônio vivo densamente empacotado, em que proteínas chafurdam com seu jeito, aos supetões, de fazer as células funcionarem, ver o vídeo "The Inner Life of a Cell: Protein Packing" [A vida interna da célula: empacotamento de proteínas], publicado em Carl Zimmer, "Watch Proteins do the Jitterbug" [Veja a dança das proteínas], *The New York Times*, 10 abr. 2014.

11 Baila Goldenthal (1925-2011) pintou uma série extraordiária de quatro painéis de camas de gato, em óleo sobre madeira, entre 1995 e 1996, e um em óleo sobre tela, em 2008. Para ela e para mim, a cama de gato é uma prática aberta de um tecer contínuo (ver sua série Tecelãs, 1989-94). "As técnicas de esboço e velatura invocam o tempo histórico; o enigma do próprio jogo reflete a complexidade das relações humanas"; ver "Baila Goldenthal: Cat's Cradle", disponível em: http://www.bailagoldenthal.com/painting/cats_cradle/cats_cradle.html. Goldenthal se relaciona com os jogos de cama de gato como uma metáfora para o jogo da vida; as mãos em movimento, intensamente, convidam ao parentesco com outros seres tentaculares. O seu *Cat's Cradle/String Theory*, de 2008, é a imagem de capa do *Nuclear Abolition Forum* [Fórum pela abolição nuclear], n. 2, 2013, edição dedicada ao tema "Indo além da dissuasão nuclear para um mundo livre de armas nucleares". Metamorfose, fragilidade, temporalidade, desintegração, revelação — esses aspectos estão por todo seu trabalho. Estudante da cabala, da cultura e da filosofia indiana do sul da Ásia, Goldenthal trabalhou com óleo, bronze, cristal de chumbo, papel, fotografia, impressão, filme e cerâmica. Ela realizou trabalhos poderosos em escultura e em formatos em duas dimensões.

12 A pilha foi tornada irresistível por Puig de la Bellacasa (2014).

13 O ativismo de arte-ciência inspira este ensaio. Na luta pela justiça ambiental multiespécie diante de empresas carvoeiras que removem o cume das montanhas em sua terra natal na West Virginia, com sua esposa Annie Sprinkle (ativista ambiental, diretora radical de filmes adultos e *performer*, ex-trabalhadora do sexo), a artista Beth Stephens, da Universidade da Califórnia em Santa Cruz, fez o "documentário de natureza mais sensual que já existiu", *Goodbye to Gauley Mountain: An Ecosexual Love Story* [Adeus à montanha Gauley: uma história de amor ecossexual] (disponível em: http://goodbyegauleymountain.org/). A citação é da resenha de McSpadden (2013). Com amor e fúria (Emma Goldman), pensar devemos (Virginia Woolf), em prol de um planeta habitável.

14 Ao longo deste ensaio, uso as palavras de origem latina terráqueo (*terran*) e terra (*terra*), mesmo enquanto nado em histórias e nomes gregos, incluindo a história material-semiótica de Gaia e as "Gaia-histórias/geo-histórias" de Bruno Latour. Terra é especialmente legível em SF, mas Gaia é importante em SF também. A minha favorita é a Trilogia Gaea de John Varley, *Titan* [Titã] (1979), *Wizard* [Mago] (1980) e *Demon* [Demônio] (1984). A Gaea de Varley é uma mulher velha, um ser vivo na forma de um toroide de Stanford de 1.300 km de diâmetro, habitada por muitas espécies diferentes, em órbita ao redor de Saturno. Os terranos de Latour e a Gaia intrusiva de Stengers reconheceriam a Gaea irascível e imprevisível de Varley. Gaia é mais legível nas teorias de sistemas do que *Terra*, assim como nas culturas *new age*. Gaia ganha reconhecimento no Antropoceno, mas *Terra* soa um tom mais terroso para mim. No entanto, *Terra* e Gaia não estão em oposição, nem os terranos, que nos são dados por Bruno Latour em uma escrita amorosa, arriscada e poderosa, se opõem a terráqueos. Pelo contrário, gaianos e terráqueos estão em uma ninhada estranha do tamanho do mundo dos seres ctônicos que devem ser lembrados urgentemente. É neste sentido que escuto, juntas, a "cosmopolítica" de Isabelle Stengers e a minha verbalmente miscigenada "Terrapólis". Juntas estamos fazendo figuras com fios.

15 *Meeting the Universe Halfway* [Encontrando o universo no meio do caminho], de Karen Barad (2007), segue esse tipo de argumento. Fora da estranha coisa chamada Ocidente, há uma vasta quantidade de histórias, filosofias e práticas — civilizacionais, ou urbanas, ou nenhuma das duas — que propõem viver e morrer em outros emaranhados e desenhos que não presumem unidades isoladas, muito menos binárias, e polaridades que precisam, então, ser postas em contato. Há apenas a relacionalidade variada e perigosamente configurada.

David Barash, biólogo evolutivo estadunidense, escreve de forma convincente a respeito de convergências (nem identidades, nem recursos que possam ser apropriados para curar os males do Ocidente) entre ciências ecológicas e várias correntes, escolas e tradições budistas que enfatizam a conectividade. Barash ressalta que formas de viver, morrer, agir e alimentar baseadas em respons-habilidade (*response-ability*) estão incrustadas nessas questões; ver David Barash, "Only Connect" [Apenas conectar], *Aeon*, 5 nov. 2012. E se as ciências evolutivas e ecológicas ocidentais tivessem sido desenvolvidas desde o início sob perspectivas de mundificação (*worlding*) budistas em vez de protestantes?

Baseado em seu extenso estudo de ciências e conhecimentos chineses, Joseph Needham (2013) fez uma pergunta parecida há muitos anos sobre a embriologia e a bioquímica. O organicismo e o marxismo de Needham são ambos cruciais para essa história, algo para se lembrar ao pensar em como configurar o que explorarei neste ensaio sob o signo do Capitaloceno. Sobre Needham, ver Haraway (2004). O que acontece se cultivarmos respons-habilidade pelo Capitaloceno dentro de bolsas de simpoiese, budismo, biologia comportamental evolutiva ecológica (EcoEvoDevo), marxismo, cosmopolítica stengersiana e outras alavancas potentes contra a tolice modernizante de algumas análises do capitalismo?

16 Ver Dempster (1998, p. 27-32) para uma comparação concisa de sistemas autopoiéticos e simpoiéticos. O quadro 1 (Dempster, 1998, p. 30) é instrutivo:

SISTEMAS AUTOPOIÉTICOS	SISTEMAS SIMPOIÉTICOS
CARACTERÍSTICAS DEFINIDORAS • Limites autoproduzidos • Organizacionalmente fechados • Acoplamento estrutural externo	**CARACTERÍSTICAS DEFINIDORAS** • Sem limites • Organizacionalmente entreabertos • Acoplamento estrutural interno e externo
TENDÊNCIAS CARACTERÍSTICAS • Unidades autônomas • Controle central • Informação igual, "empacotada" • Reprodução por cópia • Evolução entre sistemas • Crescimento/desenvolvimento orientado • Equilíbrio homeostático • Estado estacionário • Trajetórias temporais finitas • Previsíveis	**TENDÊNCIAS CARACTERÍSTICAS** • Entidades amorfas complexas • Controle distribuído • Informação distribuída, diferente • Reprodução amorfa • Evolução dentro do sistema • Orientação evolutiva • Equilíbrio por tensão dinâmica • Mudança potencialmente dramática, surpreendente • Trajetórias temporais potencialmente infinitas • Imprevisíveis
EXEMPLOS • Células • Organismos	**EXEMPLOS** • Ecossistemas • Sistemas culturais

Note que, em 1998, Dempster pensava que a biologia sustentava a conceitualização de organismos como unidades e que apenas ecossistemas e culturas seriam simpoiéticos. Defendo, apoiada em fundamentos biológicos, que não podemos mais pensar assim.

Penso também que limites dinâmicos são cruciais para ambos os tipos de sistemas.

Katie King me contou sobre a dissertação de Dempster enquanto tentávamos organizar nossos entrecruzados, mas não idênticos, prazeres e resistências à autopoiese e à simpoiese; ver Katie King, "Pulling Together" [Juntando], jun. 2014, disponível em: http://pullingtogeth.blogspot.com/p/slides.html.

"Recursões, às vezes se desdobrando; às vezes especulo envolvimentos, 'feitos um através do outro', demonstrações transdisciplinares delas mesmas: objetos de fronteira importam e objetos de fronteira nos ajudam a questionar, em vez de presumir, entre aparatos em práticas de criação de fronteiras. Um feminismo de fronteira orientado a objetos trabalha para orientar esses métodos como os vários 'nós' que nós somos" (Katie King, "Toward a feminist boundary object-oriented ontology... or should it be a boundary object-oriented feminism? These are both queer methods" [Em direção a uma ontologia orientada a objetos de fronteira feministas... ou deveria ser um feminismo de fronteira orientado a objetos? Ambos são métodos queer], palestra no evento "Queer Methods", Universidade da Pennsylvania, 31 out. 2013, disponível em: http://fembooo.blogspot.com). Nos termos de King e nos meus, isso é SF.

17 Deixo de lado o humanismo estrito e o tipo específico de sujeito pensante do projeto de Arendt, assim como sua insistência sobre a solidão essencial do pensamento. Pensar-com, na composteira SF deste ensaio, não é contrariar o autoexame profundamente secular da figura humana historicamente situada de Arendt, mas esse é um outro debate.

18 Arendt caracterizou o pensamento como "treinar a mente para ir visitar": "esse distanciamento de algumas coisas e a conexão com outras são parte do diálogo do entendimento, para cujos propósitos a experiência direta estabelece um contato próximo demais e o mero conhecimento erige barreiras artificiais" (Arendt, 2005, p. 323 *apud* Hartouni, 2012, p. 75).

19 Referência a "Anthropocene: Arts of Living on a Damaged Planet" [Antropoceno: as artes de viver em um planeta deteriorado], conferência organizada por Anna Tsing e colegas na Universidade da Califórnia em Santa Cruz, 8-10 maio 2014.

20 A colega de Van Dooren, Deborah Bird Rose, se situa amplamente nesse pensamento, sobretudo em seu tratamento de desfazer os tecidos da persistência, a matança de gerações, que ela chamou de "dupla morte" (Rose, 2004). Ver também Rose & Van Dooren (2011), e Van Dooren & Rose (2012). O Grupo de Estudos sobre Extinção é uma

rica reunião simpoiética; ver Extinction Studies Working Group, disponível em: http://extinctionstudies.org/people.

21 Thom Van Dooren, "Keeping Faith with Death: Mourning and De-extinction" [Manter a fé na morte: luto e de-extinção], Extinction Studies Working Group, 10 nov. 2013. Disponível em: http://extinctionstudies.org/2013/11/10/keeping-faith-with-death-mourning-and-de-extinction.

22 Esta escrita está em troca SF com o pensamento de Vinciane Despret (2004) sobre aprender a ser afetada.

23 Ver também Kohn (2013), crucial para compreender o pensamento e a semiótica fora das premissas de doutrinas humanistas modernas.

24 O ensaio de Le Guin moldou meu pensamento sobre narrativa na teoria evolutiva e sobre a figura da mulher coletora (Haraway, 1989). Le Guin aprendeu sobre a teoria da bolsa da evolução de Elizabeth Fisher (1975) naquele período de grandes histórias corajosas, especulativas e mundanas que brilhavam na teoria feminista nas décadas de 1970 e 1980. Como a fabulação especulativa, o feminismo especulativo era, e é, uma prática SF.

25 Conjunto de obras de Le Guin escritas ao longo de muitas décadas e que se concentram no planeta Hain, colonizado por humanos, os Hainish, que escravizaram outros povos trazidos para o tal planeta. [N.E.]

26 Para um jogo de ficção científica com Le Guin e Octavia Butler, ver Haraway (2013b).

27 Para uma apresentação e elucidação do "truque divino" na ciência e na política, ver Haraway (1988).

28 A proporcionalidade de Latour aqui é revigorante. Humanos: status quo :: Terranos: subversão total.

29 O artigo "Why Has Critique Run Out of Steam?" [Por que a crítica perdeu o gás?] (2004) de Latour é um grande marco em nosso entendimento coletivo das armadilhas autocontidas, certas de si e corrosivas da crítica banal. Cultivar respons-habilidade exige muito mais de nós. Exige o risco de ser a favor de alguns mundos em vez de outros e ajudar a compor esses mundos com outros. Na mundificação SF de muitos fios, María Puig de la Bellacasa faz a recompostagem das "questões de interesse" de Latour para fermentar um solo ainda mais rico em seu *Matters of Care in Technoscience* [Questões de cuidado na tecnociência] (2011).

30 Para entender como funciona nos Estados Unidos a categoria modernizante da "crença" no direito, na política e na pedagogia, incluindo a religião e as ciências sociais, ver Susan Harding, "Secular Trouble: Anthropology, Public Schools, and De/regulating Religion in Late 20th Century America" [Problema secular: antropologia, escolas públicas e (des)regulação da religião nos Estados Unidos no fim do século XX], palestra no Center for Cultural Studies, Universidade da Califórnia, Santa Cruz, 23 abr. 2014. A figura da "filha pródiga", que nunca realmente pertence a algum lugar, sempre parte e retorna, avança a análise do possibilitar e impossibilitar das operações de "crença" em Devries (2014). Atar práticas de conhecimento a profissões de fé tanto na religião quanto na ciência é talvez o hábito de pensamento mais difícil de deslocar para os modernos, ao menos nos Estados Unidos. Onde a crença é exigida, a Inquisição nunca está muito distante. SF na chafurda de Terra/Gaia não pode exigir crença, mas pode dar forma a companheiros de pensamento comprometidos. A figura para se pensar-com nessa ecologia de práticas não é tanto a "decisão", mas o "cuidado" e o "discernimento" simpoiético. A filha pródiga permanece errante, muito mais promissora para caminhos em tempos incômodos do que a estrada calçada em direção ao banquete preparado para o filho pródigo, que retorna e doravante é sempre obediente e o herdeiro legítimo.

31 Schmitt se vale de palavras em latim para expressar uma diferença entre inimigo público (*hostis*) e inimigo privado (*inimicus*). [N.E.]

32 Para uma apresentação completa de seu apoio ao conceito de *hostis* e à teologia política de Schmitt, ver Latour (2013a, conferência 5): "Se os humanos estão em guerra com ela [Gaia], o que acontece com aqueles que propus chamar de terranos? Podem eles ser 'artesãos da paz'?". Tais artesãos são o que Latour trabalha para nutrir aqui e além. Sua pergunta merece mais espaço, mas algumas palavras sobre os *hostis* são necessárias. Latour e eu comemos a "hóstia" no banquete sacrificial da eucaristia e, portanto, sabemos o que significa estar no mundo material-semiótico em que o signo e o significante implodiram em carne significativa. Nenhum de nós se encaixa muito bem na semiótica protestante secular, dominante na Universidade e na Ciência e que molda nossas abordagens dos estudos da ciência e muito mais. Mas note que a "hóstia" que comemos — nossa comunhão — está firmemente abrigada na história do sacrifício aceitável ao Pai. Latour e eu comemos demais, mas também muito pouco ao consumirmos essa hóstia, e nos recusamos (ainda recusamos) a renegá-la. Tenho um caso permanente de indigestão violenta, mesmo enquanto me seguro firmemente à alegria e à implosão da metáfora e

do mundo. Preciso saber mais sobre os confortos e desconfortos digestivos de Latour, porque suspeito que eles estejam na raiz de nossos diferentes chamarizes para mudar a história dos terranos. Na mundificação sacrificial da Eucaristia, há laços de parentesco fortes — etimológica e historicamente — com o *hostis* de Schmitt, em que encontramos o hóspede, o refém, alguém que é fiador para outrem, gerador e coletor de dívida, anfitrião como o que alimenta o viajante como hóspede, estrangeiro a ser respeitado mesmo se assassinado, forças hostis, *hostis* como uma formação armada para o combate no campo de batalha (um teste de força). Nem verme, nem lixo, nem *inimicus*, mas aqueles que coproduzem o engajamento de guerra e, assim, talvez uma nova paz em vez de extermínio. Mas *hostis* tem também outros tons, os quais levam um pouco do caminho até os seres ctônicos e tentaculares na história da bolsa, em que Latour e eu podemos ainda, com sorte, ser reunidos e transformados por uma velha bruxa que coleta o jantar. Pode nos ser permitido ficar como hóspedes, como espécies companheiras, sobretudo se estivermos no menu. O hospedeiro é o habitat para o parasita, a condição da vida e persistência para o parasita; esse hospedeiro está nas perigosas zonas de contato criadoras de mundo da simbiogênese e da simpoiese, onde novas ordens recentemente remendadas, boas o suficiente, podem ou não emergir das sempre promíscuas e oportunistas associações entre hospedeiro e parasita. Talvez as tripas abissais de Gaia, habitat dos poderes ctônicos, seja a chafurda para SF, onde a persistência continua em jogo. Esse é o mundo que evoca a epígrafe deste texto, "somos todos líquens". Mas não tão rápido! Primeiro precisamos combater o mal nomeado Antropoceno. Não sou contra todos os testes de força; afinal, adoro basquete feminino. Apenas acho que testes de força são a velha história. Sobrevalorizados, eles são um pouco como a tarefa sem fim de limpar o vaso — necessário, mas radicalmente insuficiente. Por outro lado, há excelentes banheiros secos de compostagem... podemos terceirizar alguns testes de força para os sempre ávidos micróbios, a fim de dar mais tempo e espaço para SF em outras chafurdas.

33 Gaia faz intrusão neste texto a partir da p. 87. Stengers discute a "intrusão de Gaia" em várias entrevistas, ensaios e aulas. O desconforto com a etiqueta cada vez mais inescapável do Antropoceno, dentro e fora das ciências, da política e da cultura, permeia o pensamento de Stengers, assim como o de muitos outros autores engajados, inclusive Latour, enquanto lutamos por outra palavra. Ver Isabelle Stengers em conversa com Davis e Turpin (2013). O pensamento de Stengers sobre Gaia e o desenvolvimento

Lovelock-Margulis da hipótese de Gaia esteve desde o início entrelaçado com seu trabalho com Ilya Prigogine, que compreendeu que acoplamento linear forte na teoria dos sistemas complexos implicava a possibilidade de mudança sistêmica global radical, incluindo o colapso (Prigogine & Stengers, 1984). A relação de Gaia com Caos é antiga na ciência e na filosofia. O que quero fazer é atar simpoieticamente essa emergência em uma mundificação de poderes ctônicos persistentes, que é o tempo-espaço material-semiótico do Chthuluceno em vez do Antropoceno ou do Capitaloceno. Isso é parte do que Stengers quer dizer quando diz que sua Gaia intrusiva era "sensível" desde o início. "Seu funcionamento 'autopoiético' não é sua verdade, mas o que 'nós' [seres humanos] devemos encarar e somos capazes de ler em nossos modelos de computador, a face que ela volta para 'nós'" (e-mail de Stengers para Haraway, 9 maio 2014).

34 Cientistas estimam que esse "acontecimento" de extinção, o primeiro a ocorrer durante o tempo de nossa espécie, poderia, como grandes acontecimentos de extinção o fizeram, mas muito mais rapidamente, eliminar de 50% a 95% da biodiversidade existente. Estimativas preocupantes antecipam que metade das espécies de pássaros poderia desaparecer até 2100. Em qualquer medida, isso é muita morte dupla. Para uma apresentação popular, ver "The Six Great Extinction: A Silent Extermination" [A Sexta Grande Extinção: um extermínio silencioso], *National Geographic*, 28 mar. 2012. Para uma bibliografia sobre a Sexta Grande Extinção, ver "The Six Great Extinction", Voices for Biodiversity, 1 dez. 2010, disponível em: http://www.izilwane.org/the-sixth-great-extinction1.html. Para um relato de um divulgador de ciência vencedor de prêmios, ver Kolbert (2014 [2015]). Relatórios da Convention on Biological Diversity [Convenção sobre diversidade biológica] são mais cuidadosos nas previsões e discutem as dificuldades práticas e teóricas de obter conhecimento confiável, mas elas não são menos preocupantes; ver, por exemplo, "Chapter 1: Status and Trends of Global Biodiversity" [Capítulo 1: situação e tendências da biodiversidade global], Convention on Biological Diversity, 19 maio 2007, disponível em: https://www.cbd.int/gbo1/chap-01-02.shtml.

35 Para uma aula de Lynn Margulis explicando a Hipótese de Gaia aos funcionários da Nasa em 1984, ver "Gaia Hypotesis", disponível em: https://archive.org/details/gaia_hypothesis. A autopoiese foi crucial para a teoria transformadora da simbiogênese de Margulis; mas penso que, se ela estivesse viva para retomar a questão, preferiria as forças terminológicas e figurais-conceituais da simpoiese. Sugiro que Gaia é um sistema interpretado erroneamente como autopoiético quando é, na verdade, simpoiético, um erro comum que Beth Dempster identificou

em sua dissertação de mestrado (1998). A história de Gaia precisa de uma renovação intrusiva para se ligar com uma série de outros seres tentaculares simpoiéticos promissores, a fim de fazer uma rica compostagem, para persistir. Gaia, ou Ge, é muito mais velha e selvagem do que Hesíodo (poeta grego próximo da época de Homero, em torno de 750 a 650 a.C.), mas Hesíodo a/o higienizou na *Teogonia*, com sua maneira de narrar a história: depois do Caos, Gaia (a Terra) "de grandes seios" surgiu para ser a sede eterna dos imortais que possuem o Olimpo acima e as profundezas do Tártaro abaixo. Os seres ctônicos respondem: bobagem! Gaia é um deles, uma ameaça tentacular persistente aos seres astralizados da Olimpíada, e não seu chão e fundação, com as gerações seguintes de deuses dispostas em genealogias próprias. O conto de Hesíodo é o velho conto fálico, estabelecendo cânones já no oitavo século antes de Cristo.

36 Embora não possa deixar de pensar que políticas públicas ambientais e socionaturais mais racionais de todos os tipos ajudariam.

37 Isabelle Stengers, de uma compilação em inglês enviada por e-mail em 14 jan. 2014.

38 Uso "coisa" em dois sentidos: (i) a coleção de entidades unidas no "parlamento das coisas" a que Bruno Latour nos chamou atenção; e (ii) algo difícil de classificar, inclassificável e provavelmente malcheiroso.

39 Datas muito anteriores para a emergência do Antropoceno são propostas às vezes, mas a maioria dos cientistas e ambientalistas tende a enfatizar os efeitos antrópicos globais a partir do fim do século XVIII. Um excepcionalismo humano mais profundo (a mais profunda divisão entre natureza e cultura) acompanha as propostas de datas mais antigas, coextensivas ao *Homo sapiens* no planeta, caçando grandes presas hoje extintas e então inventando a agricultura e a domesticação dos animais. Zalasiewicz *et al.* (2008) argumentam que a adoção do termo Antropoceno como uma Época geológica pelas instituições científicas nacionais e internacionais relevantes se voltara às assinaturas estratigráficas. Talvez, mas as ressonâncias do Antropoceno são muito mais disseminadas do que isso.

40 Para um encontro etnográfico poderoso na década de 1990 com a modelização da ciência climática, ver Tsing (2005). Tsing pergunta: "O que torna o conhecimento global possível?". Ela responde: "apagar colaborações". Mas não para com a crítica historicamente situada. Em vez disso, Tsing, como Latour e Stengers, nos leva à pergunta de fato importante. "Seria possível dar conta das origens colaborativas da natureza sem perder as vantagens de

um alcance global?" (Tsing, 2005, p. 95). "Como os pesquisadores poderiam encarar o desafio de liberar imaginações críticas do espectro da conquista neoliberal — singular, universal, global? Atentar às fricções de articulação contingente pode nos ajudar a descrever a efetividade, e a fragilidade, de formas capitalistas — e globalistas — emergentes. Nessa heterogeneidade dinâmica, há novas fontes de esperança e, é claro, novos pesadelos (Tsing, 2005, p. 77). Em sua primeira conferência sobre modelagem climática em 1995, Tsing teve uma epifania: "*A escala global tem precedência — porque é a escala do modelo*" (Tsing, 2005, p. 103). Mas tal ponto e também as propriedades relacionadas têm um efeito particular: trazem negociadores a uma mesa internacional e heterogênea, talvez não heterogênea o suficiente, mas longe de estar cheia de unidades e jogadores idênticos. "A incorporação de escalas menores ao global; a expansão dos modelos que incluam tudo; a construção de modelos direcionada a políticas públicas: juntas, essas características possibilitam aos modelos trazer diplomatas à mesa de negociação" (Tsing, 2005, p. 105). Não é um feito que deve ser desprezado. Os relatórios de 2014 do IPCC são documentos necessários e ilustrações excelentes dos relatos de Tsing (ver Intergovernmental Panel on Climate Change, 2014a; 2014b). As apostas de Tsing, em sua busca por especificidades etnográficas rigorosas das extensas cadeias de relações íntimas e vivências, estão em manter em fricção produtiva, não utópica, o poder de dimensionar aquilo que os modelos de mudança climática fazem com o desequilíbrio de vida e morte das mundificações baseadas no que é estável e no que se desloca, que sempre tornam irregulares até mesmo os nossos melhores e mais necessários universais. Ela busca e descreve múltiplas mundificações situadas e múltiplos tipos de interpretações para se engajar com o globalismo. "Prestar atenção à fricção abre a possibilidade de um relato etnográfico da interconexão global" (Tsing, 2005, p. 6). A apreciação pelo que ela chama de "erva-daninhidade" é indispensável: "Estar ciente da necessidade de coalizões cuidadosas com aqueles cujos saberes e prazeres vêm de outras fontes é o começo do ambientalismo não imperialista" (Tsing, 2005, p. 170). Os *hostis* não farão uma aparição nessa figuração em fios, mas cogumelos como guias para viver nas ruínas certamente farão.

41 O Anthropocene Working Group [Grupo de trabalho do Antropoceno], estabelecido em 2008 para se reportar à International Union of Geological Sciences [União internacional das ciências geológicas] e à International Commission on Stratigraphy [Comissão internacional de estratigrafia] sobre a possibilidade de nomear ou não uma nova Época na linha de tempo geológica, publicou seu relatório final em 2016; ver Anthropocene Working Group (2013).

42 Visitado por milhares de pessoas (e um número desconhecido de cães), Burning Man é um festival anual de arte e anarquismo (comercial), com duração de uma semana, que ocorre no deserto Black Rock, em Nevada, desde 1990 — entre 1986 e 1990, ocorria na praia Baker em São Francisco. As origens do evento estão relacionadas com as celebrações dos artistas de São Francisco do solstício de verão. O evento é descrito como um experimento de comunidade, arte, autoexpressão radical e autoconfiança radical. As extravagâncias globalizantes do Antropoceno não são a mundificação batizada com drogas e arte do Burning Man, mas a iconografia do imenso "homem" em chamas incendiado durante o festival é irresistível. As primeiras representações na praia em São Francisco eram de um homem de madeira, de três metros de altura, e de um cachorro, também de madeira, mas em tamanho menor. Em 1988, o homem já tinha doze metros de altura e não tinha o cachorro. Realocado para o fundo de um lago seco em Nevada, a escultura chegou ao tamanho máximo em 2011, com mais de trinta metros. Isto é os Estados Unidos; tamanho gigante é o negócio. *Anthropos* (ἄνθρωπος) é uma palavra ambígua com etimologias contestadas. O que *Anthropos* nunca figura é o rico lar generativo de uma Terra multispécie. O *Online Etymology Dictionary* afirma que ele vem do grego *aner*, "homem", "oposto a uma mulher, um deus ou um menino". Como eu suspeitava! Ou "*Anthropos* às vezes é explicado como um composto de *aner* e *ops* (genitivo *opos*) 'olho, face'; então, literalmente, 'aquele que tem a face de um homem'", ou, às vezes, a forma de um homem. Pesquisadores da Bíblia têm dificuldades em fazer o grego ανθρωπος incluir mulheres, e isso complica traduções de maneiras fascinantes; ver Michal D. Marlowe, "The Ambiguity of 'Anthropos'" [A ambiguidade do *Anthropos*], *Bible Research*, 2003, disponível em: http://www.bible-researcher.com/anthropos.html. Outras fontes dão significado do composto como "aquilo que está embaixo, portanto terreno, humano", ou o "que olha para cima", e, portanto, abaixo, lamentavelmente na Terra. Diferente dos animais, o homem como *Anthropos* "olha para cima para o que ele vê". O *Anthropos não* é o terrano de Latour. É seguro dizer que Eugene Stoermer e Paul Crutzen não se incomodaram muito com essas ambiguidades. Ainda assim, graças aos céus, olhando para cima, seus olhos humanos estavam firmemente na carga de carbono atmosférico da Terra. Ou, também, nadando com seres tentaculares em mares muito quentes, seus olhos eram os olhos ótico-hápticos cheios de dedos de bichos marinhos em simbioses com corais doentes e moribundos. Ver Hayward (2010a).

43 "De acordo com a International Energy Agency [Agência Internacional de Energia] (IEA), uma organização intergovernamental de pesquisa sediada em Paris, o investimento mundial cumulativo em extração e processamento de novos combustíveis fósseis totalizará estimados 22,87 trilhões de dólares entre 2012 e 2035, enquanto o investimento em renováveis, energia hídrica e nuclear totalizará apenas 7,32 trilhões de dólares" (Michael Klare, "The Third Carbon Age" [A terceira era do carbono], *Huffington Post*, 8 ago. 2013). Nuclear, depois de Fukushima! Além disso, nenhum desses cálculos prioriza uma presença humana menor, mais leve e modesta na Terra, com todas as outras criaturas. Mesmo em seus discursos de "sustentabilidade", o Capitaloceno não é capaz de tolerar um mundo dos terranos multiespécie. Para a troca nas estratégias de crescimento da indústria de energia para nações com controles ambientais mais fracos, ver Michael Klare, "What's Wrong with This Picture? Gas in Tanks and Cows in Clouds" [Gases em tanques e vacas nas nuvens: o que há de errado com essa cena?], *Common Dreams*, 5 set. 2014.

44 A poluição das areias betuminosas deve partir corações e estilhaçar guelras de todas as criaturas terráqueas, gaianas e terranas. Os lagos tóxicos formados por água usada na extração de petróleo dos areais betuminosos no norte de Alberta, Canadá, moldam uma espécie de nova região dos Grandes Lagos, com mais "lagoas" gigantes adicionadas diariamente. A área atual coberta por esses lagos é mais ou menos 50% maior do que a área coberta pela metrópole de Vancouver. As operações nas areias betuminosas devolvem quase nada das vastas quantidades de água que usa aos ciclos naturais. Pessoas terranas que tentam estabelecer cultivos de coisas nas proximidades dessas águas alarmantemente coloridas, cheias de resíduos de extração, dizem que processos sucessivos para restabelecer ecossistemas simpoiéticos biodiversos, se possíveis, serão uma questão de décadas e séculos; ver Bob Weber, "Rebuilding land destroyed by oil-sands may not restore it, researchers say" [Pesquisadores afirmam que a terra destruída por areias betuminosas pode não ser restaurada"], *The Globe and Mail*, 11 mar. 2012. Apenas a Venezuela e a Arábia Saudita têm mais reservas de petróleo do que Alberta. Dito isso, os terranos, os terráqueos, não cedem nem o presente, nem o futuro; o céu está ficando mais baixo, mas ainda não caiu. Ainda. (Ver as pesquisas publicadas pelo Pembina Institute sobre o tópico *oilsands* [areia betuminosa], disponível em: https://www.pembina.org/pubs.) Povos de primeiras nações, Métis, aborígenes são agentes cruciais em todos os aspectos dessa história inacabada.

45 Segundo o relatório do Soufan Group, de 2014: "O jornal *Guardian* estima que o Ártico contenha 30% do gás natural não descoberto do

mundo e 15% do seu petróleo. [...] No fim de fevereiro, a Rússia anunciou que formaria um comando militar estratégico para proteger seus interesses no Ártico. [...] Rússia, Canadá, Noruega, Dinamarca e os Estados Unidos, todos fazem algum tipo de reivindicação de águas internacionais e da plataforma continental no Oceano Ártico. [...] Uma rota [da Passagem Noroeste] poderia fornecer aos russos um grande poder de negociação no palco internacional sobre a China ou qualquer outro país dependente do comércio marítimo entre Ásia e Europa" (The Soufan Group, "Geostrategic Competition in the Arctic: Routes and Resources" [Competição geoestratégica no Ártico: rotas e recursos], 2014). A província de Alberta no Canadá está em terceiro lugar mundial, depois da Arábia Saudita e da Venezuela, na quantidade de reservas de petróleo cru comprovadas. Quase todo o petróleo de Alberta está nas areias betuminosas no norte da província, local dos novos grandes lagos petrotóxicos da América do Norte. É o Capitaloceno em ação! Ver Indigenous Environmental Network Canadian Indigenous Tar Sands Campaign [Campanha das areias betuminosas indígenas do canadá da rede ambiental indígena], disponível em: http://www.ienearth.org/. Mais de vinte empresas operam nas areias betuminosas das terras de muitos povos indígenas, entre eles Primeiras Nações Mikisew Cree, Athabasca Chipewyan, Fort McMurray, Fort McKay Cree, Beaver Lake Cree, Chipewyan Prairie e também os Métis.

46 Naomi Klein, "How Science is Telling Us All to Revolt" [Como a ciência está dizendo para nos revoltarmos], *The New Statesman*, 29 out. 2013.

47 Capitaloceno é uma dessas palavras como simpoiese; se você acha que a inventou, olhe a sua volta e veja quantas outras pessoas estão inventando o termo ao mesmo tempo. Isso certamente aconteceu comigo, e depois tive de superar um pequeno acesso de ressentimento individualista ao ser perguntada de quem peguei o termo Capitaloceno — eu não tinha cunhado a palavra? ("Cunhar"!). E por que outros pesquisadores quase sempre perguntam para mulheres a que autores homens elas devem suas ideias? Reconheci que eu era parte de um jogo inventivo de cama de gato, como sempre, e também que Jason W. Moore já havia escrito argumentos belos e convincentes sobre os quais pensar; e meu interlocutor conhecia o trabalho de Moore e também o estava passando para mim. "Capitaloceno" foi proposto pela primeira vez por Andreas Malm, à época doutorando na Universidade de Lund. Em uma conjuntura histórica urgente, palavras-para-pensar-com aparecem

de repente de muitos caldeirões borbulhantes, porque nós todos sentimos a necessidade de melhores bolsas para coletar as coisas que clamam por atenção. Apesar de seus problemas, o termo Antropoceno era e é aceito porque coleta muitas questões de fato, interesse e cuidado; e espero que o Capitaloceno seja logo pronunciado por muita gente. Em particular, ver o trabalho de Moore (2014a; 2014b; 2015a).

48 Para superar ataques virais de eurocentrismo ao pensar sobre a história dos caminhos e centros de globalização ao longo dos últimos séculos, ver Flynn e Giráldez (2012). Para uma análise atenta às diferenças e fricções entre colonialismos, imperialismos, formações de comércio globalizante e capitalismo, ver Ho (2004; 2006).

49 Moore o diz da seguinte maneira: "Isso significa que capital e poder — e incontáveis outras relações estratégicas — não agem sobre a natureza, mas se desenvolvem através da teia da vida. 'Natureza' é apresentada aqui como a relação do todo. Humanos vivem como uma espécie criadora de ambientes especificamente dotada (mas não especial) dentro da Natureza. Em segundo lugar, o capitalismo em 1800 não era nenhuma Atena, se projetando, já crescida e armada, da cabeça do carbonífero Zeus. As civilizações não se formam por Big Bangs. Elas emergem de transformações em cadeia e bifurcações da atividade humana na teia da vida. [...] [Por exemplo] o desmatamento de florestas, no longo século XVII, da bacia do Vístula e da Mata Atlântica brasileira ocorreu em uma escala e em uma velocidade entre cinco e dez vezes maior do que qualquer coisa que já havia sido vista na Europa Medieval" (Moore, 2014a).

50 Unidades (genes, células, organismos, populações, espécies) e relações descritas matematicamente em equações de competição são os formatos de história da Síntese Moderna. O ímpeto evolutivo, sempre próximo de noções modernistas de progresso, é um tema constante. Em contraste, ver Hustak e Myers (2012), um dos textos-chave para trilhar a inflexão da curva do conhecimento e do afeto em direção a uma teoria evolutiva profundamente simpoiética. As atrações sensuais de vespas e orquídeas, situadas nas releituras de Darwin, formam o núcleo desse belo artigo. Hustak e Myers escrevem: "Ímpeto involutivo nos ajuda a desenvolver um tato para a atração e a repulsão entre corpos, incluindo afinidades, rupturas, enredamentos e afastamentos entre outros organismos que constantemente inventam novas maneiras de viver com e ao lado uns dos outros [...]. Ou melhor, a orquídea e seus polinizadores-abelhas são mutuamente constituídos por meio da captura recíproca da qual nem planta, nem inseto podem se desemaranhar. É em uma conversa com esta 'vespa-orquídea' que acompanhamos o ímpeto involutivo que reúne plantas e insetos em atos de polinização e comunicação". Para a

onda inovadora de revisão da teoria biológica, ver Gilbert, Sapp e Tauber (2012); McFall-Ngai *et al.* (2013).

51 Para uma exposição-piada matemática séria de Terrapólis, ver Haraway (2011; 2010). "Terrapólis é rica em mundo, inoculada contra o pós-humanismo (*post-humanism*), mas rica em compostagem (*com-post*), inoculada contra o excepcionalismo humano, mas rica em húmus, madura para contar histórias multiespécie. Essa Terrapólis não é o mundo natal para o humano como *homo*, essa autoimagem fálica, sempre parabólica, retumescente e detumescente; mas para o humano que é transformado em um truque de língua etimológico indoeuropeu em *guman*, aquele trabalhador do e no solo" (Haraway, 2010, p. 20-2).

52 Devo a insistência em "histórias grandes o suficiente" a James Clifford (2013, p. 201): "Penso nessas como histórias 'grandes o suficiente', capazes de dar conta do bastante, mas não de tudo — e sem garantias de virtude política". Rejeitando um grande relato ou teoria sintetizante, Clifford trabalha para produzir um realismo que "funciona com 'histórias grandes o suficiente' abertas (porque seu tempo histórico linear é ontologicamente inacabado), locais de contato, conflito e diálogo" (Clifford, 2013, p. 85-6).

53 Latour e Stengers estão profundamente alinhados em sua forte rejeição a discursos de denúncia. Ambos me ensinaram, com muita paciência, a entender e reaprender essa questão. Adoro uma boa denúncia! É um hábito difícil de desaprender.

54 É possível ler a *Dialética do esclarecimento* (1972 [1985]) de Horkheimer e Adorno como uma crítica aliada do Progresso e da Modernização, embora seu secularismo resoluto os atrapalhe. É muito difícil para um secularista realmente escutar lulas, bactérias e velhas mulheres bravas de Terra/Gaia. Para alimentar o Chthuluceno na barriga do Capitaloceno, os aliados marxistas ocidentais mais prováveis, além de Marx, são Antonio Gramsci e Stuart Hall.

55 Como mencionei anteriormente, a *Teogonia* de Hesíodo conta, em uma língua dolorosamente bela, a história de Gaia/Terra se erguendo do Caos para ser a sede dos imortais do Olimpo no mundo superior e de Tártaro no inferior. Ela é muito velha, polimórfica e excede as fabulações gregas, mas permanece muito controversa e especulativa. No mínimo, Gaia não está restrita ao trabalho de manter os olímpicos em pé! Marija Gimbutas, arqueóloga importante e não ortodoxa, afirma que Gaia como Mãe Terra é uma forma tardia de Grande Mãe neolítica, pré-indoeruopeia.

Em 2004, a cineasta Donna Reed e a autora e ativista neopagã Starhawk lançaram um documentário colaborativo sobre a vida e o trabalho de Gimbutas, *Signs Out of Time* [Signos fora do tempo]; a versão para o YouTube com cerca de uma hora de duração está disponível em: https://www.youtube.com/watch?v=whfGbP FAy4w. Ver também Gimbutas (1999).

56 Para entender o que está em jogo ao contar histórias "não euclidianas", ver Le Guin (1985; 1989).

57 "Os mil nomes de Gaia: do Antropoceno à idade da Terra", colóquio internacional, Rio de Janeiro, 15-19 set. 2014. Disponível em: https://osmilnomesdegaia.eco.br/.

58 Para a história fascinante dos cefalópodes que figuram as depredações do Grande Capital nos Estados Unidos (por exemplo, o polvo do início do século XX, de John D. Rockefeller/Standard Oil, que estrangula trabalhadores, fazendeiros e cidadãos em geral com seus muitos enormes tentáculos), ver Dave Gilson, "Octopi Wall Street!", *Mother Jones*, 6 out. 2011. Ressignificação de polvos e lulas como aliados ctônicos é uma ótima notícia. Já estivemos aí antes.

59 O objeto data de cerca de 600 a.C. e faz parte do acervo do Museu Britânico. Há uma fotografia disponível em: https://www.britishmuseum.org/collection/object/G_1860-0404-2. [N.E.]

60 A abelha era um dos emblemas de Potnia Theron, por isso também era chamada de Potnia Melissa, Senhora das Abelhas. Nos dias de hoje, praticantes de *wicca* relembram esses seres ctônicos em ritual e poesia.

61 A palavra hebraica *Deborah* significa "abelha" e é também o nome da única juíza mencionada na Bíblia, uma guerreira e conselheira israelita na era pré-monarquia. O "Cântico de Débora" pode datar do século XII a.C. Débora era uma heroína militar e aliada de Jael, um dos quatro "jotas" no romance de formação de ficção científica feminista de Joanna Russ, *The Female Man* [O homem fêmea] (1975). Em 2 de maio de 2014, a comunidade performática Reverend Billy and the Church of Stop Shopping [Reverendo Billy e a igreja do pare de comprar] exorcizou a *robobee* do Laboratório de Microrrobótica de Harvard. A *robobee* é um drone abelha de alta tecnologia cujo propósito é substituir abelhas polinizadoras biológicas com excesso de trabalho e envenenadas, conforme elas se tornam cada vez mais doentes e em risco. *Abelhuia*, as velhas histórias vivem! Ou, como disse Brad Werner, nas American Geophysical Union Meetings, revolte-se! Já escutamos o zumbido? É hora de picar. É hora de um enxame ctônico. É hora de cuidar das abelhas.

62 Conexões entre Potnia Theron e a górgona/Medusa continuaram na arquitetura dos templos e no adornamento das construções muito depois de 600 a.C., evidenciando a resistência tenaz dos poderes ctônicos na prática, na imaginação e no ritual, por exemplo, entre os séculos V e III a.C., na península italiana. A espantosa figura da górgona olha para fora, defendendo contra perigos exteriores, e a não menos espantosa Potnia Theron olha para dentro, nutrindo teias de vida (ver Busby, 2007). A Maria cristã, a Virgem Mãe de Deus, ela mesma surgida nos imaginários do Oriente Próximo e do Mediterrâneo, tomou atributos desses e de outros poderes ctônicos em sua presença ao redor do mundo. Infelizmente, a iconografia de Maria a mostra circundada de estrelas e pisando na cabeça de uma cobra (por exemplo, na Medalha Milagrosa, datada de uma aparição da Virgem do início do século XIX), em vez de estar aliada com os poderes da terra. A "senhora circundada de estrelas" é uma figura apocalíptica da escritura cristã para o fim dos tempos. Isso é uma má ideia. Ao longo da minha infância, portava uma corrente dourada com a Medalha Milagrosa. Finalmente e por sorte, foram as contaminações ctônicas residuais que ficaram em mim que me afastaram do secular e também do sagrado e me conduziram em direção ao húmus e à compostagem.

63 Sobre as Erínias, ver "Erinyes", *Theoi Project* [s.d.]. Disponível em: http://www.theoi.com/Khthonios/Erinyes.html.

64 Martha Kenney me indicou que a história dos Ood, na longa série televisiva britânica de ficção científica *Doctor Who*, mostra como os seres com rosto de lula só se tornam mortais para a humanidade depois de terem sido mutilados, separados de sua mente coletiva sinctônica e escravizados. Os humanoides empáticos Ood têm tentáculos sinuosos na porção inferior do rosto alienígena cheios de dobras; nas mãos, carregam seu cérebro posterior, comunicando-se uns com os outros telepaticamente através desses orgãos (*organons*) exteriores vulneráveis e vivos. Humanos (definitivamente não os terranos) cortaram esse cérebro posterior e o substituíram por uma esfera tecnológica de comunicação-tradução, para que os Ood isolados pudessem apenas se comunicar através de seus escravizadores, que os forçavam a ser agressivos. Resisto em pensar nos tecnocomunicadores Ood como uma versão futura do iPhone, mas é tentador quando vejo nas ruas o rosto dos humanos do século XXI, ou mesmo na mesa de jantar, todos aparentemente conectados apenas com seus aparelhos. Sou salva dessa fantasia não generosa pelo fato SF de que, no

episódio "The Planet of the Ood" (temporada 30, episódio 3), os seres tentaculares foram libertos pelas ações de Ood Sigma e restaurados a seu eu não singular. *Doctor Who* é um ciclo de histórias muito melhor para persistir-com do que *Jornada nas Estrelas*. Para a importância de refazer fábulas nas ciências e outras práticas de conhecimento, ver Kenney (2013). Ela explora diferentes gêneros de fábula, que situam o que ela chama de "fatos selvagens" instáveis em relação a propor e testar a força de afirmações de conhecimento, e investiga estratégias para navegar em terreno incerto, em que as tensões produtivas entre fato e ficção nas práticas concretas são necessárias.

65 Sobre Medusa e as górgonas, ver "Gorgones", *Theoi Project* [s.d.]. Disponível em: http://www.theoi.com/Pontios/Gorgones.html.

66 A coleção *Holdfast Chronicles* [As crônicas de Holdfast], de Suzy McKee Charnas, começando com *Walk to the End of the World* [Caminhada ao fim do mundo] (1974), é uma grande SF para pensar sobre feministas e seus cavalos. O sexo é excitante, ainda que bastante incorreto, e a política, revigorante.

67 Eva Hayward chamou minha atenção pela primeira vez para o aparecimento de Pégaso a partir do corpo de Medusa e do coral das gotas de seu sangue. "Se o coral nos ensina sobre a natureza recíproca da vida, então como continuamos em obrigação com os ambientes — muitos dos quais tornamos inabitáveis — que agora nos enojam? [...]. Talvez a Terra seguirá Vênus, tornando-se inabitável devido ao efeito estufa descontrolado. Ou, talvez, reconstruiremos recifes ou construiremos casas alternativas para os refugiados dos oceanos. Sejam quais forem as condições de nosso futuro, permanecemos companheiros por obrigação de nossos oceanos (Eva Hayward, "The Crochet Coral Reef Project Heightens Our Sense of Responsibility to the Oceans", *op. cit.*). Sobre o *Hyperbolic Coral Reef Project* [Projeto do recife de coral hiperbólico] de Margaret e Christine Wertheim no Institute for Figuring [Instituto da Figuração] em Los Angeles, ver Crochet Coral Reef, disponível em: http://crochetcoralreef.org/. Em 2013, esse projeto de arte/ciência/ativismo havia reunido mais de sete mil colaboradores ativos em 27 países, em solidariedade com os recifes de coral vulneráveis e criaturas humanas e mais-que-humanas.

68 Ver materiais sobre a exposição *Tentacles: The Astounding Lives of Octopuses, Squids, and Cuttlefish* [Tentáculos: a vida impressionante de polvos, lulas e sépias] no Aquário de Monterey Bay. Para entender, ver Detienne e Vernant (1978 [2008]), com agradecimentos a Chris Connery por essa referência em que sépias, polvos e lulas têm um papel importante. A polimorfia e a capacidade de fazer uma teia ou malha a partir de amarras e inteligência astuta são os traços que os autores gregos destacaram. "Sépias e polvos são puras aporias, e a noite que eles secretam, uma noite sem saída, sem caminho é a imagem mais acabada de sua *métis*" (Detienne & Vernant, 1978, p. 38 [2008, p. 44]). O capítulo 5, "A *métis* órfica e a sépia de Tétis", é o mais interessante para os temas do Chthuluceno de reiteração contínua, devir-com e polimorfismo. "A maleabilidade dos moluscos, em tentáculos (*polýplokoi*), faz de seu corpo uma rede de entrelaçados, um nó vivo de elos móveis e animados" (Detienne & Vernant, 1978, p. 159 [2008, p. 152]). Para os gregos de Detienne e Vernant, as sépias polimórficas e flexíveis estão próximas das divindades primordiais multissexuais do mar — ambíguas, móveis e sempre mutantes, sinuosas e ondulantes, presidindo sobre o porvir, pulsando com ondas de cor intensa, crípticas, secretando nuvens de escuridão, aptas a sair de dificuldades e com tentáculos nas partes em que homens direitos teriam barbas.

69 A hipótese de que bactérias ativam o branqueamento do coral, em vez apenas do estresse termal e da acidificação, continua controversa, mas perdeu espaço. Ver "Is There a Case for Bacterial Bleaching Hypothesis? Octagonia patagonia/Vibrio shiloi Revisited" [Há um caso para a hipótese do branqueamento bacterial? *Octagonia patagonia/Vibrio shiloi* revisitadas], *Climate Shifts*, 21 jan. 2008, disponível em: http://www.climateshifts.org/?p=123. Outra bactéria *Vibrio* é o agente infeccioso da cólera humana. Ainda outra criatura *Vibrio* infecta a recém-nascida lula havaiana e fornece o sinal de desenvolvimento necessário para que esses pequenos cefalópodes façam seu orgão de luz na superfície do seu ventre, que bactérias luminescentes habitarão, de modo que a lula possa aparecer como um céu estrelado para sua presa sob as noites escuras. *Vibrio*, móveis e flageladas, são comunicadoras talentosas, para o bem e para o mal, dependendo do ponto de vista. *Vibrio fischeri*, *Photobacterium phosphorem* e *Vibrio harveyi* são notáveis por sua habilidade de comunicar. Tanto *V. fischeri* quanto *Ph. phosphoreum* são simbiontes de outros organismos marinhos (tipicamente águas-vivas, peixes ou lulas) e produzem luz por bioluminescência através do mecanismo de *quorum sensing*. *V. harveyi* é um patógeno de vários animais aquáticos e é conhecido como causa da vibriose luminosa em camarões; ver McFall-Ngai (2014). Poderia dizer que as bactérias e outros micróbios inventaram a biocomunicação, a inovação crítica para todas as semioses subsequentes, incluindo a linguagem humana.

Histórias do Capitaloceno

Jason W. Moore é geógrafo histórico e historiador na Universidade de Binghamton, onde é professor adjunto de sociologia e pesquisador no Fernand Braudel Center. É autor de *Capitalism in the Web of Life* [Capitalismo na teia da vida] (2015), *Transformations of the Earth: Nature in the Making and Unmaking of the Modern World* [Transformações da Terra: a natureza na criação e descriação do mundo moderno] (2015), e *Ecologia-mondo e crisi del capitalismo: La fine della natura a buon mercato* [Ecologia-mundo e a crise do capitalismo: o fim da Natureza Barata] (2015). Com Raj Patel, publicou *A History of the World in Seven Cheap Things: A Guide to Capitalism, Nature, and the Future of the Planet* [Uma história do mundo em sete coisas baratas: um guia para o capitalismo, a natureza e o futuro do planeta] (2018). Escreve com frequência a respeito da história do capitalismo, história ambiental e teoria social, e é coordenador da World-Ecology Network. Muitos de seus ensaios podem ser encontrados no seu site: http://www.jasonwmoore.com.

3 O surgimento da Natureza Barata[1]

Jason W. Moore

Vivemos em uma encruzilhada na história de nossa espécie — e da vida planetária. Não se pode saber com certeza o que vem a seguir. Mas não parece ser bom.

A teoria e a pesquisa ambientalista nos falam, hoje, sobre extinção em massa, mudança climática, acidificação oceânica. A essas mudanças planetárias, adicionam-se incontáveis histórias regionais — desastres tóxicos descontrolados no solo e no mar, casos de câncer concentrados em regiões específicas, secas frequentes e severas. Nosso senso coletivo de "consequências ambientais" nunca foi tão grande.

Mas *consequências* de quê? Da humanidade como um todo? Da população? Da civilização industrial? Do Ocidente? Do capitalismo? Nossa resposta à pergunta hoje moldará as condições de vida na Terra por milênios.

Uma vez que começamos a nos perguntar o que motiva o estado desastroso da situação atual, passamos das consequências do processo de criação de ambiente (*environment-making*) às suas condições e causas. E, uma vez que começamos a fazer perguntas sobre a criação de ambiente iniciada por humanos, um novo conjunto de conexões aparece. São conexões entre criação de ambiente e relações de desigualdade, poder, riqueza e trabalho. Começamos a fazer novas perguntas sobre a relação entre mudança ambiental e quem tem seu trabalho valorizado — e sua vida valorizada. As noções de classe, raça, gênero, sexualidade, nação — e muito,

muito mais — podem ser entendidas em termos de sua relação dentro da natureza como um todo, e de como essa natureza foi radicalmente refeita ao longo dos últimos cinco séculos. Tais perguntas abalam a ideia de Natureza e de Humanidade com iniciais maiúsculas: ecologias sem humanos e relações humanas sem ecologias. Longe de ser uma mera diferença filosófica, a Natureza e a Humanidade que dominam as histórias do Antropoceno fazem algo involuntário mas profundamente violento, pois a história da Humanidade e da Natureza oculta um segredo indecente da história do mundo moderno: o segredo de como o capitalismo foi construído sobre a exclusão da maioria dos *humanos* da Humanidade — povos indígenas, africanos escravizados, quase todas as mulheres e até mesmo muitos homens de pele branca (eslavos, judeus, irlandeses). Da perspectiva dos administradores imperiais, mercadores, proprietários de terra e *conquistadores*, essses humanos não eram nada Humanos. Eram vistos como parte da Natureza, junto das árvores, solos e rios, e tratados como tal.

Registrar a história sangrenta da dicotomia Humano/Natureza é um protesto moral. É também um protesto analítico, pois o capitalismo não prospera apenas por sua violência e desigualdade. Ele é um sistema prodigiosamente criativo e produtivo — ao menos até recentemente. A violência simbólica, material e física dessa separação ousada — Humanidade e Natureza — desempenhou um tipo especial de "trabalho" para o mundo moderno. Apoiada pelo poder imperial e a racionalidade capitalista, ela mobilizou a energia e o trabalho não remunerado de humanos — sobretudo mulheres, especialmente as escravizadas — a serviço da transformação de paisagens com um único propósito: a acumulação infinita de capital.

Alguns de nós começaram a chamar essa maneira de pensar de *ecologia-mundo* (Moore, 2015a).[2] A ecologia-mundo não se refere à "ecologia do mundo". Nossa *ecologia* não é a da Natureza — com inicial maiúscula —, mas a ecologia do *oikeios*: essa relação inventiva, geradora e com múltiplas camadas de criação de vida, de espécies e de ambientes. Espécies fazem ambientes; ambientes fazem espécies. O argumento filósofico molda o método histórico: a atividade humana é criar o ambiente. E, com essa observação, a natureza vai do substantivo (ambiente) ao verbo (criar ambiente). Organizações humanas *são* processos e projetos de criação de ambiente; por sua vez, a teia da vida molda a organização humana. Essa é a *dupla internalidade* da mudança histórica — a humanidade dentro da natureza, a natureza dentro da humanidade. (Entenda-se a *humanidade* diferenciada, não reduzida a uma homogeneidade disforme e abstrata.) A ecologia-mundo não é a única a defender esse amplo argumento filosófico. Mas ela se distingue ao defender a tradução dessas posições filosóficas em premissas metodológicas, estratégias narrativas e enquadramentos teóricos. Nesses enquadramentos, revela-se que organizações humanas específicas — tais como o capitalismo — são produtoras e produto da teia da vida.

Tais perguntas nos levaram a um conjunto de problemas muito diferente da crítica ambiental comum e suas metáforas fáceis da "pegada" da Humanidade sobre a Natureza — por exemplo, Wackernagel & Rees (1996). Unir causa, condição e consequência no pensamento sobre o destino do planeta — e dos humanos que o habitam — nos leva a explorar histórias diferentes. Elas não são tão simples quanto a queda da Humanidade do Éden, como prefeririam as narrativas de catástrofe e colapso — por exemplo, Diamond (2004 [2005]). No entanto, acredito que possamos encontrar histórias mais esperançosas que narram de que maneira *alguns* humanos refizeram o planeta e como *a maioria* dos humanos pode trabalhar com outras espécies para coproduzir um planeta não apenas mais habitável, mas também mais justo.

Problemas do Antropoceno, paisagens do Capitaloceno

O Antropoceno é uma dessas ideias — como a "globalização" nos anos 1990 — extraídas da academia que capturam a imaginação popular. Ele é objeto de um espectro desconcertante de argumentos postulados por pesquisadores das duas culturas. Geólogos, teóricos culturais, ecólogos, críticos literários, historiadores, geógrafos e antropólogos — todos querem participar do jogo.

De saída, é bom esclarecer que o Antropoceno possui duas vidas. Uma delas é o Antropoceno como uma ampla conversa que transcende a universidade. Nessa vida, ele abriu algum espaço público para o diálogo em torno do lugar da humanidade na teia da vida (ver Crist, "A pobreza da nossa nomenclatura", neste volume, p. 35). Esse é o Antropoceno como fenômeno cultural, agraciando a capa da revista *The Economist*[3] e ganhando a atenção dos editores do jornal *The New York Times*.[4] Essa conversa mais ampla foi produtiva nos círculos de pesquisa também, criando oportunidades para que estudiosos de várias ciências humanas e exatas discutissem o papel da humanidade na criação das naturezas planetárias.

Como categoria analítica, o Antropoceno opera de modo um pouco diferente. Entre os cientistas do Sistema Terra, há uma busca contínua por — e um debate sobre — *golden spikes* no registro estratigráfico.[5] O método aqui se aproxima de uma "história natural" em sentido amplo. E há um intenso debate para determinar quais *golden spikes* inauguram a "Era do homem".[6]

Nesse caso, a perspectiva do Antropoceno aborda as grandes perguntas da mudança histórica: como os humanos fazem naturezas, como as naturezas fazem humanos, e como essa relação molda a história humana no longo prazo?

Essa são perguntas que o Antropoceno pode fazer, mas não pode responder. Porque a perspectiva mantém — mesmo enquanto busca transcender — o binômio Humanidade e Natureza. É um binômio aparentemente inscrito no DNA intelectual do projeto do Antropoceno. Ele desperta perguntas intrigantes, mas mal elaboradas: "os humanos estão sobrepujando as grandes forças da natureza?" (Steffen, Crutzen & McNeill, 2007). Ainda mais problemático, o sucesso cultural do Antropoceno alimenta às vezes uma rejeição casual de críticas conceituais e históricas. Para Clive Hamilton, "essa discussão [Antropoceno ou Capitaloceno] é uma *distração*. Will Steffen [...] entende as raízes sociais dessa Época geológica. Paul Crutzen, o inventor do conceito, *associou imediatamente a queima de combustíveis fósseis e o capitalismo inglês*".[7] Ainda pior, Hamilton pergunta: "Acreditamos realmente que uma palavra seja tão poderosa a ponto de ter a capacidade de mudar as ideias das pessoas sobre as causas da mudança climática? Isso não é plausível". São palavras curiosas vindas de um defensor do Antropoceno. Vemos aqui um desfecho perigoso. Não se trata apenas de uma polêmica desdenhosa que busca o fechamento em vez do diálogo — ecoada até pela revista radical *Monthly Review* (ver, por exemplo, Angus, 2015). Ele revela uma profunda e, estou tentado a dizer, propositada má compreensão da alternativa: o Capitaloceno.

Isso porque o Capitaloceno — "a Era do capital" — não é uma defesa da substituição de uma palavra por outra. O argumento do Capitaloceno diz três coisas que a perspectiva do Antropoceno não diz — e não é capaz de dizer. Primeiramente, ele insiste que a história do capitalismo é uma relação entre capital, poder e natureza como um todo orgânico. Ela é uma ecologia-mundo (Moore, 2015a). É uma questão multiespécie.

O capitalismo não é puramente nem econômico nem sistema social, e sim "um complexo historicamente situado de metabolismos e agenciamentos" (Haraway *et al.*, 2015, p. 555). Em segundo lugar, a história do capitalismo não pode ser reduzida à queima dos combustíveis fósseis, na Inglaterra ou onde quer que seja; é a história das relações de poder e (re)produção baseadas na premissa da lógica do dinheiro. Essas relações incluíram o carvão e outras fontes de energia a partir do século XVI; permitiram ondas sucessivas de conquista global e apropriações de Natureza Barata (*Cheap Nature*) ao redor do mundo. Em terceiro lugar, o argumento do Capitaloceno desafia a visão eurocêntrica — e francamente falsa — do surgimento do capitalismo na Inglaterra no século XVIII.

Como revela a réplica de Hamilton ao Capitaloceno, o argumento dominante do Antropoceno pressupõe uma narrativa-padrão. Ela diz que as origens do mundo moderno podem ser encontradas na Inglaterra, em torno do alvorecer do século XIX.[8] A força motriz por trás dessa mudança epocal? Carvão e vapor. A força que impele o carvão e o vapor? Não é a classe. Não é o capital. Nem o imperialismo. Nem mesmo a cultura, e sim... você adivinhou, o *Anthropos*: a humanidade como um todo indiferenciado.

É fácil fazer uma história com o Antropoceno. Ele não desafia as desigualdades, a alienação e a violência naturalizadas, inscritas nas relações estratégicas da modernidade de poder e produção. É uma história fácil de contar, porque não nos pede que pensemos *de modo algum* nessas relações. Reduz o mosaico da atividade humana na teia da vida a uma humanidade abstrata e homogênea. Remove a desigualdade, a mercantilização, o imperialismo, o patriarcado e tantas outras coisas do problema da humanidade-na-natureza. E quando essas relações são, por vezes, reconhecidas, na melhor das hipóteses só existem no discurso do Antropoceno como suplementos posteriores.

Notamos duas grandes dimensões da análise do Antropoceno hoje. Uma é a ênfase estrita na mudança geofísica e nas causas próximas. A segunda é a argumentação voltada para a história e, portanto, para o presente como história. Há deslizes frequentes entre as duas. Nesta última, o argumento dominante do Antropoceno ultrapassa o domínio da ciência do Sistema Terra, indo ao próprio cerne da análise histórica: as questões dialeticamente conectadas da agência histórica e da periodização.

O argumento do Antropoceno toma questões e fatos biogeológicos — voltando-se à presença de diversos sinais estratigráficos significantes (Zalasiewicz *et al.*, 2008; 2011a) — por uma base adequada para a periodização histórica. Duas decisões metodológicas sutis, mas poderosas, sustentam essa abordagem. No primeiro nível, o foco empírico se restringe às consequências da atividade humana. O argumento do Antropoceno encarna então o *viés consequencialista* do Pensamento Verde nas duas culturas. Ele constrói seus argumentos sobre a dominação humana da Terra quase exclusivamente segundo um rol significativo de mudanças biosféricas. Os motivadores de tais mudanças são reduzidos tipicamente a categorias descritivas muito amplas, como "caixas pretas": industrialização, urbanização, população etc. (Steffen *et al.* 2011a; 2011b). A segunda escolha metodológica se volta à construção da humanidade como ator "coletivo" (por exemplo, Zalasiewicz *et al.*, 2011a; Crist, "A pobreza da nossa nomenclatura", neste volume, p. 35). Essa escolha apaga os padrões histórico-geográficos de diferenciação e coerência em favor da simplicidade narrativa. Esse apagamento, assim como a elevação do *Anthropos* a ator coletivo, encorajou muitos desconhecimentos importantes: (i) uma visão neomalthusiana da população (ver especialmente Crutzen,

2002; Fischer-Kowalski, Krausmann & Pallua, 2014; Ellis *et al.*, 2010), ignorando os padrões de formação de família e de movimento da população existentes no sistema-mundo moderno (por exemplo, Seccombe, 1992; 1995; Massey *et al.*, 1999); (ii) uma visão da mudança histórica dominada pelo complexo tecnologia-recurso; (iii) um conceito de escassez extraído das relações de capital, classe e império; e (iv) a atribuição de responsabilidade pela mudança global à humanidade como um todo, em vez das formas do capital e do império que deram à história do mundo moderno sua coerência (ver também Hartley, "Antropoceno, Capitaloceno e o problema da cultura", neste volume, p. 251).

Se resumirmos a perspectiva histórica do Antropoceno, podemos identificar duas estratégias narrativas principais. Primeiramente, são consequências que determinam a periodização. Em segundo lugar, o *Anthropos* impulsiona essas consequências. Os dois enquadramentos têm origem em uma posição filosófica que podemos chamar de dualismo cartesiano (Moore, 2015a). Como em Descartes, a separação entre humanos e o restante da natureza — "os humanos estão sobrepujando as grandes forças da natureza?" (Steffen, Crutzen & McNeill, 2007) — aparece como uma realidade autoevidente. Em sua forma mais simples, essa filosofia coloca a atividade humana em uma caixa e o restante da natureza em outra. É certo que essas duas unidades agentes interagem e se influenciam mutuamente. Mas as diferenças entre e dentro de cada unidade agente não são constitutivas de parte a parte, de tal modo que mudanças em uma impliquem mudanças na outra — embora tais relações sejam às vezes reconhecidas empiricamente (Steffen *et al.* 2011a, p. 845-6). Esse dualismo leva os defensores do Antropoceno a construir o período histórico a partir de 1800 sobre uma base aritmética: "atividade humana + mudança biosférica significativa = o Antropoceno".

Essa perspectiva obscurece as *relações* realmente existentes por meio das quais mulheres e homens fazem história na teia da vida. Certamente, alguns radicais buscaram recuperar o argumento do Antropoceno cristalizando "capitalismo *com* natureza" (Swyngedouw, 2013, p. 16). Mas acho difícil enquadrar tais recuperações com o caráter fundamentalmente burguês do Antropoceno: acima de tudo, o apagamento da especificidade histórica do capitalismo e a implicação de que suas contradições socioecológicas são responsabilidade de todos os humanos.

Perguntas do Antropoceno, respostas do Capitaloceno

O argumento dominante do Antropoceno, portanto, faz uma pergunta à qual é incapaz de responder: *como* humanos se tornaram uma "força geológica"? (Não éramos *já* uma força geológica?) Defensores do Antropoceno, é claro, respondem à pergunta. Mas são respostas, não explicações em qualquer sentido razoável. A maioria dessas respostas se concentra em fatores demográficos e tecnológicos, ainda que coeficientes adicionais sejam frequentemente reconhecidos — consumismo, liberalização do comércio, fluxos de investimento etc. Esses implicam mas não se relacionam diretamente a questões de poder, trabalho e capital. A identificação de múltiplas "trajetórias" do Antropoceno é bastante descritiva e pouco explicativa.

Incapaz de explicar *como* a presente crise está se desdobrando, o argumento do Antropoceno é cativo das próprias estruturas de pensamento que criaram a presente crise. No núcleo dessas estruturas, está o dualismo cartesiano. O termo é uma das minhas abreviações possíveis.

Esse dualismo deve seu nome ao famoso argumento de René Descartes sobre a separação de mente e corpo. Descartes com certeza não merece toda a culpa. Ele personificou um movimento científico e, sobretudo, filosófico que encorajou

> uma estrita e total divisão, não apenas entre atividade mental e corporal, mas entre mente e natureza e entre humano e animal. Uma vez que a mente se torna puro pensamento — pura *res cogitans* ou substância pensante, mental, incorpórea, sem localização nem corpo —, o corpo, como seu outro dualizado, se torna pura matéria, pura *res extensa*, materialidade como falta. Uma vez que mente e natureza se tornam substâncias completamente diferentes em espécie e mutuamente exclusivas, é realizada a divisão dualista de reinos, e a possibilidade de continuidade é destruída nas duas pontas. O nível intencional e psicológico da descrição é, assim, arrancado do corpo e isolado estritamente em um mecanismo separado da mente. O corpo, desprovido de tal nível de descrição e, logo, de qualquer capacidade de agência, torna-se um mecanismo vazio que não possui agência ou intencionalidade dentro de si, mas é dirigido de fora pela mente. O corpo e a natureza se tornam o outro dualizado da mente. (Plumwood, 1993, p. 115)

Certamente os humanos já haviam reconhecido uma diferença entre "primeira" e "segunda" natureza e entre corpo e espírito há algum tempo (Cícero, 1933). *No entanto*, o capitalismo foi a primeira civilização a se organizar sobre essa base. Para o materialismo do início da modernidade, a questão não era apenas interpretar o mundo, mas controlá-lo: "nos tornamos como que senhores e possessores da natureza" (Descartes, 2006, p. 51 [2001, p. 69]). Essa sensibilidade foi um princípio-chave organizador para uma civilização capitalista emergente.

Assim, o dualismo cartesiano é um problema não apenas porque é filosoficamente problemático, mas porque está *praticamente* conectado com uma forma de pensar o mundo — ontologicamente (o que é?) e epistemologicamente (como sabemos?) — forjada entre os séculos XV e XVIII.

Esses séculos viram a ascensão do capitalismo. A maioria das pessoas — e dos pesquisadores — ainda pensa o capitalismo como uma questão de "economia". Mercados, preços, dinheiro e tudo isso — não necessariamente a coisa mais interessante de se pensar. E se, em vez de pensar "capitalismo = economia", nos perguntássemos se o "capitalismo" não é algo muito mais profundo? Uma alternativa é pensar sobre a ascensão do capitalismo como uma nova forma de organizar a natureza e, portanto, uma nova forma de organizar as relações entre trabalho, reprodução e as condições de vida. Mercados, preços e dinheiro ainda são importantes nesse cenário. Mas essa alternativa nos permite começar a ver de que maneira todo mercado, todo preço e todo movimento e acumulação de dinheiro estava atado à natureza extra-humana — e ao trabalho humano também, muitas vezes não remunerado.

Em vez de compreender o capitalismo como economia-mundo, começaríamos a entendê-lo como *ecologia-mundo*. Desse ângulo, três processos históricos entrelaçados foram fundamentais. Um deles foi o que Marx (1977, parte VIII [2011, cap. 24]) chamou de acumulação primitiva. Essa acumulação implicou uma gama de processos que tornou humanos dependentes da lógica do dinheiro para sua sobrevivência. Cientistas sociais chamam isso de "proletarização", conceito que tomou uma enorme variedade de formas. Quase sempre parcial ("semiproletarização"), tem a ver com a transformação da atividade humana em força de trabalho, passível de "troca" no sistema da mercadoria — às vezes chamado de "mercado de trabalho". Ainda que se pense que a atividade humana é, de algum modo, independente da natureza, não há como evitar um fato: a proletarização tinha suas raízes na governança da natureza e na substituição do costume e do comum pela ditadura da mercadoria. Por vezes, os camponeses expulsos da terra acabavam nas cidades. Por vezes, eles eram despossuídos e mantidos na terra, reduzidos ao nível mais baixo da hierarquia dos servos e forçados ao trabalho agrário em troca de salários — ou à neosservidão, como na Polônia — para adquirir o que seus pequenos lotes de terra não podiam prover. E, por vezes, os proletários não pareciam *proletários* de modo algum — por exemplo, escravizados africanos nas plantations de açúcar brasileiras e caribenhas (Mintz, 1978). Como assalariados na Inglaterra e no Peru, no século XVII, escravizados também dependiam da lógica do dinheiro para sobreviver.

A proletarização nunca foi principalmente *econômica*; foi um produto de novas formas de poder territorial que emergiram depois de 1450. Eis o nosso segundo processo. O antigo poder territorial — as jurisdições sobrepostas e a autoridade pessoalizada da Europa medieval — ruíra na longa crise feudal (1315-1453). As classes dominantes do centro-oeste europeu haviam tentado restaurar os sistemas de trabalho feudais — e falharam. Os mais dinâmicos dos novos Estados deviam seu dinamismo a uma aliança entre capitalistas que eram muito mais do que mercadores. Foi a aliança das coroas ibéricas com capitalistas genoveses que, literalmente, criou o espaço que tornou o capitalismo possível. Em seus primeiros séculos, o capitalismo ou era transatlântico, ou não era nada (Moore, 2003a; 2003b; 2007). Os novos impérios — mas também as transformações internas dos Países Baixos e da Inglaterra — foram possibilitados por um novo tipo de poder, em cujo centro estava a generalização da propriedade privada. Uma nova práxis da propriedade privada moderna, portanto, emergiu nesses séculos. Seu "objetivo estratégico" era separar o campesinato do acesso à terra não mediado pelo mercado: terra arável e pastável, florestas, pântanos e todo o resto (Sevilla-Buitrago, 2015). Essa era a condição fundamental da proletarização, e, como a proletarização, esses cercamentos e despossessões eram enormemente variados. Também o eram os Estados e impérios que buscaram esse objetivo estratégico. Sua "função central" era "a manutenção interna e a defesa externa do regime da propriedade privada" (Teschke, 2006, p. 51; Parenti, "Criação de ambiente no Capitaloceno", neste volume, p. 273). E podemos acrescentar o fato de que esses Estados e impérios foram igualmente centrais para a reprodução expandida e globalizante do regime de propriedade.

Nosso terceiro grande processo histórico ativou novas maneiras de conhecer o mundo. Elas eram puramente simbólicas, mas muito mais do que simbólicas. A condição persistente de transformar a atividade humana em força de trabalho, e a terra em propriedade, foi um regime de conhecimento simbólico baseado na separação — *na alienação*. Pensemos no novo regime de conhecimento como uma série de "revoluções científicas" no sentido mais amplo do termo. Esse regime tornou possível iniciar e sustentar um processo que hoje ameaça a todos nós: colocar a totalidade da natureza a serviço do capital. O trabalho da "ciência" era fazer a natureza legível para a acumulação do capital — transformando-a em unidades de Natureza e contraposta às forças do capital e do império. O trabalho da "economia" era canalizar essa alienação por meio da lógica do dinheiro. O trabalho do "Estado" era impor a lógica do dinheiro. É claro, essa "separação da natureza" era ilusória: humanos jamais poderiam escapar da natureza. Mas os termos da relação *de fato* mudaram. E esses termos cambiantes de Humanidade/Natureza — um processo longo e complexo — juntaram o simbólico e o material. Foi uma *práxis-mundo* para refazer o mundo à imagem do capital.

Dizer "práxis" invoca um processo contínuo de autorreflexão do capital e de sua capacidade de inovação — simbólica e materialmente —, pois nenhuma civilização foi tão adepta da superação dos próprios limites. O novo regime de conhecimento deu primazia ao dualismo, à separação, à matematização, à agregação de unidades. Suas inovações, agrupadas em revoluções científicas, foram ao mesmo tempo produtoras e produtos das duas transformações prévias — do trabalho (proletarização) e da terra (propriedade). No centro das novas estruturas de pensamento estava um modo de distinção que presumia a separação. A mais fundamental dessas separações era Humanidade/Natureza. Algumas pessoas se tornaram Humanos, membros de algo chamado Civilização ou Sociedade, ou ambos — como na "sociedade civilizada" de Adam Smith (1937, p. 14). Desde o início do capitalismo, no entanto, a maioria dos humanos ou estava excluída da Humanidade — indígenas das Américas, por exemplo — ou era designada como *parcialmente* Humanos, como o eram praticamente todas as mulheres europeias. Tal qual as propriedades, as fronteiras simbólicas entre quem era — e quem não era — parte da Natureza (ou da Sociedade) tinham a tendência de mudar e variar; elas eram frequentemente esfumadas e também flexíveis. Mas havia uma fronteira, e muito do início da história da raça e do gênero acontece nas batalhas sobre essa linha (hoje isso é muito diferente?).

Aquela fronteira — a divisão Natureza/Sociedade que o Antropoceno afirma, e muitos de nós questionamos agora — foi fundamental para a ascensão do capitalismo, pois permitiu que a natureza se tornasse Natureza — ambientes sem Humanos. Mas notem a inicial maiúscula: a Natureza estava cheia de humanos tratados como Natureza. E o que isso significava? Que a teia da vida podia ser reduzida a uma série de objetos externos — mapeados, explorados, mensurados, calculados para saber o que a Natureza poderia fazer em prol da acumulação do capital. E a substância daquele valor? Era a produtividade do trabalho humano — mas não todo *trabalho humanamente produtivo* —, medida em relação às suas dimensões culturais, biofísicas e cooperativas. Era o trabalho humano abstrato, visto pela média, desprovido de todo significado, a não ser um: o valor como a média de tempo de trabalho para se produzir a mercadoria média.

Para isso, tomaram forma não apenas novas concepções de natureza — como Natureza externa — como também novas concepções de tempo e de espaço. Por uma boa razão, Mumford (1934, p. 14) nos diz que a "máquina-chave" da modernidade não é o motor a vapor, e sim o relógio mecânico, a expressão física de uma ideia que abalou o mundo: o tempo linear. O relógio, Marx (1979, p. 68) enfatiza, foi a "primeira máquina automática aplicada a propósitos práticos". E não foram apenas trabalho e tempo que passaram por essa revolução da abstração do início da modernidade. Sucessivas transformações cartográficas tornaram possível, a partir do século XV, uma nova apreensão extraordinária da geografia. Na nova cartografia, a geografia foi purificada de suas incômodas particularidades e significados. Ela se tornou "espaço como pura quantidade" (Biggs, 1999, p. 377). Tornou-se espaço abstrato — e, portanto, Natureza abstrata.

Aqui conseguimos começar a ver as estruturas de pensamento da modernidade como mais do que "superestruturas". Transformar trabalho em força de trabalho e terra em propriedade privada era transformar natureza em Natureza. Na mesma medida, essa transformação produziu a Sociedade como algo fora da Natureza, para que a Sociedade pudesse melhor transformar a Natureza em um conjunto de unidades discretas, em um repertório de objetos e fatores de produção calculáveis. Marx nos diz, celebremente, que as relações entre capital e trabalho "escorrem sangue e lama" (Marx, 1977, p. 926 [2011, p. 830]). Esse não é também o caso do dualismo Sociedade e Natureza? Fazemos bem em compreender Sociedade e Natureza não só como falsas mas também como abstrações *reais* com força efetiva no mundo. Destacando o dualismo cartesiano como uma fonte-chave do problema — adotado inconscientemente pelo argumento do Antropoceno —, buscamos dar sentido a três grandes procedimentos de pensamento que moldaram o mundo moderno: (i) a imposição de um "status ontológico sobre entidades (substâncias) em oposição a relações (isto é, energia, matéria, pessoas, ideias etc. se tornaram coisas)"; (ii) a centralidade da "lógica do ou/ou (em vez de tanto/quanto)"; e (iii) a "ideia de um controle proposital sobre a natureza por meio da ciência aplicada" (Watts, 2005, p. 150-1; Glacken, 1967, p. 427).

Esses procedimentos de pensamento dominam o arcabouço do Antropoceno de várias formas — não menos em sua adoção de soluções técnicas, tais como a geoengenharia (ver Altvater, "O Capitaloceno, ou a geoengenharia contra as fronteiras planetárias do capitalismo", neste volume, p. 225). O que desejo enfatizar, no entanto, diz respeito ao caráter fundamentalmente substancialista e aritmético da perspectiva do Antropoceno, firmemente enraizado em um modelo que "*agrega* tendências socioeconômicas e do Sistema Terra" (Steffen *et al.*, 2015, p. 88). O modelo é fortemente descritivo, produzindo representações visuais poderosas da "Grande Aceleração".[9] Fortemente descritivo, talvez — mas analiticamente anêmico. Natureza e Sociedade não são problematizadas; os conceitos são confundidos com processos históricos de fato existentes, em que o capitalismo é ativamente moldado pela teia da vida — e vice-versa. Em suma, a perspectiva *integra* fatores sem sintetizá-los. O todo real do poder, do capital e da natureza entrelaçados na história do mundo moderno está ausente. E, ainda mais problemático, a adição da Natureza e da Sociedade faz uma defesa da totalidade que mina os esforços para forjar uma nova síntese pós-cartesiana da humanidade-na-natureza.

Desafiando o mito da Revolução Industrial: de "trabalho" e "energia" a trabalho/energia

A Revolução Industrial é o norte do Pensamento Verde. No pensamento social moderno, nenhuma narrativa é tão poderosa quanto a ideia de que *isto tudo* — o capitalismo, a civilização industrial e todo o resto — começou com o carvão e o vapor. Marxistas Verdes (*Marxist Greens*) pouco alteraram a narrativa — mesmo quando preferem falar em capitalismo em vez de indústria. Enzensberger (1974, p. 4) cristalizou a perspectiva Verde em seu ensaio emblemático de 1974: "as sociedades industriais desta terra estão produzindo contradições ecológicas, que deverão levar a seu colapso no futuro". A posição marxista é mais matizada e histórica: os combustíveis fósseis possibilitaram a "generalização" das relações e forças de produção capitalistas (Huber, 2009; Malm, 2013). Ambas as perspectivas estão fundadas sobre uma visão de capitalismo e de natureza que é substancialista, em vez de relacional. Nessa narrativa, os combustíveis fósseis se tornam a fagulha que inflama o circuito do capital e desencadeia o dinamismo do crescimento econômico moderno. Disso se segue naturalmente "a destruição da natureza em escala planetária" (Deléage, 1989).

O que está errado nessa narrativa? No fim das contas, muita coisa. Ainda que tomemos a interpretação convencional da história ambiental, a narrativa do capital fóssil ignora a revolução epocal na mudança da paisagem que ocorreu entre 1450 e 1750. Mas, se formos adiante — e, dadas as realidades urgentes da mudança biosférica hoje, precisamos ir adiante —, veremos que a ascensão do capitalismo no século XVI baseou-se em uma lei fundamentalmente nova de criação de ambiente. A "lei do valor" do capitalismo foi, na verdade, uma lei da Natureza Barata. Ela era "barata" em um sentido específico, empregando as capacidades do capital, do império e da ciência para se apropriar gratuitamente de trabalho/energia das naturezas globais no alcance do poder capitalista.

O conceito de trabalho/energia paira sobre esse argumento (Moore, 2015a). Ele nos permite penetrar a névoa cartesiana que circunda a unidade do trabalho humano e extra-humano. A observação de Marx de que a indústria de larga escala é um mecanismo para transformar "sangue em capital" não era mera polêmica; era uma forma de enfatizar as maneiras pelas quais a relação do capital converte trabalho/energia de *todas* as naturezas em uma cristalização, francamente estranha, de riqueza e poder: o valor. Trabalho/energia nos ajuda a repensar o capitalismo como um conjunto de relações por meio das quais a "capacidade de executar um trabalho" — por humanos e naturezas extra-humanas — é transformada em valor, entendida como tempo de trabalho socialmente necessário (trabalho social abstrato). "Trabalho/energia" (ou trabalho/energia *potencial*) é passível de capitalização — isto é, força de trabalho comodificada pela lógica do dinheiro — ou de apropriação por meios não econômicos, como no trabalho de um rio, uma cachoeira, uma floresta ou algumas formas de reprodução social. Meu pensamento sobre trabalho/energia se inspira na visão de White

> [da] energia como capacidade de executar trabalho. Trabalho, por sua vez, é o produto de uma força agindo sobre um corpo

> e a distância que o corpo é movido na direção dessa força. Ao empurrar uma rocha pesada, gasta-se energia e executa-se trabalho; a quantidade de cada um depende do tamanho da pedra e para quão longe ela é empurrada. O peso e o fluxo da água produzem a energia que permite que rios executem o trabalho de mover rocha e solo: quanto maior o volume de água no rio e mais íngreme o gradiante de seu leito, maior sua energia potencial. (White, 1995, p. 6)

O esboço de White se concentra sobre o trabalho/energia geofísico implicado na geografia histórica de um rio (o Rio Columbia, nesse caso). Trabalho/energia também tem a ver com a vida orgânica: fotossíntese, caça, ter filhos. O que merece atenção é *como* o capitalismo incorpora trabalho/energia em sua (re)produção de riqueza, vida e poder. A alternativa trabalho/energia vê o metabolismo por meio da dupla internalidade: fluxos de poder e capital na natureza, fluxos de natureza em capital e poder. Metabolismo, nessa perspectiva, é quase sempre mais bem entendido como uma questão de deslocamentos, e não de fendas (Moore, 2015a, p. 75-90).

O metabolismo de trabalho/energia do capitalismo é crucial porque lapida nosso foco na maneira como o trabalho humano se desdobra no *oikeios*: a relação pulsante, renovadora e, às vezes, exaurível da vida planetária. O gênio do capitalismo — um gênio mórbido — foi encontrar maneiras, na cultura, na ciência e no Estado, de se apropriar dos fluxos de trabalho/energia de graça ou a baixo custo. Vemos que — e não esteve sempre diante de nossos olhos? — as grandes revoluções "econômicas", impulsionando a produtividade do trabalho dentro do sistema da mercadoria, são sempre acompanhadas por "novos" imperialismos, "novas" ciências, "novas" formas de poder estatal. O capitalismo sempre floresceu, como arquipélagos de relações comodificadas dentro de oceanos de atividade vital não comodificada, viva e (no caso dos combustíveis fósseis) morta.

Comecemos com a ideia geral da narrativa da Revolução Industrial. Essa narrativa nos conta que o capitalismo — ou a Humanidade, na narrativa do Antropoceno — começa sua jornada para "sobrepujar" a natureza planetária em algum momento por volta de 1800. Molda-se por um tipo peculiar de binômio passado/presente: a totalidade da história, ao menos desde a Revolução Neolítica, é jogada na lixeira do "pré-industrial". A maioria dos pesquisadores sabe bem que civilizações transformaram ambientes de maneiras significativas muito antes do século XIX. Mas, ou assim conta a narrativa, as mudanças realmente importantes ocorreram depois desse momento.

Essa narrativa convencional não abrange algo expressivo. Nos três séculos posteriores a 1450, ocorreu a maior revolução de paisagem na história humana. "A maior" em três sentidos: velocidade, escala e escopo. Essa revolução estava centrada no mundo atlântico, ele mesmo uma criação do início do capitalismo. Pela primeira vez na história humana, uma divisão de trabalho transoceânica durável sustentava a acumulação de riqueza. Porque aquela riqueza era *capital* e baseava-se em um tipo muito diferente da que então existia na Europa medieval. A inovação definidora do início do capitalismo foi sua inversão da antiga primazia da produtividade da terra. A produtividade do trabalho dentro de uma zona muito estreita — produção e troca de mercadorias — passou a exercer um domínio cada vez maior. Em um primeiro momento, a dominação foi irregular e experimental, mas foi, de todo modo, decisiva. Ela postulou a regra da reprodução civilizacional — a produtividade do trabalho dentro da produção de mercadorias —, permitindo algo bastante novo a atividades territoriais e capitalistas: colocar toda a natureza — ao menos, aquelas naturezas humanas e extra-humanas a seu alcance — a serviço do avanço da produtividade do trabalho. Muito antes de o termo ser cunhado por economistas, a natureza se tornou um fator de produção: Natureza.

Sejamos claros sobre a distinção entre natureza e Natureza: a maioria dos humanos fazia parte da Natureza, e essa designação funcionava de acordo com as novas divisões do trabalho. Um escravizado africano não era parte da Sociedade na nova ordem capitalista, mas parte da Natureza — adicionando uma nuance pós-cartesiana à caracterização da escravidão como "morte social" (Patterson, 1982 [2009]). A maioria do trabalho *humano* não era força de trabalho e, portanto, a maioria dos humanos dentro da força gravitacional do capital não era, ou não realmente, Humana. Desse modo, o reino da Natureza — uma formação ontológica e práxis-mundo — englobava virtualmente todas as pessoas de cor, a maioria das mulheres e a maioria das pessoas com pele branca provenientes de regiões semicoloniais (por exemplo, Irlanda, Polônia etc.).

Inserir a maioria dos humanos na categoria da Natureza, e não na da Humanidade, possibilitou um audaz ato global de contabilidade. Por um lado, o decisivo era o trabalho reproduzido — direta ou indiretamente — por meio da lógica do dinheiro. Isso incluía muito mais pessoas no capitalismo do início da modernidade do que os pesquisadores costumam reconhecer, questão sobre a qual trataremos posteriormente neste ensaio. Por outro lado, o volume de trabalho reproduzido pela lógica do dinheiro dependia de um volume muito maior de trabalho fora dessa relação — mas dentro do alcance do poder capitalista. Assim, a apropriação de "mulheres, natureza e colônias" é a condição fundamental da exploração da força de trabalho no sistema da mercadoria (Mies, 1986, p. 77). Essa é a desproporcionalidade, no cerne do capitalismo, entre trabalho remunerado, reproduzido pela lógica do dinheiro, e trabalho não remunerado, reproduzido fora do circuito do capital, mas indispensável à reprodução expandida. Todo ato de produzir mais-valor, então, depende de um ato desproporcionalmente maior de apropriação de trabalho não remunerado de naturezas humanas e extra-humanas.

Uma vez reconhecida essa desproporcionalidade — entre trabalho produzido dentro e fora da lógica do dinheiro —, a questão do trabalho se torna central em nosso pensamento sobre a natureza. O capitalismo é um sistema movido pela competição na esfera produtiva — o que implica a produtividade ascendente do trabalho e maior taxa de produtividade por hora de tempo de trabalho necessário —, e, portanto, deve se apropriar de esferas cada vez maiores de natureza não capitalizada. Todo o sistema funciona, como economistas ecológicos há tempos enfatizam, porque o capital paga apenas por um conjunto de custos e trabalha arduamente para manter todos os outros fora da contabilidade. Centralmente, esses são os custos de reprodução da força de trabalho, do alimento, da energia e das matérias-primas.

A tecnologia, então, opera segundo essa desproporcionalidade. Ela funciona não apenas para avançar a produtividade do trabalho, mas para se apropriar de uma massa física crescente de trabalho/energia não remunerado, oriundo de múltiplas naturezas. Vemos isso em funcionamento na longa história da mecanização capitalista. Os engenhos de açúcar do século XVI, os motores a vapor do século XVIII, as linhas de montagem fordistas — todos estavam baseados na apropriação de Naturezas Baratas. O sistema da plantation foi construído sobre terra e trabalho baratos (*Cheap land and labor*); os motores a vapor se desenvolveram na entrada das minas de carvão; as linhas de montagem fordistas não tinham valor sem petróleo, aço e carvão baratos (*Cheap oil, steel and coal*). A abundância de combustíveis fósseis baratos

(*Cheap fossil fuels*) permitiu ao capital solucionar seu maior problema antes de 1830 — a recorrente "subprodução" de alimento, energia e matérias-primas devido ao avanço da produtividade do trabalho em centros industriais (Marx, 1981, p. 205-19; Moore, 2015a). Desde a década de 1970, porém, as possibilidades de obter Natureza Barata diminuíram. Esse fechamento progressivo — das fronteiras de Natureza Barata do capitalismo — pôs em movimento uma nova tendência, amplamente discutida em termos de neoliberalismo, reimposição da dominação do mercado e desigualdade em forte crescimento entre ricos e pobres. Amiúde tido como um triunfo, o que vimos na verdade é a exaustão de um modelo de séculos de apropriação de trabalho/energia não remunerado fora da lógica do dinheiro. Agora, cada vez mais, empresas devem *capitalizar* em vez de se apropriar: é o caso da pecuária intensiva, das plantations de árvores ou da aquicultura desde a década de 1970. Racionalizando essencialmente a produção primária pela lógica do dinheiro, essa capitalização traz benefícios no médio prazo (crescimento da produtividade do trabalho) mas também custos crescentes de produção. Os custos de reprodução socioecológicos começam a aparecer cada vez mais "na contabilidade".

A conclusão é que a não linearidade da "Grande Aceleração" do Antropoceno não pode ser explicada por meio da tecnologia, da população ou mesmo "da economia" enquanto tal. A organização do trabalho — dentro e fora da lógica do dinheiro, em todas as suas formas generificadas, semicoloniais e racializadas — deve estar no centro de nossas explicações e de nossa política. A questão do trabalho e a questão da natureza estarão intimamente conectadas na política do século XXI. De fato, elas já estão.

Se pensarmos sobre o trabalho nesses termos mais amplos, uma visão diferente da história entra em foco. Mantemos nossa atenção nas consequências "ambientais" — quase sempre impostas sobre aquelas criaturas, incluindo os humanos, que estão *fazendo o trabalho*. Mas não somos mais cativos de uma visão da história baseada em consequências. Se de fato o capitalismo é definido pelo comprometimento com a acumulação infinita, então nosso ponto de partida — e de retorno — deve ser o trabalho. O que Marx entendeu melhor do que a maioria dos marxistas é que o capitalismo "funciona" porque ele organiza o *trabalho* como um processo multiespécie (Marx, 1977, p. 238 ss. [2011, p. 231 ss.]; Moore, 2015a; Hribal, 2003; Haraway, 2008). Longe de minar a conceitualização de valor de Marx, no entanto, a crítica pós-cartesiana a reforça. Muitas espécies — e processos biológicos e geológicos — executam, para o capital, um trabalho que *não pode* ser "valorado" em um sistema que só valoriza o trabalho remunerado. A não linearidade da Grande Aceleração é o resultado lógico de uma "lei do valor" baseada no aumento da produtividade do trabalho dentro de uma zona muito restrita: o trabalho remunerado. À medida que a produtividade laboral avança, há uma progressão geométrica de múltiplas naturezas, resultando em mudanças abruptas e rápidas na criação de ambiente. Tal perspectiva, centrada no trabalho, enraíza a geografia histórica da acumulação infinita em sistemas de poder, conhecimento e tecnologia que buscam a expansão infinita de trabalho/energia — humano e extra-humano, remunerado e não remunerado.

Eis então um limite intransponível entre os argumentos do Antropoceno e do Capitaloceno. Tomando a centralidade do trabalho como essencial para nosso pensamento sobre o capitalismo — ontologicamente (como ele é definido) e epistemologicamente (como o conhecemos e sua história) —, temos uma visão relacional do trabalho, da energia e da (re)produção desde 1492. Desse ângulo, uma visão muito diferente do problema do Antropoceno aparece: como as origens de um novo padrão de criação de ambiente começaram no mundo atlântico durante o "longo" século XVI.

A diferença está relacionada a interpretações históricas divergentes — e também a diferenças na estratégia política. Localizar as origens da modernidade no motor a vapor e nas minas de carvão é priorizar sua desativação, bem como de suas versões no século XXI. Localizar as origens do mundo moderno na ascensão capitalista depois de 1450, com suas audazes estratégias de conquista global, mercantilização infinita e incansável racionalização, é priorizar uma política muito diferente, que busque a transformação fundamental das relações de poder, conhecimento e capital constitutivas do mundo moderno. Desativar uma termelétrica a carvão desacelerará o aquecimento global por um dia; desativar as relações que criaram a termelétrica a carvão pode cessá-lo definitivamente.

O apagamento das origens do capitalismo no início da modernidade e sua extraordinária transformação das naturezas globais muito antes do motor a vapor tem, portanto, alguma importância — analítica e politicamente. Qualquer historiador dirá que a maneira como se periodiza a história molda decisivamente a interpretação dos acontecimentos e as escolhas sobre as relações decisivas. Se iniciarmos o cronômetro em 1784, com o motor rotativo a vapor de James Watt (Crutzen, 2002), teremos uma visão muito diferente da história — e da modernidade — do que se começarmos com as revoluções agrárias inglesas ou holandesas, com Colombo e a conquista das Américas, com os primeiros sinais de uma transição epocal na transformação da paisagem depois de 1450. Estamos realmente vivendo no *Antropoceno*, com seu retorno a uma visão curiosamente anglocêntrica da humanidade e sua confiança em noções atrofiadas de determinismo tecnológico e de recursos? Ou estamos vivendo no *Capitaloceno*, a era histórica moldada pelas relações que privilegiam a acumulação infinita do capital?

O argumento do Capitaloceno entende o capitalismo como uma ecologia-mundo situada e multiespécie de capital, poder e (re)produção. Assim, contrapõe — veementemente — o caso de amor do Antropoceno com o modelo de dois séculos da modernidade: sociedade *industrial*, civilização *industrial*, capitalismo *industrial*. O modelo obscureceu a impressionante recriação da terra e do trabalho, que começa no longo século XVI, em torno de 1450-1640, assunto de uma extraordinária historiografia do pós-guerra.[10] Apenas em algumas ocasiões os historiadores enquadraram suas análises em relação ao capitalismo, mas ninguém questionava o fato de que as transformações de economias e paisagens do início da modernidade estavam intimamente ligadas.[11] Desde a década de 1970, consideradas todas as distintas ênfases geográficas e diferenças interpretativas, a visão da *primeira* modernidade como *verdadeira* modernidade perdurou.[12] Para alguns, essa contínua "revolta dos primeiros modernistas" (Zanden, 2002) não chegou nem perto: o período decisivo começa em algum momento logo após a virada do milênio (Zanden, 2009; Levine, 2001; Arrighi, 1994 [1996]; Mielants, 2007).[13] No entanto, o Pensamento Verde foi lento — *muito* lento — para pensar fora da caixa dos dois séculos. A industrialização ainda aparece com frequência como um *deus ex machina* que se materializa no palco da história mundial por meio do carvão e da energia a vapor.

No terreno reivindicado pelo argumento do Antropoceno, podemos considerar de que modo as relações definidas do início do capitalismo — coproduzidas na teia da vida

— transformaram o carvão de uma rocha no subsolo em combustível fóssil. O apelo pela relacionalidade da humanidade-na-natureza não nega a materialidade dos recursos. Longe disso. A alternativa da ecologia-mundo defende que os recursos são relacionais e, portanto, históricos. A geologia é um "fato básico": ela se torna um "fato histórico" por meio do caráter coproduzido da produção de recursos, desdobrando-se ao longo da lógica humano/extra-humano: o *oikeios* (Carr, 1962 [1982]; Moore, 2015a, p. 33-50; Harvey, 1974).

A geologia, em outras palavras, se torna *geo*-história por meio de relações definidas de poder e produção; tais são geográficas, isto é, não são relações apenas entre humanos. (Qualquer ponto de vista geográfico se desenvolve da premissa de que a atividade humana é sempre ontologicamente coincidente com suas condições geográficas e consequências.) No caso da produção de carvão, podemos notar que a revolução inglesa não começou no século XVIII, e sim na primeira metade do século XVI: saltou de cinquenta mil toneladas (1530) para 210 mil toneladas (1560) e 1,5 milhão de toneladas em 1630. A essa altura, a maioria dos campos de carvão importantes da Inglaterra estava sendo explorada. A produção continuou a subir, dobrando para 2,9 milhões de toneladas na década de 1680. Se o Antropoceno não começa em 1800, mas no longo século XVI, começamos a fazer perguntas muito diferentes sobre os causadores da crise da ecologia-mundo no século XXI. A rápida ascensão na extração do carvão inglês depois de 1530 dirige nossa atenção para as relações de acumulação primitiva e para a estrutura de classes agrária, para a formação do mercado mundial moderno, para novas formas de mudança da paisagem centradas na mercadoria, para novas máquinas de poder estatal. Essa linha argumentativa aparece apenas para retornar às relações sociais porque o legado do pensamento cartesiano continua a nos dizer que a formação do Estado, a estrutura de classes, a mercantilização e os mercados mundiais são puramente relações entre humanos… *mas* não são. Eles também — Estados, classes, produção e troca de mercadoria — são conjuntos de natureza humana e extra-humana. São processos e projetos que reconfiguram as relações da humanidade-na-natureza dentro de geografias grandes ou pequenas.

As origens da crise ecológica: da história geológica à geo-história

O capitalismo em 1800 não era nenhuma Atena, projetando-se, já crescida e armada, da cabeça do carbonífero Zeus. As civilizações não se formam por meio de Big Bangs; elas emergem de transformações em cadeia e bifurcações da atividade humana na teia da vida. Essa cadeia tem origem no caos que se seguiu à crise epocal da civilização feudal após a peste negra (1347-1353), acompanhada da emergência de um "vasto, mas fraco" capitalismo no longo século XVI (Braudel, 1961). Se vamos pontuar uma nova era das relações humanas com o restante da natureza, observemos esses séculos, centrados geograficamente nas irrestritas relações direcionadas à mercadoria do Atlântico do início da modernidade. Retomando, agora sem nuances: a ascensão do capitalismo depois de 1450 marcou um ponto de virada na história da relação da humanidade com o restante da natureza. Foi maior do que qualquer outro divisor de águas desde o surgimento da agricultura e das primeiras cidades. E, de modo relacional, foi *ainda maior do que o surgimento do motor a vapor*.

A ascensão do capitalismo após 1450 marcou uma mudança epocal de escala, velocidade e escopo da transformação da paisagem na geografia do capitalismo nascente. No longo século XVII, o desmatamento da bacia do Rio Vístula e da Mata Atlântica brasileira ocorreu em escala e velocidade de cinco a dez vezes maior do que qualquer coisa vista na Europa medieval (Moore, 2007, 2010b; Darby, 1956; Williams, 2003). A Europa feudal havia levado séculos para desmatar grandes áreas do oeste e do centro do continente. Após 1450, no entanto, um desmatamento comparável ocorreu em décadas, não em séculos. Para mencionar apenas um exemplo, na Picardia (nordeste da França) medieval, retirar doze mil hectares de floresta levou duzentos anos, com início no século XII (Fossier, 1968, p. 315). Quatro séculos depois, no Nordeste do Brasil, durante o auge do açúcar na década de 1650, doze mil hectares de floresta seriam derrubados em um único ano (Moore, 2007, cap. 6). Essas são pistas preciosas para uma transição epocal nas relações de poder, riqueza e natureza que ocorreram durante o curso da longa crise medieval e na mudança geracional que começou após 1450.

Enquanto o argumento do Antropoceno começa com as consequências biosféricas e vai em direção à história social, uma outra abordagem é plausível, até desejável. Um ordenamento não convencional das crises começaria com as relações entre humanos e o restante da natureza e, assim, iria em direção à mudança geológica e biofísica. Essas consequências, por sua vez, constituem novas condições para sucessivas eras de restruturação do capital durante a *longue durée*.[14] Relações de poder e de produção, elas mesmas coproduzidas dentro da natureza, desdobram e se dobram sobre consequências. O sistema-mundo moderno se torna, nessa abordagem, uma *ecologia-mundo capitalista*: uma civilização que une a acumulação do capital, a busca pelo poder e a produção de natureza como um todo orgânico. Isso significa que capital e poder — e incontáveis outras relações estratégicas — não agem *sobre* a natureza, mas se desenvolvem *através* da teia da vida. Crises são pontos de virada de processos da história mundial — acumulação, imperialismo, industrialização etc. — que não são nem sociais nem ambientais, como se convencionou entender. Em vez disso, esses processos são conjuntos de naturezas humana e extra-humana, praticadas materialmente e possibilitadas simbolicamente.

As origens da Natureza Barata

A ecologia-mundo capitalista começou no longo século XVI. Quase ninguém parece ter percebido a geografia da transformação ambiental global como a pista decisiva para todos os outros momentos de transição. Os ambientalistas procuraram pela máquina moderna e a encontraram: o motor a vapor e todo o resto. Os marxistas procuraram pela estrutura de classe "correta" — trabalhadores assalariados, relações de propriedade burguesas e tudo isso — e também a encontraram. Os economistas procuraram por algo parecido com mercados modernos e mecanismos institucionais favorecendo uma "economia moderna". Essas coisas eram muito importantes. E todos ignoraram algo muito relevante: um novo padrão de criação de ambiente.

Os humanos sempre transformaram os ambientes. Desde o surgimento da civilização, humanos têm feito mudanças ambientais em larga escala. Muitas dessas mudanças — talvez a maioria — poderiam ser caracterizadas como negativas. Tampouco os humanos precisavam da civilização para transformar ambientes em uma escala epocal: veja o ecocídio da megafauna do Pleistoceno na América do Norte.[15] A Europa medieval transformou a ecologia continental, desmatando vastas regiões nos cinco séculos depois do ano 800 — e a confluência de ecologia racional, demografia e estrutura de classe feudal foi central para o fim do feudalismo, enquanto o clima ficava mais úmido e frio depois de 1250.

Essas histórias ambientais se desenrolaram ao longo de centenas — às vezes milhares — de anos. Depois de 1450, transformações iniciadas por humanos seriam medidas em décadas. Nos séculos entre 1450 e 1750, encontramos uma nova era das relações humanas com o restante da natureza: a Era do capital. Seus epicentros foram as sedes do poder imperial e os centros de poder financeiro. Seus tentáculos enrolados em ecossistemas — incluindo-se humanos! — do Báltico ao Brasil, da Escandinávia ao Sudeste Asiático. O Capitaloceno acelerou a transformação ambiental além de tudo o que era previamente conhecido — por vezes, como com o desmatamento, movendo-se em velocidades numa ordem de magnitude maior do que o padrão medieval. Havia, certamente, determinadas mudanças tecnológicas que facilitaram essa revolução de paisagem — examino algumas delas mais adiante. Ao lado das novas tecnologias, havia uma nova *técnica* — um novo repertório de ciência, energia e maquinaria — que visava "descobrir" e se apropriar de novas Naturezas Baratas (Mumford, 1934; Moore, 2015a). Acima de tudo, havia novas maneiras de mapear e calcular o mundo (Moore 2015a, p. 193-220). No entanto, talvez a mudança mais fundamental — e dificilmente detectável pelos contemporâneos — se relacione ao que era *valorizado*.

Todas as civilizações têm leis de valor — prioridades com amplos padrões sobre o que é e o que não é valioso. A mudança decisiva entre a peste negra e a conquista das Américas foi precisamente esta: o valor se deslocou da produtividade da terra nas condições do poder senhorial à produtividade do trabalho nas condições da hegemonia do mercado do mundo moderno, "a base e a atmosfera vital do modo de produção capitalista" (Marx, 1981, p. 205 [2017, p. 122]). Que diferença isso poderia fazer para nosso entendimento da crise biosférica no século XXI? Uma diferença enorme. O deslocamento da terra à produtividade do trabalho como métrica decisiva da riqueza implicou uma abordagem inteiramente nova sobre a relação entre atividade humana e a teia da vida. Pela primeira vez, as forças da natureza foram empregadas para aumentar a produtividade do trabalho humano, mas apenas *certo* trabalho humano, aquele que estivesse inserido na esfera porosa da produção e troca de mercadoria — às vezes enganosamente chamada de "a economia". Todas as outras atividades eram desvalorizadas e apropriadas a serviço do avanço da produtividade do trabalho em uma zona restrita de mercantilização. Assim nascia a Natureza, que implicava e tornava necessário o nascimento da Sociedade, ambas pingando sangue e lama, o contraponto ontológico necessário à separação entre os produtores e os meios de produção.

A condição do surgimento do capitalismo, em outras palavras, foi a criação da Natureza Barata. Mas Barata não é de graça. O termo "Barata" é aqui entendido como trabalho/energia e utilidade biofísica produzida com força de trabalho mínima e diretamente implicado na produção e troca de mercadoria. Essa força de trabalho era, em parte, o segmento da população assalariada, que cresceu rapidamente depois de 1500. Mas a proletarização tomou muitas formas. Do ponto de vista da reprodução — isto é, no grau em que a reprodução social depende da lógica do dinheiro —, a relação proletária chegou muito mais longe, mesmo no longo século XVI. Ela introduziu no capitalismo aquela ampla camada da população que dependia dos fluxos do capital — direta ou indiretamente — para a vida cotidiana e a reprodução intergeracional. Essa camada incluía a população urbana da Europa e da América Latina, que crescia rapidamente, expandindo-se muito mais rápido no período de 1550-1700 do que de 1700-1850 (De Vries, 1984). Incluía também a população escravizada nas Américas, cujo peso demográfico modesto em 1700 — em torno de trezentas mil almas — mascarava sua centralidade para a acumulação de capital ao longo da fronteira do açúcar (Blackburn, 1998, p. 3 [2003, p. 15]; Moore, 2007). Próximo ao fim do século XVII, ela tocou profundamente as áreas rurais do oeste da Europa através da protoindustrialização, centrada em têxteis e tirando vantagem do trabalho das mulheres e do ciclo agrícola sazonal, impelindo consequentemente o crescimento da população (semi)proletária (Seccombe, 1992).

A primeira realização dessa nova lei do valor — uma lei de Natureza Barata — foi, portanto, criar Trabalho Barato. O número de escravizados que desembarcou a cada década nas Américas — principalmente para cultivar açúcar, o plantio comercial original da modernidade — aumentou vertiginosos 1.065% entre 1560 e 1710 (Eltis, 2007). O preço dos escravizados ainda tendia a crescer, um tributo à devastação capitalista da natureza *humana*, mas partindo de uma base muito inferior àquela da folha de pagamento dos proletários europeus. Enquanto isso, a maioria dos europeus tampouco ia bem:

> No Languedoque [...] um "salário em grãos" perdeu metade de seu valor entre 1480 [e] 1600. Em Lyon, [...] o poder de compra de um "salário em trigo" caiu pela metade de seu valor original entre 1500 e 1597. Um "salário em pão" de Modena foi desvalorizado em 50% entre 1530 e 1590, enquanto o salário em Florença declinou 60% entre 1520 e 1600. Em Viena, os salários perderam mais da metade do seu valor em relação a uma cesta de bens padrão entre 1510 e 1590; em Valência, um declínio similar ocorreu entre 1500 e 1600. No sul da Inglaterra,

> o salário de um construtor caiu pela metade de seu valor original em relação a um pacote de mercadorias de subsistência entre 1500-10 e 1610-19 [...]. Os salários das mulheres baixaram ainda mais do que os dos homens [...]. Quando se considera [...] que os trabalhadores pobres não estavam muito acima do piso de subsistência em 1500, o declínio subsequente é algo terrível de se contemplar. A causa subjacente é logo aparente: uma deterioração na relação entre terra e força de trabalho, engrossando as fileiras dos quase sem-terra, derrubando os salários reais, enquanto os pobres dos vilarejos se tornavam cada vez mais dependentes da renda dos salários para permanecer vivos. (Seccombe, 1992, p. 161)

Esse Trabalho Barato não foi de modo algum criado do nada. Ele era uma expressão da luta de classes. Mas uma luta de classes pelo quê? Pelos termos do que seria — e do que não seria — valorizado. E pelos termos de quem e do que contava — e de quem e do que não contava — como Natureza.

A força de trabalho era pouco importante sem uma revolução da produtividade. É claro, os defensores do Antropoceno — e muitos marxistas — nos dizem que o capitalismo inicial não era *realmente* moderno nem realmente capitalista, porque era tecnologicamente inerte e incapaz de sustentar o avanço da produtividade laboral no longo prazo. Essa foi, nos dizem, a era do capitalismo *mercantil* — uma era pré-industrial.

O primeiro capitalismo era realmente pré-industrial? A proposição é difícil de sustentar. A produtividade do trabalho foi disparando em cada setor mercantil fundamental. Na imprensa, a produtividade do trabalho avançou duzentas vezes no século após 1450, com vinte milhões de livros impressos circulando em 1500. Nas colônias açucareiras, novas tecnologias de moinho impulsionaram sucessivamente a produtividade ao longo dos primeiros séculos da modernidade; enquanto isso, as refinarias de açúcar nas cidades europeias, como Amsterdã, eram os únicos estabelecimentos industriais comparáveis às fábricas do século XIX. Na produção de ferro, grandes altos-fornos permitiram que a produção por trabalhador aumentasse cinco vezes entre 1450 e 1650, desmatando e transformando florestas continuamente. No transporte de mercadorias, liderado por firmas na República Holandesa, a produtividade aumentou quatro vezes. Enquanto isso, um novo regime de *construção* de navios, também liderado pelos holandeses, triplicou a produtividade do trabalho. Combinava especialização smithiana (tarefas simplificadas), padronização de peças, inovação organizacional (sistemas de fornecimento integrados) e mudança técnica (serrarias para deslocar trabalho qualificado oneroso). Em todos os lugares, e sobretudo no noroeste da Europa, cresceu o uso de ferramentas de ferro na agricultura. No complexo de metais de cobre e de prata do centro da Europa, a técnica *saigerprozess* de fundição revolucionou a mineração e a metalurgia após 1450. Também após essa data, novos moinhos de água possibilitariam drenagem eficiente e permitiriam uma segunda grande onda de mineração europeia. No Novo Mundo, o processo de amalgamação com mercúrio impulsionou a produção de prata rapidamente depois da década de 1560, especialmente no Peru. De volta à Europa, a rápida difusão da "roda saxônica" na manufatura têxtil triplicou a produtividade do trabalho, amplificada ainda mais pela difusão do moinho pisão nos séculos XV e XVI. Em toda a Europa, notadamente no oeste, o número de moinhos d'água duplicou nos três séculos após 1450, triplicando o cavalo-vapor agregado.[16]

O que sugerem essas transformações? Qualquer explicação adequada deve reconhecer que o controle da terra, outrora uma relação direta com a apropriação do excedente, passou a ser condição para o aumento da produtividade do trabalho na manufatura de mercadorias. Essa transição foi, é claro, tremendamente desequilibrada e bagunçada. Assim, onde perdurou o cultivo camponês na Europa do início da modernidade, a ruptura com os ritmos medievais de transformação da paisagem foi geralmente sutil e gradual — exceto em lugares como na Polônia do século XVII, onde camponeses foram diretamente forçados a se deslocar para zonas silvestres para trabalhar em cultivos comerciais (Moore, 2010b).

No entanto, onde houve penetração da produção de mercadorias primárias, acelerou-se o ritmo da transformação da paisagem. E por quê? Parte da resposta está no ritmo de mudança técnica, que de fato ficou mais rápido — sobretudo o da difusão de técnicas — no "primeiro" século XVI (1450-1557). Mas não creio ter sido o suficiente para causar tamanha mudança epocal na transformação da paisagem. Foram mais importantes a inversão da relação terra/trabalho e a ascensão da produtividade laboral a métrica de riqueza, desenvolvendo-se com base na apropriação de Naturezas Baratas.

O Trabalho Barato e o trabalho produtivo, portanto, precisavam de algo para avançar a lucratividade e acelerar a acumulação do capital: energia, comida e matéria-prima Baratas. Era necessário haver energia térmica Barata para fundir metais, processar cana-de-açúcar e produzir vidro, cerveja, tijolos e tudo mais que o mundo do mercado exigisse. Comida Barata para impedir o aumento do preço da força de trabalho, ou ao menos para que não aumentasse rápido demais. E matéria-prima Barata — madeira para construir embarcações, potassa para tingir têxteis, ferro para tudo — para manter o círculo virtuoso de expansão da produção de mercadorias. Em suma, toda a natureza tinha de ser posta para trabalhar — de uma maneira radicalmente alienante e dinâmica — para que o capitalismo sobrevivesse.

O resultado foi uma revolução da paisagem sem precedentes na história humana. Sua primeira condição foi a conquista do Atlântico. Entre 1535 e 1680, a ecologia-mundo capitalista mais do que dobrou de tamanho, conquistando em torno de quatro milhões de quilômetros quadrados (Chaunu, 1959, p. 148). Essa apropriação do Novo Mundo foi "a estrutura fundamental da primeira modernidade" (Dussel, 1998, p. 11). Tais conquistas incorporaram não apenas vastas áreas de Natureza Barata potencial, mas também a força de trabalho para ativá-la. Em 1500, a Espanha sozinha tinha "colonizado mais de dois milhões de quilômetros quadrados (uma área maior do que toda a Europa central) e mais de 25 milhões (uma estimativa baixa) de indígenas, *muitos dos quais foram integrados em um sistema de trabalho que produz valor (no sentido estrito de Marx)* para a Europa central (Dussel, 1998, p. 11-2, grifos meus).

Complementam esses números impressionantes o novo desejo do capital por Natureza Barata dentro da Europa. Nos Países Baixos, uma revolução agrícola permitiu que três quartos da mão de obra holandesa trabalhassem fora da agricultura. Foi uma "revolução" porque — como a subsequente revolução agrícola inglesa — aumentou a produtividade laboral e removeu trabalho da área rural (Bavel, 2001; 2010). No fim do século XVI, as safras de trigo atingiram seu auge, alcançando um nível que não foi ultrapassado até o fim do XIX (Bieleman, 2010, p. 49). A revolução agrária holandesa não foi somente uma questão de novas técnicas e especializações em jardinagem, laticínios e cultivos industriais (tais como cânhamo, lúpulo e garança), mas revolucionou fundamentalmente o *ambiente construído* da divisão de trabalho campo/cidade. O século XV testemunhou a emergência de uma paisagem de moinhos, enquanto a tomada de terras por meio de complexos sistemas materiais e organizacionais de controle de água — pôlderes — dominou o século após 1540 (Kaijser, 2002; Grigg, 1980, p. 151). Um complexo "sistema de diques, represas, comportas e canais de drenagem" recriou o campo, cujas regiões marítimas estavam comprometidas com uma "dependência extrema do mercado" no século XVI (TeBrake, 2002, p. 477; De Vries & Van der Woude, 1997). Enquanto isso, dezenas de novos portos eram construídos em Amsterdã e em todo o norte dos Países Baixos (De Vries & Van der Woude, 1997, p. 34). Acelerou-se a urbanização e também a proletarização — tanto no campo como na cidade. No meio do século XVI, o trabalho assalariado ocupava metade da população economicamente ativa (Bavel, 2010). Enquanto isso, esse ambiente construído implicava movimentos de expansão no norte dos Países Baixos e além (como veremos em breve). No início do século XVIII, as regiões do interior dos Países Baixos haviam sido transformadas em "paisagens virtualmente sem árvores" (Groenewoudt, 2012, p. 61).

Revoluções agrícolas são acontecimentos da história mundial. A condição para revoluções na produtividade de trabalho em uma região é a expansão da "acumulação por apropriação" em uma escala muito maior (Moore, 2015a). Quando fazendeiros holandeses reduziram o cultivo de cereais em favor de frentes mais lucrativas, a importação de grãos preencheu essa redução. Inicialmente, eles eram oriundos, em parte, de Flandres, do norte da França e da Renânia. Em 1470, no entanto, uma linha foi cruzada. Importações do Báltico — principalmente de uma grande zona prussiano-polonesa — cresceram rapidamente: cinco vezes entre 1470 e 1500, e outras cinco vezes em 1560. Foi "o suficiente para alimentar cerca de 15% a 20% da população dos Países Baixos burgúndios e uma proporção muito maior das populações urbanas e costeiras" (De Vries & Van der Woude, 1997, p. 198).

A Polônia se tornou um distrito agrícola da República Holandesa. No início do século XVII, a Coroa polonesa exportava um terço de sua produção líquida de centeio (Slicher van Bath, 1977, p. 88). Uma proporção tão grande de exportações em uma agricultura de baixa produtivividade é algo perigoso. A saída era sustentada "pelo desvio dos princípios fundamentais de rotatividade na lavra do solo" (Szcygielski, 1967, p. 97). Os resultados caíram — e muito. O excedente da produção diminuiu pela *metade* entre os anos de 1550 e 1700 (Topolski, 1962; De Maddalena, 1974; DuPlessis, 1997, p. 82). Foi um declínio "catastrófico" (Szcygielski, 1967, p. 86) e desequilibrado. O decrescimento da produtividade do trabalho e da safra de cereais poderia ser atenuado, até revertido em algumas regiões, por meio do desmatamento *rápido* e em larga escala.

O desmatamento também era motivado pelas demandas crescentes do capital industrial no noroeste da Europa. O caso da potassa, usada para branquear tecido, é estarrecedor. No último quarto do século XVI, a importação inglesa de potassa necessitava do "trabalho não remunerado" de doze mil hectares de floresta (removida) *todo ano*. Era o setor de exportação mais lucrativo (Zins, 1972, p. 269) e encorajava a ampliação da fronteira ao longo do Báltico. As zonas rurais no entorno de Konigsberg e Riga estavam sujeitas à mesma dinâmica da Polônia. Danzig, ao menos nos anos 1630, permaneceu dominante — a exportação de potassa da cidade demandou o desmatamento *anual* de 135 mil hectares apenas naquela década.[17] Mesmo enquanto a fronteira da potassa se movia para o norte e para o leste da costa báltica durante os dois séculos seguintes, a "devastação das florestas" ficou registrada no declínio das exportações de cinza no Báltico (North, 1996, p. 9-14; Moore, 2010b). (O déficit do Báltico seria compensado — e muito além — por fornecedores norte-americanos no século XVIII; ver Roberts III,

1972.) O que quero dizer é que se trata de um desmatamento da bacia do Vístula na ordem de um milhão de hectares (dez mil quilômetros quadrados) e, possivelmente, o dobro entre 1500 e 1650.

Na Europa central, uma revolução em mineração e metalurgia forneceu à ordem capitalista emergente um suporte material para o dinheiro (prata) e para a manufatura (ferro e cobre). As florestas — e, mais importante, as florestas comuns — foram transformadas com rapidez. A mineração e a metalurgia do centro europeu alcançaram o apogeu após 1470. Essa região produziu a maior parte da matéria-prima básica do primeiro capitalismo: cobre, chumbo e ferro. Ainda mais significativas foram as novas técnicas de mineração e metalurgia — base de uma industrialização tão prodigiosa quanto qualquer outra posterior —, que permitiram um aumento revolucionário na produção de prata. Aqui podemos entrever as origens do Dinheiro Barato (*Cheap Money*) dentro da Natureza Barata. A produção de todos os metais disparou, subindo cinco vezes ou mais entre as décadas de 1450 e 1530 (Nef, 1964). Em toda a Europa central, o novo capitalismo metalúrgico varreu os campos em busca de combustível, produzindo ampla poluição e desmatamento:

> As florestas e os bosques são cortados, pois há necessidade de uma quantidade infinita de árvores para madeira, máquinas e a fundição de metais. E, quando as florestas e os bosques são derrubados, são exterminados animais de maior porte e pássaros, muitos dos quais fornecem alimento prazeroso e agradável ao homem [...]. Quando os minérios são lavados, a água que foi usada envenena os córregos e riachos e também destrói os peixes ou os espanta. (Agricola, 1950, p. 8)

Enquanto a mineração se expandia e as florestas recuavam, os cercamentos florestais avançavam. Em 1524, o padre radical Thomas Müntzer (*apud* Marx, 1972, p. 49 [2010, p. 58]) atacou esses cercamentos, que teriam como consequência o fato de "toda criatura ter sido transformada em propriedade, os peixes na água, as aves no ar, as plantas na terra — também a criatura deve tornar-se livre". Em 1450, "ainda havia extensas florestas, portanto havia poucos conflitos entre camponeses e senhores de florestas [...] Em 1525 a situação estava *inteiramente mudada*" (Blickle, 1981, p. 73, grifos meus). A Guerra dos Camponeses de 1525 na Alemanha — uma revolta tão proletária quanto campesina — registrou não apenas um forte protesto contra o cercamento de florestas pelos senhores como também as duras realidades das mudanças rápidas na terra e no trabalho.

Enquanto isso, um tipo diferente de revolução agrícola se desenrolava no Atlântico. Aqui ocorreu o surgimento do conceito de plantation de açúcar. O açúcar foi o cultivo comercial original da modernidade. Nenhum outro na história do mundo moderno esteve nas raízes de mais miséria e devastação, pois ele não apenas devorou florestas e exauriu solos: era um aparato de massacre na forma da escravidão africana. Na Ilha da Madeira, localizada na costa oeste do Norte da África, emergiu a primeira expansão súbita de cultivo açucareiro — e os primeiros sinais de sua relação moderna com a escravidão. Esse processo começou nos anos 1470, rapidamente destituindo produtores mediterrâneos de sua posição privilegiada. Nas duas décadas após 1489, a produção disparou — e com ela a produtividade do trabalho.[18] E também o desmatamento. Como atividade econômica, o açúcar estava mais próximo da fundição de ferro do que da fazenda de trigo. Em 1510, foram removidos 160 quilômetros quadrados de floresta, quase um quarto da ilha e mais da metade da floresta acessível. A produção despencou; quase nenhum açúcar seria cultivado nos séculos seguintes (Moore, 2009; 2010c). A crise da Madeira foi rapidamente seguida pelo avanço açucareiro em São Tomé (nas décadas de 1540-1590) e pelo primeiro sistema de plantation moderno de larga escala, que desmatou um terço da ilha até 1600 e encorajou grandes revoltas de escravizados.

O Nordeste brasileiro já destronara, de qualquer forma, São Tomé do topo da economia mundial do açúcar em 1570. A explosão no cultivo açucareiro no país levou à primeira grande onda de desmatamento da Mata Atlântica brasileira, que ocorreu em um ritmo sem precedentes. Numa era em que o crescimento da produção agrícola pode tipicamente ser medido em frações de pontos percentuais, a produção brasileira de açúcar cresceu 3% em todos os anos entre 1570 e 1640 (Moore, 2007, p. 257). Mantinha-se um negócio lucrativo apenas graças ao Trabalho Barato e à Energia Barata. A lógica da administração laboral era abominável: "extrair a maior quantidade de trabalho pelo menor custo possível" (Schwartz, 1970, p. 317). É difícil expressar a pura letalidade do regime açúcar/escravidão. Quase 240 mil escravizados chegaram da África ao Nordeste brasileiro na segunda metade dos 1600 — sem contar os que morreram na Passagem do Meio —, mantendo a população de escravizados em um número de pouco mais de sessenta mil em 1650 (Moore, 2011). A Mata Atlântica tampouco teve sorte. *Apenas* as demandas do cultivo de açúcar e de madeira para queima exigiram o desmatamento de cinco mil quilômetros quadrados de floresta até 1650 (Dean, 1995; Moore, 2007, 2009). Como se não fosse o suficiente, o vórtex demográfico do açúcar avançou as fronteiras da escravidão na África. Em 1700, "os recursos humanos da costa [angolana] estavam exauridos", levando a "caça por homens" cada vez mais adentro (Godinho, 2005, p. 320; Wolf, 1982, p. 195-231). Ao que parece, toda grande expansão de mercadoria exige novos fluxos de Trabalho Barato — pela coerção do mercado, se possível; por coerção sangrenta, se necessário.

Enquanto ocorria a explosão açucareira no Brasil, uma revolução mercantil diferente refazia a vida andina. Potosí apareceu como a principal produtora de prata depois de 1545. A ascensão da prata peruana era uma mistura curiosa de conquista imperial; sorte geológica; produção decrescente nos antigos centros na Europa central, afetados por rápido desmatamento; declínio da qualidade do minério; e descontentamento crescente dos trabalhadores. Mas a enxurrada de prata *produzida* — em vez de simplesmente pilhada — começou a vacilar na década de 1560. Tentando resolver uma crise fiscal que se agravava, a Coroa espanhola se moveu rapidamente, inaugurando um dos momentos mais audazes de produção de Natureza Barata do início da modernidade. Como sempre, a questão do trabalho era central. Em 1569, a chegada do novo vice-rei, Francisco de Toledo, foi seguida de uma ampla transformação. Instituiu-se um novo método de extração: a amalgamação com mercúrio. A organização do trabalho na mineração e no processamento foi do arrendamento distanciado a formas mais diretas de controle do fluxo produtivo. Teve início um processo radical de reestruturação agrária — centrado nas *reducciones* (reassentamento de vilarejos) e na *mita* (recrutamento de trabalho) — para garantir o fornecimento estável de força de trabalho Barata (*Cheap labor-power*) para as minas. Nelas, trabalhariam três milhões de andinos antes da abolição da *mita* em 1819 — uma estimativa muito baixa se considerarmos que o *mitayo* era costumeiramente acompanhado pela família. Isso mantinha baixos os custos do trabalho diante das demandas crescentes de emprego na mineração. A *mita* não era apenas um sistema de trabalho assalariado forçado, mas de reassentamento forçado. A partir de 1571, em torno de 1,5 milhão de andinos foram forçados a se estabelecer em *reducciones*, povoados em estilo espanhol projetados para facilitar o controle colonial e o Trabalho Barato regular. Enquanto isso, vastas infraestruturas hidráulicas foram construídas para fornecer energia a moinhos que processavam minérios para o preparo da amalgamação. Os "lagos" de Potosí acabariam por conter 32 reservatórios cobrindo 65 quilômetros quadrados (Moore, 2010d). A produção foi rapidamente retomada. O volume da prata fabricada em Potosí aumentou quase 600% entre 1575 e 1590 (Bakewell, 1987, p. 242). A crise fiscal da Espanha estava — temporariamente — resolvida; mais importante ainda, ela alimentou a ascensão do capitalismo holandês.

As mudanças relacionadas à vida e à terra ficaram imediatamente aparentes para os contemporâneos:

> Hoje, por causa de tudo que foi feito na montanha, não há sinal de que ela já tenha tido uma floresta, mas, quando foi descoberta, estava completamente forrada de árvores que eles chamam de quinoa, cuja madeira usaram para construir as primeiras casas deste assentamento. [...] Nesta montanha, havia também muita caça de vicunhas, guanacos e viscachas, animais muito similares, na pele e na carne, a coelhos da Espanha, mas com o rabo longo. Havia também veados, e hoje nem ervas daninhas crescem na montanha, nem mesmo nos solos mais férteis onde árvores poderiam ter crescido. Isso é o mais espantoso, porque agora a montanha está coberta de cascalho solto, com pouca ou nenhuma terra fértil, cruzada por afloramentos rochosos estéreis. (Ministerio de Fomento, 1885, p. 114-5)

Retornando à Europa, o déficit do declínio da agricultura polonesa foi rapidamente compensado pela revolução agrícola dos ingleses. Em 1700, a Inglaterra havia se tornado o celeiro europeu. Entre 1700 e 1753, as exportações de grãos da Inglaterra aumentaram 511%, seis vezes mais rápido do que as exportações agregadas.[19] No meio do século, no entanto, à medida que as reservas de nitrogênio se esgotavam, a agricultura inglesa estagnou (Moore, 2015b; Overton, 1996). As exportações entraram em colapso (Davis, 1962). Os ganhos rápidos na produtividade agrícola depois de 1600 paralisaram em 1750 (Broadberry *et al.*, 2011). Era um problema capitalista e de ecologia-mundo, condizente ao modo como os humanos "misturaram seu trabalho com a terra" (Williams, 1972). O problema da produtividade agrícola na Inglaterra do fim do século XVIII — marcado pela inflação descontrolada do preço dos alimentos e uma redução líquida per capita no consumo alimentar — estava relacionado tanto ao solo quanto ao trabalho. As boas práticas da era permitiram um renascimento da produtividade agrícola, mas apenas ao custo de uma vacilante produtividade de trabalho. A burguesia inglesa não poderia abrir mão disso enquanto a expansão da manufatura ganhava forças. Retirar força de trabalho da indústria teria revertido os próprios processos de proletarização que haviam impelido a expansão urbano-industrial ao longo do século anterior (Moore, 2015b).

O consumo de ferro da Inglaterra, que continuava crescendo rapidamente no século XVIII, cada vez mais recorria ao mercado mundial para satisfazer o aumento da demanda. As florestas da ilha haviam sido rapidamente apropriadas durante a expansão do século XVII, de tal modo que a produção de ferro-gusa em 1620 seria superada apenas em 1740. As importações vinham do Mar do Norte, onde o ferro devorava as florestas com tal velocidade que mesmo a abundância silvestre da Suécia estava sob ameaça (King, 2005; Thomas, 1993; Fouquet, 2008, p. 59-60; Mathias, 1969, p. 450; Hildebrand, 1992). Mas nem tudo era demanda de mercado — o império também era importante. A estagnação da produção inglesa de ferro após 1620 estimulou um movimento de apropriação colonial na Irlanda. A cobertura florestal da Ilha Esmeralda diminuiu de 12,5% para apenas 2%, de modo que se produziria pouco ferro após o século XVII (Kane, 1845, p. 3; Kinahan, 1886-87; McCracken, 1971, p. 15, 51 ss.).

Os desenvolvimentos britânicos eram, no entanto, apenas parte de uma história global mais ampla. Antes de a Grã-Bretanha se tornar a oficina do mundo, os holandeses eram os reis do pedaço. A República Holandesa, o grande superpoder do século XVII, transformou ambientes ao redor do globo. O vigoroso regime holandês, centrado na extração de turfa doméstica como combustível barato, atingiu o ápice no século XVII. A partir desse momento, a queda foi rápida: zonas facilmente exploradas foram logo exauridas, e os custos aumentaram. A produção de turfa caiu muito após 1750 (Zeeuw, 1978). No Sudeste Asiático, os holandeses impuseram um novo regime colonial entre as décadas de 1650 e 1670. Buscando monopólio no comércio de cravo, os holandeses organizaram uma remoção em larga escala de cravos-da-índia "não autorizados", o deslocamento massivo de populações indígenas do interior às novas unidades preparadas para o recrutamento de trabalho e o estabelecimento de novos estaleiros na Ilha de Java, fora do centro da Batávia (Boxer, 1965, p. 111-2; Boomgaard, 1992a; Peluso, 1992, p. 36-43). Desde o início do século XVII, pântanos do mundo Atlântico foram invadidos, com frequência, por engenheiros holandeses, da Inglaterra a Pernambuco e Suriname, de Roma a Gotemburgo.

A grande explosão de expansão ibérica e italiana durante o "primeiro" século XVI (em torno de 1450-1557) produziu uma exaustão das florestas mediterrâneas. O processo começou antes para os italianos e os portugueses, e um tanto depois para a Espanha. Para essas potências, o desmatamento restringiu consideravelmente a capacidade de obter madeira de qualidade para a construção naval, tão fundamental para os esforços comerciais e militares da época (Wing, 2012; Moore, 2010b). A Espanha realocou sua construção naval em Cuba, onde um terço da frota foi construída até 1700 (Parry, 1966; Funes Monzote, 2008). Portugal expandiu seus estaleiros para Salvador, no Brasil, e Goa, na Índia (Morton, 1978; Huei, 2008). Ao deslocamento ibérico seguiu-se, no século XVIII, a emergência de grandes centros de construção de navios e importantes fronteiras de madeira, potassa e provisões navais na América do Norte.

A incansável expansão geográfica de produtos florestais e fronteiras de construção naval estava entrelaçada com a "Grande Caçada" (Richards, 2003). Um momento-chave foi o lançamento de frotas cada vez maiores de embarcações de pesca de arenque, bacalhau e baleias que devoravam fontes de proteína marítima do Atlântico Norte (Perlin, 1989; Poulsen, 2008; Richards, 2003). Outro foi a busca transcontinental por peles na Sibéria e na América do Norte. O mercado de peles tinha um peso econômico modesto na acumulação mundial, mas seu avanço constante (o que minguou a população de animais com peles) ao longo da América do Norte encorajou importantes infraestruturas de poder colonial — e a disseminação de novas doenças — até o meio do século XVIII.

Grandes expansões de fronteiras continuaram pelo mundo atlântico no século XVIII, remodelando a alimentação, a energia e as relações de trabalho. A demanda de açúcar, constantemente crescente, e o esgotamento da monocultura açucareira da Bahia no meio do século XVII favoreceram revoluções sucessivas do produto nas Índias Ocidentais. O açúcar transformou Barbados, Jamaica e São Domingos (Ilha de Hispaniola) em plataformas de agroexportação ao longo do século seguinte, deixando em seu rastro uma trilha de sepulturas africanas e paisagens desnudadas. No século XVIII, o retorno da produção de prata mexicana levou ao desmatamento das já esparsas florestas da região. E, talvez mais significativamente, houve o histórico "intercâmbio colombiano", em que doenças, animais e vegetais do Velho Mundo penetravam as Américas, e vegetais como a batata e o milho, do Novo Mundo, penetravam o Velho Mundo (Crosby, 1972; Watts, 1987; Moore, 2015a, p. 169-92; Studnicki-Gizbert & Schecter, 2010; Richards, 2003; Wolf, 1982).

O fazer da ecologia-mundo capitalista

Essas transformações nos dizem que algo epocal estava em jogo muito antes do que comumente se supõe. Apresento duas propostas relacionadas a essa revolução de paisagem no início da modernidade. Primeiramente, essas mudanças representaram uma revolução na produtividade de trabalho. Nessa nova era da Natureza Barata, o avanço da mercantilização estava intimamente conectado com a revolução nas estratégias de apropriação global. De forma crucial, essa revolução na produtividade do trabalho na zona de mercantilização foi possibilitada por uma revolução nas *técnicas* de apropriação global — *inclusive* pela apropriação dentro da Europa. Isso não se manifestou apenas nas práticas e estruturas imediatas do imperialismo europeu. Mais fundamental ainda, o "novo" imperialismo do início da modernidade era impossível sem uma nova maneira de ver e ordenar a realidade. Só era possível conquistar o globo sendo capaz de vê-lo. Aqui, as primeiras formas de natureza externa, espaço abstrato e tempo abstrato deram a capitalistas e impérios a capacidade de construir teias globais de exploração e apropriação, cálculo e crédito, propriedade e lucro, em uma escala sem precedentes. A revolução na produtividade de trabalho do início da modernidade, em suma, ativou a possibilidade de abrir e se apropriar de fronteiras de Natureza Barata (Moore, 2015a, p. 193-219). O capitalismo inicial se apoiava na expansão global como meio principal de aumentar a produtividade do trabalho e de facilitar a acumulação mundial, o que não revela um caráter pré-moderno, e sim sua notável precocidade. Essa precocidade permitiu que o capitalismo inicial desafiasse o padrão pré-moderno de crescimento e colapso: no âmbito do sistema, não haveria retorno da mercantilização depois de 1450, nem mesmo durante a "crise" do século XVII. Por quê? Em suma, porque as *técnicas* do capitalismo inicial — sua cristalização de ferramentas e poder, conhecimento e produção — eram *especificamente organizadas* para tratar da apropriação da natureza global em busca da acumulação infinita do capital. Enquanto houvesse fronteiras de Natureza Barata, os problemas do capitalismo poderiam ser consertados com novas tecnologias e novas formas de poder baseadas na Grande Fronteira (*Great Frontier*).

A ascensão do capitalismo inaugurou uma maneira diferente de organizar a natureza. Pela primeira vez, uma civilização mobilizou uma métrica de riqueza baseada no trabalho, e não na produtividade da terra. Esse foi o momento originário da Natureza Barata que hoje desaparece rapidamente. Essa transição da terra à produtividade do trabalho durante o início da modernidade explica muito do ritmo revolucionário da transformação de paisagem dessa era. Na Escandinávia, na Polônia e no Nordeste do Brasil, os solos e as florestas foram apropriados (e exauridos) no longo século XVII. A natureza humana foi também livremente apropriada (e exaurida), à medida que as fronteiras de açúcar do

Novo Mundo e as fronteiras da escravidão africana se desenvolviam concomitantemente. Longe de serem abolidas após o século XVIII, essas apropriações fronteiriças foram amplificadas na longa expansão fóssil. Os combustíveis fósseis eram a nova fronteira — "Américas" subterrâneas com suprimentos aparentemente ilimitados de Natureza Barata. Essas fronteiras de trabalho/energia não remunerados sempre foram essenciais às novas "ferramentas do império" e às capacidades produtivas metropolitanas que desestabilizaram as formações camponesas (e se apropriaram de seu trabalho) do sul da Ásia ao sul da Itália. Diante dessa história, podemos muito bem perguntar: o capitalismo é hoje capaz de se apropriar dos presentes gratuitos da natureza em uma escala suficiente para inaugurar outra fase de acumulação, ou estamos testemunhando a exaustão da estratégia da Natureza Barata que garantiu a acumulação de capital desde o século XVI?

A pergunta confunde a crítica Verde (*Green critique*). Duas palavras cristalizam sua essência: "degradação ambiental". Pesquisadores usaram o termo "impressionante" 183 mil vezes desde 1990. A questão-chave foi: o que a humanidade — ou, para os radicais, o capitalismo — faz *ao* meio ambiente? Os conceitos Verdes (*Green concepts*) mais celebrados de nossos tempos, o Antropoceno e a pegada ecológica, corporificam essa sensibilidade. Com frequência, a justificativa para sua popularidade — utilizada até mesmo por radicais — é o fato de supostamente aumentar a consciência popular sobre o lugar do capitalismo na teia da vida. Para Samir Amin (2009), o conceito de pegada ecológica representa o desenvolvimento de "uma importante linha do pensamento social radical sobre a construção do futuro". Segundo McKenzie Wark (2015, p. 4), o Antropoceno pode ser entendido como uma "série de fendas metabólicas" através das quais "o solo se esgota, o clima se altera, a espiral se expande". A dificuldade vem à tona quando se considera que a crítica Verde tem dezenas de maneiras de falar sobre o que o capitalismo *faz* à natureza, mas quase nenhuma maneira de falar sobre como a natureza *trabalha* para o capitalismo.

Uma alternativa radical e emancipatória não nega a degradação da natureza. Longe disso! Mas uma política da natureza que tem por base a degradação em vez do trabalho torna a visão radical vulnerável a uma crítica contundente. Esta diz que, com efeito, jamais houve realmente uma natureza intocada; estamos vivendo outra de muitas eras de mudança climática que pode ser resolvida com inovação tecnológica (Lynas, 2011; Shellenberger & Nordhaus, 2011). O contra-argumento do Capitaloceno — uma palavra feia para um sistema feio — entende a degradação da natureza como uma expressão específica da organização do trabalho capitalista. O "trabalho" toma muitas formas nessa concepção; é um processo geoecológico multiespécie e múltiplo. Isso nos permite pensar a tecnologia como enraizada nas naturezas coproduzidas pelo capitalismo; nos permite ver que o capitalismo prosperou mobilizando o trabalho da natureza como um todo e o trabalho humano, categorizados como trabalho "remunerado" e "não remunerado", capturando trabalho/energia da biosfera.

A longa história das revoluções — industrial, agrícola, científica e tecnológica — pode ser lida sob essa luz. Não pretendo sugerir que essa é a história completa, porque não é. Não acredito, porém, que possamos chegar a algo próximo de uma interpretação adequada sem ver como o trabalho remunerado e o não remunerado — e seus processos correspondentes de acumulação pela capitalização e pela apropriação — refizeram as geografias planetárias. Essa linha de pensamento aponta com precisão que a degradação da natureza *específica* do capitalismo ocorre por meio da mobilização *específica* das "forças da natureza" como "forças de produção". Mas uma explicação é imediatamente necessária, porque estamos ainda no hábito cognitivo de ver Natureza (ambientes sem humanos) sempre que alguém diz natureza (a teia da vida). A extraordinária *longue durée* que refaz a natureza global em uma força de produção definiu a maioria da humanidade — ao menos a maioria dos humanos no alcance do capitalismo — repetidas vezes como parte da Natureza. Havia sempre contradição e ambiguidade nessas definições, mas é evidente que as sucessivas ordens "sociais", racializadas e generificadas ao longo dos últimos cinco séculos, apoiaram-se grandemente sobre o binômio Natureza/ Sociedade. Essas definições estavam relacionadas a muitas coisas — e, não menos importante, facilitaram a acumulação de capital por meio dos múltiplos excedentes generificados e racializados do trabalho não remunerado.

William Kapp, um dos fundadores da economia ecológica, celebremente caracterizou a economia moderna como um sistema de "custos não pagos" (Kapp, 1950). Hoje sabemos disso muito bem — os metais pesados no sangue das crianças e no gelo ártico, grandes manchas de lixo nos oceanos, excesso de agrotóxico no solo e na água, sem mencionar a pequena questão da mudança climática. Contudo, o capitalismo é mais do que um sistema de custos não pagos; é um sistema de trabalho não remunerado.

A genialidade do capitalismo — desde as conquistas globais que começaram em 1492 — foi tratar o trabalho da natureza como um "presente gratuito". Desde o início, os grandes impérios da Europa empregaram a ciência em seu sentido mais amplo — mapeando o mundo, coletando e organizando conhecimento biogeográfico, estabelecendo novas tecnologias administrativas — para fazer toda a natureza trabalhar a baixo custo. Essas foram conquistas que fizeram a pilhagem "trabalhar" para o capitalismo de uma maneira que ia além da força bruta e da dominação. Mas é difícil sustentar uma civilização sobre a base da pilhagem. Sozinha, a pilhagem é muito episódica, violenta demais e, no longo prazo, muito custosa.

Os espanhóis descobriram isso rapidamente no século XVI — as minas de Potosí, a grande montanha prateada, apenas produziriam riquezas para eles por meio de novos sistemas de controle, tecnologia e trabalho colonial. Eles também descobriram que a grande divisão entre "Natureza" e "Sociedade" poderia ser muito útil para baratear não apenas a terra mas também o trabalho. Não eram todos os humanos que faziam parte da Humanidade, de modo que eles puderam desempenhar melhor a entrega da Natureza Barata.

Essa longa história foi reproduzida ao longo das últimas quatro décadas: a Terra é agora circundada por mais de dois mil satélites que permitem vigilância e mapeamento do espaço planetário sem precedentes; o genoma humano foi mapeado; biopiratataria e biotecnologia perduraram. Mas o tempo de agora é diferente da década de 1970 por duas grandes razões relacionadas. Em primeiro lugar, há menos fontes potenciais de Natureza Barata. A não revolução na biotecnologia agrícola é um excelente exemplo disso (Moore, 2010e). Apesar de todas as afirmações de que a biotecnologia, de alguma maneira, alimentaria o mundo, não houve revolução na produtividade agrícola, e o crescimento tem *desacelerado* regularmente desde a metade dos anos 1980. Também não houve revolução energética. Depois da abertura de modestas fronteiras de petróleo nos anos 1970 — no Alasca, no Golfo do México, na África Ocidental, no Mar do Norte —, nenhuma grande fonte de energia *barata* apareceu. De fato, a história da energia mundial da última década foi marcada pela abertura de fronteiras que são o oposto daquelas que sustentaram o capitalismo. Elas não são fronteiras de baixo custo de produção, mas de *alto custo*, sobretudo o setor de petróleo "incomum" da América do Norte. Nem mesmo o Trabalho Barato parece ter vindo para ficar. A ascensão da China como a fábrica do mundo nos anos 1990 e 2000 ocorreu, em parte, por causa da grande quantidade de Trabalho Barato se deslocando das zonas rurais para as cidades. Mas isso — como todas as fronteiras de Natureza Barata — foi um lance único. Mesmo na China, os salários estão subindo rapidamente nas zonas urbanas, e o campo não tem mais um reservatório fácil de mão de obra Barata para oferecer (Moore, 2015a, p. 221-40).

Conclusão

As origens do capitalismo como um sistema de Natureza Barata são fundamentais para pensar a realidade — e a política — de nossa presente crise. Quero dizer claramente que estamos lidando com o capitalismo como ecologia-mundo, como uma dupla internalidade da humanidade-na-natureza — não como um sistema fechado que interage com o restante da natureza. Esse ponto é importante, já que mesmo críticos amigáveis ao conceito de Capitaloceno o caracterizaram de modo dualista. Ao tratar do capitalismo, lidamos com um padrão emergente de inovação simbólica e transformação material em que o valor da força de trabalho, o surgimento do dinheiro-mundo e a infinita transformação da Terra formam um todo histórico em evolução.

O problema hoje é o fim do Capitaloceno, e não a marcha do Antropoceno. A realidade não é a de uma humanidade "sobrepujando as grandes forças da natureza" (Steffen, Crutzen & McNeill, 2007), e sim a exaustão de sua estratégia de Natureza Barata. (Esse é o pequeno núcleo de verdade no discurso absurdo sobre os serviços do ecossistema.) O processo de fazer a Natureza trabalhar por custos muito baixos de dinheiro e de energia é a história das grandes fronteiras de mercadoria do capitalismo e, com isso, das grandes ondas de acumulação capitalista.

A apropriação da fronteira entre terra e trabalho — Natureza Barata — foi a condição indispensável para grandes ondas de acumulação de capital, da hegemonia holandesa no século XVII à ascensão do neoliberalismo nos anos 1970 e 1980 (Moore, 2010b; 2012; 2015a). O capitalismo foi capaz de se manter à frente dos custos crescentes de produção por coproduzir múltiplas estratégias de Natureza Barata, localizando, criando, mapeando e quantificando naturezas externas, mas dentro do alcance de seu poder. Hoje não há mais para onde fugir. Muito do que o capitalismo global realizou ao longo da última década foi um deslocamento de custos — de um capitalista para outro e especialmente do capital para a vasta maioria. E houve outro vetor de deslocamento de custos que vem acelerando nos últimos anos: do presente para o futuro. Isso é verdade, como se reconhece amplamente, para as futuras gerações, mas também se aplica à acumulação do capital, que sempre foi uma série de apostas em renda futura. A verdadeira base dessa renda futura sempre foi a Natureza Barata. Portanto, financialização e polarização da renda e da riqueza — o 1% e os 99% — são os resultados previsíveis do fim da Natureza Barata. Esse "fim" da Natureza Barata pode não trazer libertação, mas não pode sustentar o capitalismo. Estratégias populares de libertação terão sucesso ou fracassarão a depender de nossa capacidade de forjar uma ontologia diferente da natureza, da humanidade e da justiça — uma que não pergunte apenas como redistribuir a riqueza mas como recriar nosso lugar na natureza de uma maneira que prometa emancipação para todas as formas de vida.

Notas

1 Agradecimentos especiais a Diana C. Gildea e também a Henry Bernstein, Jay Bolthouse, Holly Jean Buck, Christopher Cox, Sharae Deckard, Joshua Eichen, Ben Marley, Michael Niblett, Roberto José Ortiz, Christian Parenti, Andy Pragacz, Stephen Shapiro, Richard Walker e Tony Weis pelas conversas e a correspondência sobre os temas explorados neste ensaio.

2 Ver as referências na Introdução (p. 13).

3 "A Man-Made World", *The Economist*, 26 maio 2011; "Welcome to the Anthropocene", *The Economist*, 26 maio 2011.

4 "The Anthropocene", *The New York Times*, 27 fev. 2011.

5 "Hoje em dia, se busca tipicamente um 'marcador' de nível em que o estrato superior e o inferior sejam reconhecivelmente diferentes (em geral porque contêm diferentes tipos de fósseis) e então seleciona-se o lugar no mundo que melhor o demonstre. Esse ponto é escolhido como representação formal do início da unidade de tempo geológica. Seu título é imponente — Global Stratigraphic Section and Point [Seção e ponto estratigráficos globais] (GSSP), mas é popularmente conhecido como *golden spike*; é o nível padrão de referência para o limite de um tempo geológico" (Zalasiewicz *et al.*, 2010, p. 2.229).

6 A argumentação sobre a periodização do Antropoceno continua. Alguns arqueólogos agora defendem converter a maior parte ou quase todo o Holoceno em Antropoceno, ou por causa das extinções da megafauna no início do Holoceno, ou das origens da agricultura, em torno de 11000 Antes do Presente (AP) [marcação temporal, utilizada por arqueólogos e geólogos, que toma o ano de 1950 d.C. como ponto de partida — N.E.] (Balter, 2013; Smith, Elliott & Lyons, 2010; Ruddiman, 2005; 2013; Gowdy & Krall, 2013). Outros defendem um Antropoceno em torno de 2000 AP (por exemplo, Certini & Scalenghe, 2011), enquanto outros ainda defendem uma periodização pós 1945/1960 (Zalasiewicz *et al.*, 2008). Recentemente, Lewis & Maslin (2015) propuseram uma data diferente com outro tipo de pico: o pico Orbis (*orbis spike*, pico "global"). O resultado é uma data surpreendentemente próxima da que proponho: 1610.

7 Jade Lindgaard, "Clive Hamilton: L'Anthropocene est l'événement le plus fondamental de l'histoire humaine" [Clive Hamilton: o

Antropoceno é o evento mais fundamental da história humana], *Mediapart*, 5 nov. 2015 (grifos meus).

8 Ver Crutzen & Stoermer (2000); Crutzen (2002); Steffen, Crutzen & McNeill (2007); Steffen *et al.* (2011a; 2011b; 2015); Chakrabarty (2009); "A Man-Made World", *The Economist*, 26 maio 2011; "Welcome to the Anthropocene", *The Economist*, 26 maio 2011.

9 "Special Report: The Facts about Overconsumption" [Relatório especial: os fatos sobre consumo excessivo], *New Scientist*, 15 out. 2008.

10 Ver minha crítica e reconstrução (Moore, 2003a, 2003b). O campo da história econômica — anterior à revolução da cliometria da década de 1970 — foi o mais consistente em sua consciência ambiental da ciência social mundial dos primeiros três quartos do século XX.

11 Ver, por exemplo, Braudel (1972); Galeano (1973 [2010]); Kellenbenz (1974; 1976); Kriedte (1983); Nef (1964); Malowist (2009); Prado Jr. (1967 [2011]); Wallerstein (1974); Brenner (1976); Sella (1974); De Vries (1974; 1976); Cipolla (1976).

12 Por exemplo, De Vries e Van der Woude (1997); De Vries (2001); Brenner (2001); Crosby (1997); DuPlessis (1997); Jones (1987); Landes (1998); Seccombe (1992); Mokyr (1990, p. 57-80); Moore (2007; 2010a; 2010b); Nef (1964); Prak (2001); Zanden (1993).

13 Muito dessa literatura é, com frequência, extremamente eurocêntrica — sobretudo Landes (1998), Jones (1987) e Zanden (1993).

14 *Longue durée* [longa duração] é um conceito criado pelo historiador Fernand Braudel para indicar uma perspectiva histórica que se estende longamente no passado, tanto na memória humana quanto nos registros arqueológicos. Engloba fatores climáticos, demográficos, geológicos e oceanográficos, bem como o quadro de eventos que ocorrem tão vagarosamente que parecem imperceptíveis àqueles que os experienciam, tais como a mudança da natureza no planeta ou o aumento constante de uma população em determinada área (Ian Buchanan, *Oxford Dictionary of Critical Theory*. Oxford: Oxford University Press, 2010). [N.E.]

15 O Pleistoceno teve início há cerca de 2,5 milhões de anos e perdurou até aproximadamente 11,7 mil anos atrás, quando teve início o Holoceno. Durante o Pleistoceno havia animais de grande porte, como mamutes, mastodontes, gliptodontes, preguiças que chegavam a pesar cinco toneladas, entre outros — a chamada

megafauna. Ao se espalhar geograficamente, o *Homo sapiens* foi extinguindo a megafauna em todos os lugares onde se assentou. [N.E.]

16 Esse parágrafo se apoia em uma vasta historiografia. Para referências, ver Moore (2015a).

17 Os cálculos desse relato se apoiam, respectivamente, em Zins (1972, p. 268) para importações inglesas; na estimativa de North (1996) para o peso de potassa em relação ao volume de madeira, enviesado em favor de taxas muito altas de conversão de madeira em cinzas e de cinzas em potassa (para estimativas muito mais altas, ver Kunnas, 2007); e em minha generosa estimativa de 200 m^3/hectare como o volume máximo de colheita que poderia ser extraída de um hectare de floresta europeia (Moore, 2007, cap. 2).

18 Anualmente, entre 1489 e 1509, a produção cresceu 4,42%, e a produtividade de trabalho, 2,18% (calculado com base em Moore, 2010d, p. 12).

19 Calculado com base em Davis (1962, p. 302).

Justin McBrien é PhD pela Universidade da Virginia, nos Estados Unidos. Sua pesquisa examina a relação histórica entre o complexo militar-industrial, a ciência climática, o ambientalismo e as teorias de catástrofe planetária. *Making the World Safe for Disaster: The Rise of the Biosecurity State and the Globalization of Catastrophe in Cold War America* [Tornando o mundo seguro para o desastre: a ascensão do Estado de biossegurança e a globalização da catástrofe nos Estados Unidos da Guerra Fria] é o título de sua tese de doutorado em história ambiental (2020).

4 Acumulando extinção: catastrofismo planetário no Necroceno

Justin McBrien

O capital nasceu da extinção e do capital a extinção fluiu.

O capital não apenas rouba o solo e o trabalhador, como observa Marx; ele necrotiza todo o planeta. Há aqui uma "fenda metabólica" (Foster, 2000 [2005]) — entre a terra e o trabalho — movida pelas contradições da acumulação infinita. Essa acumulação não é somente produtiva; é necrótica, desdobrando-se numa violência lenta, ocupando e produzindo temporalidades históricas, biológicas e geológicas sobrepostas. O capital é a Sexta Extinção personificada: alimenta-se da morte e, ao fazê-lo, devora toda a vida. O tempo profundo[1] do cataclismo passado se torna o tempo profundo da catástrofe futura; o resíduo da vida nos hidrocarbonetos se torna o resíduo do capital nos plásticos petroquímicos.[2] O rastro do capitalismo é a desaparição das espécies, das línguas, das culturas e dos povos. Ele busca a obsolescência programada de toda a vida. A extinção jaz no cerne da acumulação capitalista.

O debate de hoje acerca da crise planetária produziu os conceitos de Antropoceno e Capitaloceno. Ambos reconhecem a extinção, mas ainda não capturam seu significado ontológico — para a humanidade ou para o capitalismo. O que quero propor é que reconheçamos o Necroceno — ou a "Nova Morte" — como um momento biogeológico fundamental da nossa era:

o Capitaloceno. O Necroceno reenquadra a história da expansão capitalista por meio do processo de *devir extinção.*

A acumulação de capital é a acumulação de extinção potencial — um potencial cada vez mais ativo nas décadas recentes. Esse *devir extinção* não se resume no processo biológico de extinção de espécies. É também a extinção de culturas e idiomas, seja por força, seja por assimilação; é a exterminação de povos, pelo trabalho ou por assassinato; é a extinção da terra no esgotamento de combustíveis fósseis, terras-raras e até do elemento químico hélio; é a acidificação e a eutrofização do oceano, o desmatamento e a desertificação, o derretimento das calotas polares e a elevação do nível do mar; a grande faixa de lixo no Pacífico e o aterro de resíduos nucleares; é o McDonald's, é a Monsanto.

Aqui o processo de *Necrose* é central. Ao contrário da apoptose, processo de morte celular programada e benéfica ao organismo, a necrose nasce do ferimento traumático. A Necrose ocorre pela autólise, uma forma de autodigestão na qual a célula se destrói pela ação das próprias enzimas. O capitalismo é a transmutação recíproca da vida na morte e da morte no capital. A Necrose é o modo de apoptose do capital, reproduzindo os meios de produção através de sua destruição. É tanto saprofítico quanto parasítico: alimenta-se da natureza viva e morta da mesma maneira; busca torná-las indistinguíveis. Do ponto de vista do Necroceno, o capital aparece como uma *espécie*, um produtor oportunista de detritos e de extinção em massa no presente por meio da exploração de extinções passadas. Quanto mais o capitalismo exerce seu poder planetário ao intensificar a extração de excedentes de Naturezas Baratas (Moore, 2015a),[3] mais ele necrotiza a ecologia-mundo que criou.

O Necroceno é o duplo sombrio do Capitaloceno, o passado futuro de sua necromancia, seu sublime monstruoso e seu estranho paradoxo. A extinção é tanto o sucesso imediato quanto o fracasso final da subsunção real da terra pelo capital; e a ecologia do capital é construída pela tentativa de apagar ecologias existentes — e que incluem humanos. Nada encarna melhor o condicionamento recíproco entre Capitaloceno e Necroceno que os combustíveis fósseis. As Naturezas Baratas do carvão impulsionaram o apetite monstruoso do capital muito antes dos combustíveis fósseis se tornarem uma forma geral de uso de energia, mas o desmatamento do começo da era moderna logo provocou uma mudança do tempo "superficial" para o "profundo". Por volta do século XIX, a acumulação mundial passou a depender dos combustíveis fósseis — a apropriação da decomposição da vida em tempo profundo. Aqui, o Necroceno, outrora apenas um augúrio embrionário no começo do Capitaloceno, se atualiza no novo recrutamento do tempo profundo por parte do capital.

O argumento a favor do Necroceno deriva de uma visão do capitalismo enquanto ecologia-mundo, na qual a acumulação de capital é compreendida como fundamentalmente entranhada e moldada pela teia da vida (ver Moore, 2015a; Parenti, "Criação de ambiente no Capitaloceno", neste volume, p. 273; Hartley, "Antropoceno, Capitaloceno e o problema da cultura", neste volume, p. 251). O Necroceno ressalta a relação entre a acumulação de capital e o valor negativo. Este último abarca formas de natureza diretamente hostis à acumulação de capital e que não podem ser superadas pela lógica produtiva do capital. Problemas com resíduos e toxicidade têm um grande peso na visão de Moore, incluindo, é claro, a concentração crescente de gases de efeito estufa na atmosfera. Entretanto, resíduos e toxificação são apenas parte da realidade sugerida pela "ascensão do valor negativo" (Moore, 2015b). A extinção deve ser conceitualizada em relação à *longue durée* do capitalismo.

Ao que parece, atingimos um ponto de inflexão histórico de acumulação de valor negativo. A reprodução não linear desse valor claramente se tornou um problema imperativo — para o capital e para a vida planetária. O "entrelaçamento" da mudança climática com o capital produziu uma nova contradição no valor negativo: "processos de extração dos 'presentes gratuitos' da natureza (incluindo o trabalho humano) e a intoxicação da biosfera (incluindo humanos) atingiram agora um ponto de ruptura". Embora a acumulação de valor negativo possa se tornar mais aparente com o esforço cada vez mais frenético do capital de se apropriar do mais-valor e restaurar a Natureza Barata, a sua história tem raízes nas origens do capitalismo (Moore, 2015b, p. 5). O Necroceno, contíguo ao Capitaloceno, é a emergência lenta da crise da acumulação de valor negativo.

O conceito de Necroceno rastreia a relação entre o desdobramento material da extinção pelo capital e a história de sua investigação científica. Por isso, a extinção deve ser examinada pela exumação da matéria morta: como um objeto de conhecimento, os fósseis levaram à descoberta da extinção, ao conceito de catastrofismo e à biomassa decomposta de hidrocarbonetos cujo uso precipita a catástrofe ecológica verdadeira. A matéria morta é nosso elo com o aparente esquecimento do tempo profundo. Em sua inspeção, podemos aprender algo a respeito de nossas próprias catástrofes futuras. A Terra está assolada por cataclismos pontuados — subterrâneos, extraterrestres e biológicos —, um *press-pulse*[4] de extirpação de espécies e radiações (Arens & West, 2008). Hoje, buscamos analogias para nossa Época presente em estranhos nomes hifenizados: a extinção em massa contemporânea encontrada na "Grande Morte" do Permiano-Triássico; o aumento explosivo de CO_2 ppm no Máximo Térmico do Paleoceno-Eoceno; a agência geológica da vida no Grande Evento de Oxigenação há

2,5 bilhões de anos, quando a fotossíntese cianobacterial ativou talvez a primeira "catástrofe climática" da vida.[5]

Este ensaio apresenta uma visão do Necroceno em quatro estágios. Começa com o "intercâmbio colombiano" que veio com a conquista das Américas após 1492 (Crosby, 1972). A Pangeia foi restaurada pelo comércio intercontinental e transoceânico de plantios, humanos, animais e commodities. A dizimação de povos indígenas levou a outra "descoberta": a ideia de extinção. A extinção se tornou um problema de conhecimento. Segundo, a reorganização do capital pelo gerenciamento científico e pela extração de combustível fóssil fez da extinção um problema aparente, que precisava ser "administrado". A dialética de acumulação e extinção do capitalismo evoluiu junto com uma conceitualização de conhecimento de "risco" e "ambiente". O capitalismo não ignora o risco ambiental; tornou-o o problema central de sua sobrevivência. Terceiro, a "Grande Aceleração" após a Segunda Guerra Mundial testemunhou a convergência da estratégia financeira, atuarial, militar e do risco ambiental em torno da biossegurança. Esses surgiram entre os problemas do arsenal nuclear e as consequências ambientais dos testes nucleares. Finalmente, a biossegurança desapareceu em meio ao niilismo catastrófico e à aceitação da necrose: é a "economia de sobrevivência" do neoliberalismo, como a Caravana Donner. A crença na nossa alienação da natureza corporificou-se na perspectiva do ser humano como um rebento monstruoso e onipotente *da natureza*. O problema da extinção transformou-se em algo intrínseco à natureza humana, e não ao capital.[6] A história do ambientalismo é a história do capitalismo percebendo seu próprio princípio de *devir extinção* através do sistema conceitual de catastrofismo planetário. *Isso, por sua vez, gerou um estado de iminente extinção como uma característica permanente.*

O "Antropoceno" desloca a origem da crise contemporânea para o ser humano enquanto *espécie*, e não enquanto *capital*. Ele reforça o que o capital quer pensar de si mesmo: quem precipitou a instabilidade planetária atual foi a "natureza" humana, e não o capital. O Antropoceno diz que a "humanidade" subjugou a terra, que pode ou salvá-la ou destruí-la — e, no entanto, também afirma que as consequências não intencionais desse poder apenas aceleram nossa impotência perante a vingança inevitável da terra. Confundimos quem "nós" somos (como algo parecido a uma massa humana impossível de diferenciar) com o que "nós" realizamos por meio do capital. Confundimos uma condição histórica da nossa organização econômica com um aspecto inato do ser humano. O Catastrofismo Planetário se tornou a ideologia do capitalismo, e nesse catastrofismo se gera a catástrofe. Quanto mais o capital tenta realizar uma subsunção real da terra, mais a terra o subsome. No Necroceno, a farsa do capitalismo e a sua tragédia são concomitantes.

Finalmente invertemos o "anjo da história" de Walter Benjamin (2006). Não apenas voamos cegamente, com o rosto virado para o passado, olhando com terror para os detritos que sobem sem parar; agora seguimos adiante, ignorantes do passado, com os olhos fixos em catástrofes seguidas que se empilham à nossa frente.

Nascimento e enterro da catástrofe

O capital pode se achar uma espécie pioneira, mas a melhor expressão para defini-lo seria *táxon do desastre*, uma espécie que não apenas preenche nichos vazios após catástrofes ecológicas, mas que cria catástrofes para isso.[7] Sua história começa com a "unificação do globo por meio da doença" (Ladurie, 1981). O colapso demográfico dos ameríndios dificilmente foi acidental — e não foi apenas uma "epidemia de solo virgem" (ver, por exemplo, Crosby, 1986). Sem dúvida, as doenças infecciosas que os europeus trouxeram consigo aceleraram a velocidade da conquista. Entretanto, a duração do colapso demográfico serve como prova de que o capitalismo reorganizou a natureza: doenças como tuberculose e malária dizimaram povos indígenas devido a desnutrição, problemas sanitários, assentamentos de trabalho lotados e exploração letal em minas e plantações (Packard, 2011; Arnold, 1996).

A reorganização capitalista das naturezas do Novo Mundo provocou um efeito bumerangue de mortes na Eurásia. A Pequena Era do Gelo atingiu o pico no século XVII (Parker, 2013), em parte devido ao colapso demográfico ameríndio. O declínio de população nas Américas permitiu que a floresta se regenerasse. O reflorestamento das Américas, em paralelo com fortes ocorrências do fenômeno El Niño e baixa atividade de manchas solares (o mínimo de Maunder), precipitou desastres sócioecológicos pela Eurásia. Por volta de 1610, uma "mínima de CO_2" foi atingida; níveis de dióxido de carbono estavam entre os menores já registrados na história humana (Lewis & Maslin, 2015; Nevle & Bird, 2008).

Explorando a catástrofe demográfica, o capitalismo criou uma nova ecologia "tropical" na plantation escravocrata. Zonas tropicais — criadas ou descobertas — tornaram-se uma região equatorial homogeneizada cuja diversidade nativa foi destruída e substituída por algumas culturas típicas, como açúcar, tabaco e café. A diferenciação climático-geográfica permitiu transformar os sujeitos coloniais em outros ecológicos, justificando a expansão do capitalismo ao criar zonas de lei e exclusão (Benton, 2010). Esse tornar outro foi uma profecia autorrealizada: quanto mais crescia o sistema da plantation, mais as transformações ecológicas trazidas por ele permitiam que a malária e a febre amarela atingissem proporções epidêmicas, e mais os europeus viam esses lugares como inadequados para a "civilização" e inóspitos para serem colonizados por povos "civilizados". O mito de que a demanda por mão de obra escravizada do oeste da África devia-se à imunidade desses povos à doença caribenha está ultrapassado. *Primeiro*, as populações indígenas colapsaram, algo provocado pela reorganização imperial das naturezas. *Depois*, africanos escravizados foram levados muito antes do crescimento de casos de malária e febre amarela, que não existiam no Novo Mundo antes da invasão europeia (Packard, 2011; Webb, 2009).

Por volta do século XVIII, milhares de fósseis apareceram nos epicentros imperiais de produção de conhecimento. A expansão colonial tinha facilitado uma cooperação jamais vista entre as ciências naturais e o Estado. Biólogos amadores e botânicos se aproveitaram dos projetos coloniais para fazer pesquisa básica e, ao mesmo tempo, colher informação para exploração de recursos (Cushman, 2013; Ax *et al.*, 2011; Beinart & Middleton, 2004; Worster, 1994; Grove, 1995). Fósseis estranhos, impossíveis de identificar, fluíam das periferias dos impérios francês e britânico, insinuando a possibilidade de desaparecimento de espécies. Esses espécimes crípticos, como o mamute-lanoso, assombraram os salões iluministas por quase um século. O mamute, cujos ossos foram descobertos em diferentes lugares da América do Norte, apresentava uma espécie de enigma da Esfinge anatômico.

Em 1796, Georges Cuvier propôs uma solução radical para esse enigma. Ele defendeu que o mamute e o elefante indiano moderno não eram da mesma espécie. Embora sua conclusão se baseasse na comparação anatômica, o alcance planetário da "exploração" colonial dava evidências que sustentavam sua hipótese. Parecia impossível, argumentava, que "homens que coletaram e descreveram os menores insetos nos climas menos acessíveis não tivessem visto ainda tais animais tão substanciais" se ainda existissem (Cuvier *apud* Rudwick, 2005, p. 359). Ele acreditava ter descoberto "a existência de um mundo anterior ao nosso, destruído por alguma espécie de catástrofe. [...] Que revolução foi capaz de aniquilar sem deixar rastro algum além de ossos semidecompostos?" (Cuvier *apud* Rudwick, 2005, p. 363). Em 1804, Thomas Jefferson, assombrado pelas implicações da hipótese de Cuvier, enviou Meriwether Lewis e William Clark numa expedição à procura de — entre outros objetivos — mamutes que "deveriam" ter vagado pelo Oeste dos Estados Unidos (Rudwick, 2005, p. 414).

É claro que Lewis e Clark não encontraram mamutes a oeste do Rio Mississippi. Cuvier tinha encontrado uma ruptura na cadeia do ser e desenvolveu um conceito revolucionário: extinção. Ele propôs uma teoria do "catastrofismo": perturbações na homeostase ecológica, provocadas por catástrofes naturais exógenas como inundações e terremotos, podiam causar a extinção de uma espécie robusta e bem-adaptada. Os teóricos originais do tempo geológico profundo, James Hutton e Charles Lyell, assim como os primeiros evolucionistas, Geoffroy St. Hilaire e Jean-Baptiste Lamarck, se recusavam a acreditar na possibilidade de uma extinção em massa. O catastrofismo, na visão deles, era uma relíquia da mitologia judaico-cristã. Uma vulnerabilidade crucial da teoria de Cuvier era sua postura negacionista em relação à evolução. A descoberta do tempo profundo deu a Cuvier um escopo temporal demasiado superficial para os geólogos, que acreditavam que apenas a mudança gradual e cumulativa no tempo profundo afetava as espécies.

O uniformitarianismo de Lyell — que sugeria que a mudança biológica operava num ritmo constante, não pontuado — parecia ter triunfado com a publicação de *A origem das espécies* (1859). O conceito darwinista de evolução consistia em mudanças minúsculas e cumulativas que ocorriam numa velocidade bastante constante ao longo do tempo profundo. Isso pareceu ter dado um golpe categórico contra o catastrofismo de Cuvier. Não obstante, o uniformitarianismo permaneceu incapaz de explicar grandes saltos nos registros de fósseis; as qualidades estranhas e radiativas das espécies se acumulavam em certos estratos e estavam ausentes em outros, sugerindo velocidades variáveis de mudança evolucionária. O triunfo do uniformitarianismo — naquele instante — devia-se muito à mentalidade do empirismo laissez-faire anglo-americano do século XIX. Sua ontologia presumia que as espécies eram unidades autônomas, no controle de seus destinos individuais, cujas extinções eram causadas endogenamente pela falta de robustez adaptativa. As espécies eram um tipo de Horatio Alger biológico.[8] Marx (*apud* Foster, 2000, p. 198 [2005, p. 275]) brincou que Darwin redescobriu a Inglaterra do século XIX "no meio de animais e plantas". O catastrofismo foi enterrado, mas numa cova rasa, esperando algum espasmo tectônico que o despertasse.

O uniformitarianismo pode ter empurrado o catastrofismo para as margens do pensamento científico, mas lembretes das catástrofes do passado foram resgatados, agora nas terras do capitalismo. Pedreiras, mineração e construção de ferrovias acabaram descobrindo relíquias bizarras de animais, plantas e outros hominídeos que indicavam desastres antigos e desconhecidos. O capitalismo industrial exumou ainda mais a vida extinta: carvão e petróleo. Foi erigido pelos "presentes gratuitos" de energia na forma de carvão, turfa, água, luz solar e vento, mas a Natureza Barata da energia viva era cada vez mais inadequada em meados do século XIX. A transição de um regime de biomassa para um de hidrocarboneto marcou o momento em que o capital, após exaurir a natureza contemporânea, recorreu ao tempo profundo: o mundo morto e decomposto passava a ser colhido em nome da ecologia-mundo do capital.

A partir de 1492, o capitalismo inicial tinha como premissa uma limpeza florestal rápida — em especial para gerar combustível (Williams, 2003). Pela Europa e pelas Américas, as florestas se retraíram, ou suas ecologias foram fundamentalmente alteradas. Embora hoje em dia esteja na moda ver combustíveis fósseis como fundamentais para o desenvolvimento capitalista, o capitalismo estadunidense demorou a fazer a transição para o carvão. Os Estados Unidos não viam necessidade de usar carvão antracito até meados do século XIX — e essa só se tornou a principal fonte de energia após a Guerra Civil (Pursell, 2007, p. 61). Mesmo com vastos recursos florestais, tornou-se claro, por volta da década de 1860, que era necessária alguma forma de gerenciamento "racional" das florestas.

Em 1867, George Perkins Marsh publicou *Man and Nature* [O homem e a natureza]. Marsh concebeu o "Homem" como sendo tanto parasita quanto principal agente. Tendo testemunhado o desmatamento na Nova Inglaterra, ele acreditava que seres humanos viviam em um desequilíbrio perpétuo com a natureza. O homem, argumentava Marsh (1965, p. 41), tinha que encontrar maneiras de lidar com esse desequilíbrio — tínhamos de manter uma "vontade inteligente" capaz de ver além das pressões contemporâneas. A natureza não podia bancar a taxa de juros da nossa destruição. Se a "economia da natureza" do Iluminismo representava um orçamento equilibrado, Marsh foi quem refletiu que os humanos estavam num grande déficit e articulou as duas maiores linhas de pensamento e práxis ambiental. Por um lado, Marsh propunha uma ética tecnocrática de conservação que controlasse a natureza. Por outro, defendia uma ética preservacionista que via o "homem" como "um agente perturbador em todos os lugares [...] [que] persegue sem diferenciar, levando até mesmo à extirpação" de toda a vida ao seu redor (Marsh, 1965, p. 43). Esses dois tributários do "evangelho da conservação" seguiram trajetórias paralelas e muitas vezes antagônicas até a virada do século (Hays, 1959).

Esse antagonismo se cristalizou na disputa entre Gifford Pinchot e John Muir. Discutindo a respeito da construção da represa Hetch Hetchy em Yosemite, na Califórnia, durante a década de 1910, a disputa prefigurou um século de conflitos entre conservacionismo e preservacionismo. A demanda hídrica de São Francisco acabaria triunfando sobre a natureza sublime do vale. A conservação estava presa à construção estatal. Nos Estados Unidos, foi uma resposta aos problemas ambientais de expansão ocidental provocados por propriedades domiciliares, mineração, silvicultura e agricultura (Hays, 1959; Worster, 1985). A preservação estava ligada a um vocabulário estético-transcendentalista do Éden e da proteção da Natureza (com letra inicial maiúscula) ameaçada pela civilização. Para o preservacionista Muir (2003, p. 111), o conservacionismo de Pinchot representava um plano "para a destruição do primeiro Jardim". Segundo ele, um "Éden" puro estava em jogo — e ameaçado de extinção. Expurgados da visão de Muir estavam os nativos norte-americanos que foram expulsos de suas terras para que se pudesse estabelecer seu amado [Parque Nacional de] Yosemite. Muir tampouco confrontou o apetite voraz do capitalismo pela Natureza Barata que tornou necessário "preservar a natureza" em parques como Yosemite. "Fome de beleza" parecia mais importante do que a existência de fome e doença. Em um contexto mais amplo, as próprias expressões desse debate — entre preservacionistas e conservacionistas — separavam questões de esgotamento de recursos e toxificação. A primeira virou um problema da Natureza pura, existindo "lá fora", para além da Sociedade; a segunda se transformou em um problema não natural de ambientes urbanos, excluída das políticas ambientais por completo.

Eu me tornei a Morte, o salvador de mundos

> *Nós sabíamos que o mundo não seria mais o mesmo. Algumas pessoas riram, outras choraram. A maioria ficou em silêncio. Eu me lembrei do verso das escrituras do hinduísmo, o Bhagavad Gita. Vishnu está tentando convencer o Príncipe de que precisa realizar seu dever e, para impressioná-lo, assume uma forma com vários braços e diz: "Agora eu me tornei a Morte, o destruidor de mundos". Suponho que todos pensemos isso, de um jeito ou de outro.*
>
> — Robert Oppenheimer (1965), refletindo acerca do primeiro teste de bomba atômica

O retorno do catastrofismo não veio das agitações da Grande Depressão, mas do sistema de guerra total que amadureceu ao longo dos dois conflitos mundiais. A produção militar-industrial começou a se entranhar na vida civil. Foi liderada por empresas químicas que encontravam justificativa para continuar produzindo gás venenoso ao transpor os excedentes para usar numa "guerra contra os insetos" (Russell, 2001). Uma mentalidade de erradicação, estruturada por metáforas de parasitas e pestes, sustentou uma nova fase do Necroceno. No regime de produção militar-industrial, o capitalismo tentou se salvar da destruição por meio da intensificação absoluta da própria destruição. A apoteose desse processo foi Hiroshima e Nagasaki. O capitalismo encontrou na bomba atômica o reflexo de sua própria imagem na água escura. Percebeu que sua lógica só podia levar a uma coisa: extinção total. Percebeu que havia se tornado o Necroceno.

O ressurgimento do catastrofismo deve muito à bomba e a seu efeito colateral imprevisto de resíduos radiativos globais. A ciência do clima chegou à vida adulta nas "tecnopolíticas" de altitude da Guerra Fria (Edwards, 2010, p. 215). Uma rede complexa de satélites, modelos numéricos de tempo e clima e a modificação climática levaram a uma rede global crescente de captura de dados que buscava vigilância planetária. Essas tecnopolíticas atmosféricas eram uma reação — e um catalisador — à rápida expansão em escala temporal e espacial do risco ecológico. Ao estudar os efeitos ambientais da bomba, especialistas passaram a ver a humanidade como um ator planetário num sistema frágil e bem-regulado — e que a humanidade do pós-guerra ameaçava aniquilar (Hamblin, 2013; Edwards, 2012).

O prometeanismo, isto é, a visão de que humanos podem e de fato devem controlar a natureza, andou de mãos dadas com um novo catastrofismo. No cerne dessa relação havia um novo culto à especialização. A potência mundial estadunidense justificava a autoridade política pela necessidade de gerenciar os riscos postos em movimento por sua economia de guerra permanente. Mas a autoridade desses especialistas derivava de mais do que apenas uma promessa de mitigar riscos catastróficos; também devia muito às proclamações de que tais riscos eram *inevitáveis* e que ficavam de fora da deliberação política.[9] Esse foi o nascimento do estado de biossegurança. O livro *Science: The Endless Frontier* [Ciência, a fronteira infinita] (1945), de Vannevar Bush, justificava esse culto do especialista em sua reapropriação da tese da fronteira de Turner (1898).[10] Bush propunha uma nova ideologia tecnoutópica e viril. O cientista tornava-se um pistoleiro no Velho Oeste sideral, uma fantasia imperialista que superaria as contradições da extração capitalista de excedentes. A *fronteira infinita* enquanto exploração científica era, na verdade, a *fronteira infinita* da expansão da mercadoria: medos apocalípticos da extinção seriam trocados por fantasias utópicas de tecno-onisciência. O discurso científico do risco ambiental ofuscou a relação próxima entre desigualdade econômica e ambiental. Isso serviu como desculpa para o sistema de produção, que ameaçava a catástrofe ambiental ao enquadrar a humanidade como uma massa homogênea que havia se tornado um "agente planetário".

O controle do clima foi o primeiro grande objetivo desse agente planetário. E exigia resolver o problema de modelar e prever turbulência. A perspectiva de contar com o poder computacional dos novos "cérebros elétricos" — os computadores — parecia tornar isso possível. John von Neumann, matemático e inventor do computador Eniac [Computador integrador numérico eletrônico] (assim como da estratégia nuclear de Destruição Mutuamente Garantida), deu início a um projeto numérico de previsão climática no Instituto de Estudos Avançados de Princeton em 1946. Von Neumann tinha se correspondido com Norbert Wiener, um pioneiro na análise de sistemas não lineares complexos, oriunda de seu trabalho como projetista de pontaria antiaérea durante a Segunda Guerra Mundial. Wiener havia popularizado a teoria dos sistemas no livro

Cybernetics: Or Control and Communication in the Animal and the Machine [Cibernética: ou controle e comunicação no animal e na máquina], de 1948. Para o autor, sistemas complexos eram, acima de tudo, estruturas governadas por "comando e controle" de fluxos de informação. Fluxos caóticos de informação ficam entranhados em ciclos infinitos de retroalimentação positiva e negativa, produzindo uma ordem emergente do "ruído". Nesse esquema, a regulação da informação foi um enquadramento universal para todos os processos naturais e sociais.[11] Suas conclusões o deixaram cético acerca da capacidade dos meteorologistas de controlar o clima devido à "amplificação de pequenas diferenças" levando a resultados imprevisíveis (Weart, 2008, p. 58). Edward Lorenz, que executava modelos climáticos no fim da década de 1950, confirmou a afirmação de Wiener. Ele descobriu que condições numéricas inicialmente muito similares logo divergiam em suas trajetórias — o que depois se tornou o famoso "efeito borboleta" de Lorenz. O clima demonstrava um caráter caótico sensível a diferenças ínfimas.

Os testes nucleares atmosféricos tornaram prática e urgente a necessidade de modelos climáticos. Na década de 1950, quando os testes de fato começaram, também se iniciou o maior dos experimentos: a contaminação radiativa global. O estrôncio-90 não existia antes de um dia quente de julho em 1945. Assim como a belicosa Atena surgiu da cabeça de Zeus, o estrôncio-90 explodiu da pluma de uma "engenhoca", voando para o alto, rumo à estratosfera. De lá, dispersou-se e choveu sobre o planeta, formando um cobertor tóxico criado por humanos e inaugurando um momento sem retorno. A terra, o capital e o corpo agora se uniam através do tempo profundo da mutação radiativa. A noção de atmosfera e oceanos como uma fossa sem fundo foi testada.

O Projeto Sunshine, um estudo secreto iniciado pela Comissão de Energia Atômica (CAE) dos Estados Unidos no começo da década de 1950, buscava rastrear essa nova inflexão no metabolismo do capitalismo planetário. Foi um esforço sem precedentes para compreender a biosfera global, rastreando os radionuclídeos pelos níveis tróficos da biosfera. O projeto começou em 1949 sob o título apocalíptico de Projeto Gabriel. Um físico de Oak Ridge, Nicholas Smith, calculou o número máximo de bombas nucleares que poderiam ser detonadas até que toda a vida na Terra fosse extinta (Hacker, 1994, p. 181-2). Ele determinou que o estrôncio-90 era o pior entre vários produtos terríveis da fissão, uma vez que sua capacidade de mimetizar o cálcio permitia que ele se assentasse nos ossos. Assim que chegasse aos ossos, o estrôncio-90 precisava apenas derrubar um elétron de uma molécula de cálcio próxima para começar uma reação em cadeia metastizada (Rand Corporation, 1953, p. 2).

Então, novamente, ossos da periferia global fluíram para o novo centro imperial nos Estados Unidos. Dessa vez, porém, eram corpos humanos — e não animais extintos — os objetos mais valiosos. No Observatório Lamont da Universidade Columbia, o "teoquímico" Laurence Kulp embarcou avidamente no projeto. Até então, o Observatório era uma espécie de área esquecida da pesquisa. A bomba lhe deu um sentido — e fama. Kulp e seus estudantes examinaram leite, vinho, solo, plantas e animais, considerando até mesmo diferenças de alimentação ao redor do globo (Higuchi, 2010, p. 306-7).

O mais valioso, no entanto, eram os ossos de crianças. Eram o Cálice Sagrado. Os cientistas do Observatório foram tomados por uma obsessão quase monomaníaca por eles, e as reuniões do Sunshine eram dominadas por essa pauta.[12] Numa conferência do Projeto Sunshine da CAE em 1954, o comissário Willard Libby lamentou a complicada zona cinzenta que era "a lei de remoção de cadáveres [...] se alguém conhece quem faz um bom trabalho removendo cadáveres, essas pessoas vão servir bem seu país".[13] A CAE contratou removedores de cadáveres, coagiu governos, subornou agentes funerários e instruiu alguns dos melhores estudantes de pós-graduação em geoquímica a roubar amostras do Ártico à África do Sul e Austrália. Até mil espécimes foram enviados aos Estados Unidos só da Austrália, incluindo 284 corações de bebês — a maioria sem permissão dos pais, que deviam permanecer "numa feliz ignorância" (Roff, 2002, p. 304-5).

Enquanto isso, o catalisador de uma nova política ambiental de catástrofe planetária emergiu de uma fonte diferente: um estudo universitário de espécimes biominerais humanos. A Pesquisa do Dente Infantil da Universidade de Washington, conduzida pela dentista Louise Reiss, foi um esforço dos cidadãos que coletaram, entre 1958 e 1962, mais de trezentos mil "dentes de leite" de crianças. (Cerca de 85 mil desses dentes ainda estão em caixas de sapatos em um *bunker* de munição na universidade.)[14] Foi a resposta da "ciência cidadã" ao Projeto Sunshine. O objetivo declarado da pesquisa era fornecer ao público conhecimento científico "objetivo" acerca de como a radiação afetava o corpo humano. Com isso, foram pioneiros no uso de dados científicos como instrumento de protesto político (Egan, 2007; K. Moore, 2008; Higuchi, 2010). A maioria dos dados do Sunshine já tinha chegado ao público quando o projeto começou. Foi de fato o uso de amostras juvenis que tornou a Pesquisa do Dente Infantil um sucesso. "Dentes de leite" deram um rosto humano ao problema abstrato, altamente técnico, de uma "dose permissível". Esse rosto humano era de uma criança branca dos subúrbios — a distribuição desigual de riscos significava que o perigo ambiental só ganhou teor político quando grupos influentes se sentiram ameaçados. O medo de legar aos filhos um planeta em ruínas era um prospecto muito mais aterrorizante do que o desmatamento denunciado por Pinchot e seus colegas conservacionistas no começo do século XX. A inocência da infância, a *raison d'être* do consumismo suburbano do período, agora parecia cerceada por forças mutantes, alienígenas, não naturais. A antiga batalha entre monstro e criança foi recapitulada como *Godzilla* (1954) contra *Leave it to Beaver* (1957).[15]

Quando Rachel Carson publicou *Primavera silenciosa* (1962 [1969]), a síntese catastrofista do preservacionismo e do conservacionismo se tornou o modelo dominante de como imaginávamos os futuros do planeta. Carson contou a história da contaminação radiativa por meio do DDT (diclorodifeniltricloroetano) — um produto aparentemente comum usado em grande escala como pesticida na agricultura. Carson abre *Primavera silenciosa* com linguagem bíblica: "uma doença estranha das plantas se espalhou pela área toda", trazendo consigo "enfermidades misteriosas". Uma "sombra de morte" foi lançada sobre toda a vida (Carson, 1962, p. 2 [1969, p. 12]). Algo havia invadido o Jardim; a serpente chegara. Deus traz Sua fúria sobre os habitantes da pastoral estadunidense, embora não soubessem disso. Como o primogênito do Egito, nem as crianças são poupadas. Estariam vivendo, pelo jeito, numa terra tão tóxica que são atingidas por "males repentinos, enquanto caminhavam ou brincavam, e morrem ao cabo de de poucas horas". Uma reação em cadeia de desaparecimentos deixa até o animal mais resiliente de todos, "o homem", sem auxílio. Era como se uma bomba atômica tivesse caído: a vegetação parecia ter sido varrida pelo fogo, e "um pó branco, granulado" caía "como se fosse neve" (Carson, 1962, p. 3 [1969, p. 13]) — metáfora que evocava o horror da poeira atômica. Carson estendeu a relação entre o corpo humano e o isótopo radiativo para todos os produtos químicos industrializados. Ao fazê-lo, capturou uma ansiedade popular que se aprofundava a respeito do fim da humanidade pela deformidade e a mutação: um "fim" fundamentalmente ligado à prática da vida moderna, da geopolítica ao quintal de casa. Nas consequências imprevistas do cotidiano, "um espectro sombrio se espalmou por cima de nós quase sem ser notado; e essa tragédia imaginada poderá facilmente tornar-se dura realidade, de que todos nós deveremos ter conhecimento" (Carson, 1962, p. 3 [1969, p. 13]). Numa só frase, Carson globalizou essa tragédia como uma catástrofe que se aproxima do tempo profundo, não com as megaexplosões da bomba, mas na violência lenta dos seus subprodutos invisíveis e desconhecidos. "Eu me tornei a Morte" e "Salvem a Terra" viraram dois lados da mesma moeda.

Carson não foi a única pesquisadora ciente de uma catástrofe de tempo profundo. Na década de 1950, havia medos populares crescentes — no Japão, na Inglaterra e nos Estados Unidos — de que explosões nucleares desencadeariam mudanças climáticas e eventos climáticos extremos (Edwards, 2010; Hamblin, 2013). A maioria dos especialistas em atmosfera descartaram inicialmente essa preocupação do público. No começo dos anos 1960, cientistas que eram céticos passaram a especular a respeito das possibilidades de derretimento das calotas polares com bombas de hidrogênio para criar um Ártico "temperado". Outros cientistas temiam que tal intervenção iria, em vez disso, desencadear uma era do gelo (Wexler, 1958). O mistério das eras do gelo fora o Santo Graal da pesquisa climatológica por quase cem anos. Na década de 1950, geólogos costumavam aceitar que existiram quatro eras do gelo e períodos interglaciais em intervalos regulares. Mas ainda havia poucas provas. Na década de 1930, o astrônomo sérvio Milutin Milankovitch havia proposto que ciclos orbitais baseados em excentricidades elípticas de longo prazo da rotação da Terra ao redor do Sol estavam envolvidos nisso. Se fosse verdade, muito mais do que quatro eras do gelo teriam ocorrido, considerando que o ciclo orbital mais longo durava apenas cem mil anos.

Os geofísicos duvidavam da hipótese de Milankovitch. Para eles, era cada vez menos provável que pequenas alterações na radiação solar pudessem causar enormes mudanças climáticas. Mas os cientistas do Observatório Lamont começaram a repensar a questão. Resgataram amostras das profundezas do oceano que sugeriam que Milankovitch podia ter razão. Essas sugestões traziam uma implicação profunda: o clima do planeta podia mudar rapidamente, inclusive devido a pequenas perturbações. Em 1963, o geoquímico Wallace Broecker, veterano do Projeto Sunshine, propôs que mudanças climáticas rápidas eram possíveis. A teoria de Milankovitch, argumentava Broecker, agora devia ser levada em conta como "mais do que apenas uma curiosidade interessante" (Weart, 2008, p. 48). O chefe do Observatório Lamont, Maurice Ewing, já tinha coescrito um artigo em 1956 propondo a possibilidade de que os ciclos de feedback de albedo pudessem causar eras do gelo rapidamente. Cesare Emiliani, ao estudar os marcadores químicos de foraminíferas antigas (pequenas lesmas enterradas no fundo da crosta do oceano), propôs muito mais do que quatro eras do gelo — e que suas ocorrências não eram tão regulares nem tão graduais quanto acreditavam os cientistas (Weart, 2008, p. 45-7). Amostras de núcleo de gelo do Ártico confirmaram ainda mais a possibilidade de instabilidade climática. As catástrofes nuclear e climática se fundiam, então, num grande complexo na cabeça dos especialistas. Robert Ayres, cuja pesquisa posterior acerca do metabolismo industrial influenciaria o discurso do desenvolvimento sustentável, escreveu um estudo definitivo de três volumes para a Rand Corporation a respeito dos efeitos ambientais das armas nucleares. Nesse estudo, ele aplicou essas novas teorias de instabilidade da era do gelo para argumentar que armas nucleares podiam alterar a atmosfera ao jogar para o alto quantidades imensas de aerossóis de pó (Ayres, 1965) — o que mais tarde ficaria conhecido como "inverno nuclear".

A mentalidade de "comando e controle" da Guerra Fria levou os cientistas a buscar um só fator que governasse a biosfera (Weart, 2008). Por volta da década de 1960, essa mentalidade estava colapsando. Passava-se a pensar em multideterminação. Tornou-se cada vez mais claro que o clima operava através de ciclos de feedback sensíveis em velocidades variáveis. Modelos de circulação geral[16] passaram a acrescentar mais e mais variáveis, de correntes oceânicas a erupções vulcânicas. Nos anos 1980, Broecker descobriu que, se a "esteira" do oceano profundo (a circulação termoalina) fosse desativada, causaria mudanças climáticas rápidas e catastróficas. Cada processo biosférico parecia a ponto de explodir, até mesmo o oceano.

Na década de 1950, os cientistas presumiam que o oceano possuía uma capacidade quase infinita de absorver detritos humanos, do lixo radiativo ao dióxido de carbono. O oceanógrafo Roger Revelle, que havia liderado o primeiro estudo biológico de contaminação radiativa no Atol de Bikini em 1946, começou a questionar essa ideia. Em um artigo escrito com Hans Suess em 1957, os dois descobriram — contrariando suas suposições iniciais — que os oceanos não podiam atuar como uma fossa infinita de CO_2. "Seres humanos", declararam, "estavam realizando um experimento geofísico de grande escala que não pode ter ocorrido no passado — e que não pode se repetir"

(Revelle & Suess, 1957, p. 19). Mas CO2, como um "modificador imprevisto do clima", era apenas um entre vários culpados e *ainda* não era considerado a principal ameaça para a estabilidade climática. Na década de 1960, uma grande quantidade de material particulado atmosférico antropogênico preocupava os cientistas. Walter Orr Roberts percebeu, em 1963, que os rastros de aviões aumentavam as nuvens *cumulus* e, portanto, absorviam radiação (Fleagle, 1969; Weart, 2008), resfriando a terra. No início da década de 1970, Mario Molina e Sherwood Rowland, então cientistas da Nasa, criaram a hipótese de que o CFC (de aerossóis e refrigerantes) estava destruindo a camada de ozônio e poderia, potencialmente, aquecer a Terra. Ao mesmo tempo, o químico atmosférico Paul Crutzen descobriu outro processo de esgotamento do ozônio, proveniente do uso vertiginoso de fertilizantes artificiais, que aumentava o óxido nítrico na atmosfera (Weart, 2008, p. 122-3).

Cientistas atmosféricos continuaram sem saber se os efeitos de resfriamento ou os de aquecimento da ação humana triunfariam. Uma coisa, no entanto, era certa: a atmosfera global tinha sido modificada pela produção industrial. Em 1965, o relatório da National Science Foundation a respeito do assunto ecoou as palavras que George Perkins Marsh proferira um século antes, ao declarar que "o homem está se tornando tão numeroso e sua influência no ambiente tão profunda que ele não pode se considerar livre para explorar de forma descuidada ou imprudente a terra, a água, o ar e as coisas que crescem neste planeta" (Comissão Especial sobre Modificação Climática, 1965, p. 1). Conforme os estudos científicos foram se acumulando, a convergência da teoria do caos e do catastrofismo permitiu que uma língua franca, universalmente compartilhada, penetrasse o ativismo ambiental, a pesquisa de ciências naturais, a estratégia de segurança nacional e os programas de desenvolvimento global.

Esse discurso não estava, é claro, centrado no problema da produção capitalista. Em vez disso, a "humanidade" enquanto espécie era o agente (catastrófico) de mudança. E, ainda que o discurso do "homem" obscurecesse a culpa primária do capitalismo, a realidade dos seus efeitos planetários foi esclarecida empiricamente — e pelos mesmos especialistas que ajudaram a solidificar o poderio mundial estadunidense na década de 1950. Por volta dos anos 1970, ficou evidente para muitos nas ciências naturais que a escala temporal da acumulação de valor negativo tinha se estendido muito além do alcance das capacidades gerenciais do capital.

A variável final em ação no catastrofismo foi a população. O motor da degradação ambiental, aparentemente, era a demasiada quantidade de humanos. Quanto mais gente nasce, mais energia é consumida, mais detritos são produzidos, mais a Terra sofre. Aqui, pelo visto, havia um ciclo de feedback positivo que gerava apenas consequências negativas. A poluição talvez não fosse um problema se não existissem tantas pessoas. Bastava, então, haver um bom gerenciamento populacional e de recursos. O controle global da população poderia garantir a contenção da crise ambiental. O culto tecno-otimista dos especialistas, visto em muitos programas de modernização e desenvolvimento, escondia o medo subjacente de um desastre. A ideia de "conter" o comunismo não foi promovida apenas pelos meios militares e econômicos. A máxima "Mantenha-os alimentados e eles não se tornarão vermelhos" era tão importante quanto a teoria do dominó da estratégia da Guerra Fria nos Estados Unidos.

A contenção ambiental era, portanto, um campo de batalha primário na Guerra Fria (Tucker, 2010; Cullather, 2010; Biggs, 2010; Kinkela, 2011). Enquanto os administradores coloniais na década de 1930 se preocupavam com a *baixa* população que minguava o crescimento econômico, uma obsessão diferente definiu a era do pós-guerra: o medo do *excesso* demográfico (Hodge, 2007; Bashford, 2004). A "bomba populacional" — título do best-seller de Paul Ehrlich (1968) — transpôs o vocabulário do catastrofismo nuclear para uma nova ameaça ecológica: a superpopulação. A própria reprodução da "humanidade" tornou-se uma ameaça à existência humana. O discurso da superpopulação ressuscitou um neomalthusianismo misantropo que via como o maior risco à biossegurança do globo as "hordas" crescentes do Sul global. Mas o capital global talvez pudesse sobreviver às convulsões que tinha produzido fazendo uso de um novo conceito de segurança ecológica. Em 1971, a Organização das Nações Unidas para a Educação, a Ciência e a Cultura (Unesco) lançou o programa "O Homem e a Biosfera", que incorporava uma nova fase no esforço de usar a biossegurança global para salvar o capitalismo de si mesmo. A iniciativa separou "reservas biosféricas" ao redor do planeta, buscando desesperadamente conter o círculo de acumulação com "desenvolvimento sustentável".

O início daquela década marcou uma nova fase de consciência ambiental — pontuada na consciência popular pelo primeiro Dia da Terra, em 1970. Nesse contexto, *Os limites do crescimento* criticava o catastrofismo — e o reforçava (Meadows *et al.*, 1972 [1973]). Donella Meadows e seus colegas usaram simulações computadorizadas para defender que o crescimento exponencial da população global acabaria com os recursos finitos. Malthus foi levado à era digital. *Os limites do crescimento*, enquanto criticava a produção industrial de forma abstrata, botava a culpa na população, e não na produção. Esse ciclo de feedback aparentemente incorrigível de crescimento populacional e esgotamento de recursos fez com que alguns cientistas passassem a buscar uma escotilha de fuga da *Espaçonave Terra* — antes que o "homem" apertasse o botão de autodestruição.

Em meados dos 1970, anos de vacas magras, da crise de energia e de cortes de orçamento, *Science: The Endless Frontier* virou a mais modesta *High Frontier* [Alta fronteira] (O'Neill, 1976). Gerard O'Neill confrontou o dilema dos limites de crescimento e forneceu uma solução utópica. "Podemos colonizar o espaço e fazer isso sem roubar ou ferir alguém e sem poluir nada", profetizou (O'Neill, 1974, p. 32). A colonização espacial seria o sonho do capitalista e do ambientalista: habitats autossustentáveis, de custo neutro, usando energia solar, cultivando as próprias colheitas, extraindo minerais na Lua ou em asteroides. Até espécies ameaçadas "podem encontrar refúgio para o crescimento nas colônias espaciais, onde inseticidas seriam desnecessários [...] e a indústria tem energia ilimitada para reciclar" (O'Neill, 1974, p. 34). Também afirmava que os recursos efetivamente inesgotáveis da galáxia sustentariam as explosões populacionais e removeriam os limites do crescimento econômico: "se formos tão pródigos a ponto de usar o material do cinturão de asteroides nos próximos quinhentos anos, podemos ganhar outros quinhentos anos ao usar as luas de exoplanetas" (O'Neill, 1974, p. 39).

Mais uma vez enxergamos a contradição da sustentabilidade. O'Neill começa com uma descrição tirada de *Os limites do crescimento*, mas acaba defendendo uma continuação do capitalismo por meio de um movimento de fronteiras sem fim, engolindo o restante dos recursos do Sistema Solar — até mesmo da Via Láctea. A Sociedade L5, grupo de defensores da colonização espacial inspirada por O'Neill, simbolizou o ápice da contradição entre expansão capitalista e proteção ambiental do catastrofismo planetário (Michaud, 1986). O lema do grupo, "Ame a Terra: deixe-a", pode ser considerado uma bandeira branca do ambientalismo da Guerra Fria: não havia nenhuma solução — era apenas mais do mesmo, expandido para o espaço interestelar.

O movimento do imaginário ambiental da Terra para o espaço também facilitou o inverso: aqueles que estudavam o espaço passaram a olhar para a Terra. Astrofísicos se direcionaram para a climatologia planetária. A entrada de astrônomos deslocou o foco de pesquisa das catástrofes climáticas para as estrelas. O astrobiólogo Carl Sagan resolveu o mistério da razão para que Vênus, um planeta tão similar ao nosso e um pouco mais perto do Sol, seja tão mais quente que a Terra. Era o efeito de um ciclo de feedback amplificado: o "efeito Vênus", ou efeito estufa. Em Vênus, víamos o reflexo infernal do nosso futuro. Não era coincidência que o Instituto Godard de Estudos Espaciais da Nasa, sob liderança de Jim Hansen, tornou-se o centro da pesquisa climática na década de 1980. O depoimento de Hansen ao Congresso em 1988 trouxe à atenção do público o prospecto sombrio de uma atmosfera que se aquece rapidamente. Ele se sentiu confiante em suas previsões depois que os modelos de circulação geral de sua equipe demonstraram como aerossóis de sulfato podiam desencadear um feedback de albedo capaz de resfriar o globo. O modelo, pelo contrário, também mostrava como podia ocorrer um *aquecimento* por meio do mesmo processo de amplificação do feedback (Weart, 2008, p. 116-8).

A preocupação com os asteroides espelhava um medo renovado de modificação climática nuclear, descrita agora como inverno nuclear. Alterações climáticas rápidas significavam que a vida podia sofrer crises de adaptação que levariam a eventos de extinção, exatamente como propusera Cuvier mais de um século antes. Biólogos populacionais perceberam isso também. Gould e Eldredge (1972) propuseram a teoria evolucionista de equilíbrio pontuado, dando uma explicação plausível para lacunas no registro fóssil que intrigou os naturalistas do século XIX. Eles afirmavam que períodos de rápida diversificação de espécies, como a explosão Cambriana, eram seguidos por longos períodos de estase (equilíbrio). Cedo ou tarde, outro evento geológico exógeno, como um asteroide ou um aumento de atividade vulcânica, modificaria ambientes de forma demasiado rápida para que as espécies conseguissem se adaptar. Com essas catástrofes, novas espécies evoluiriam. A "hipótese Alvarez", em 1980, seria a cereja final do bolo catastrofista (Alvarez *et al.*, 1980). Luis Walter Alvarez e seu filho Walter argumentaram que o bizarro estrato global do elemento raro irídio no registro geológico sugeria um impacto de asteroide. A extinção dos dinossauros teria sido provavelmente causada por esse impacto, o que mandou para a atmosfera uma quantidade de aerossóis em pó suficiente para causar um ciclo de feedback de resfriamento. Cuvier teve sua desforra. Mas a catástrofe que ele vira como produto de intervenção divina era agora vista pelos cientistas como um acidente extraterrestre. A vida se tornou uma *corrida* na corda bamba do esquecimento.

O novo catastrofismo também deixou claro que a vida planetária tinha vivenciado várias extinções em massa. Um evento de extinção é definido como um desaparecimento rápido de pelo menos três quartos de todas as espécies vivas, algo que ocorreu cinco vezes antes da era humana (Barnosky *et al.*, 2012, p. 51). A descoberta da extinção em massa foi com certeza perturbadora. Mas, na década de 1980, cientistas ainda achavam que tais catástrofes ocorriam apenas por causa de impactos extraterrestres errantes ou explosões de supernovas próximas, "uma descoberta algo reconfortante" (Ward, 2009, p. 83). Parecia haver até mesmo certa periodicidade "natural" para esses eventos

(Raup & Sepowski Jr., 1984). Ao longo dos anos 1990, essas descobertas reconfortantes deram espaço para algo muito menos agradável: a ideia de que a própria vida pudesse ser a catalisadora da sua destruição (Ward, 2009, p. 84). As evidências sugeriam que a "humanidade" era a força motriz de um novo evento de extinção em massa (Leakey & Lewin, 1995).

Hoje, passados mais de cinco séculos de expansão capitalista global, a acumulação pela extinção produziu uma Sexta Extinção (Kolbert, 2014 [2015]). A Sexta Extinção é o resultado material da convergência do Necroceno — conceitualmente, entre teoria de sistemas caóticos e catastrofismo planetário bioecológico do tempo profundo; na prática, pelos processos de extinção e necrose que de fato existem sob o capital. Podemos analisar a ascensão do valor negativo por meio de geografias históricas de extinção e da produção de conhecimento a respeito de seu processo. A acumulação por extinção se tornou a norma. O capital espera inventar novos corpos dos quais irá se alimentar.

O futuro é para sempre passado

O argumento do Antropoceno explica os malefícios do capital ao apontar a natureza humana. Chama de útil o sofrimento proveniente desse mal, porque a humanidade o causou a si mesma, *e apenas pelo colapso* um grande renascimento pode justificar essa hora sombria. O argumento do Antropoceno parece nos conduzir, várias e várias vezes, para a ideia de que apenas um casulo tecnológico pode nos proteger das tendências autodestrutivas inerentes à vida. "Apenas a engenharia irá nos salvar agora, pois a 'natureza' resume-se a fatos numa página, nos encarando" (Ward, 2009, p. 156). Esse argumento parece ser a própria justificativa para a continuação do capitalismo catastrófico. Se o jogo do capitalismo é a roleta-russa, não devemos supor que todos os jogadores são suicidas? A sugestão de que devemos "salvar a vida de si mesma" pela manipulação tecnológica não poderia ser mais útil para sua finalidade. O capital então busca adiar sua derrocada por meio da geoengenharia planetária, intensificando as contradições do valor negativo através da proteção "ambiental". Depois de trinta anos tentando remover dióxido sulfúrico da atmosfera, agora se propõe a sério que voltemos a injetá-lo na estratosfera para nos salvar (National Research Council, 2015).

A visão exagerada da "humanidade" à beira de uma extinção próxima é uma perspectiva perniciosa que dá um curto-circuito na capacidade de agir (Lilley *et al.*, 2012). Hoje testemunhamos a transformação do lema "Ame a Terra: deixe-a" para "Ame a Terra: se mate". O desejo de morte dos ecologistas profundos e a pulsão de morte do capital jazem na mesma fantasia misantrópica de um mundo sem pessoas — o primeiro em um desejo masoquista de apagar nossos pecados; o último, na esperança de que nos tornemos puro valor abstrato, livres da entropia material e da morte. A ecologia profunda e os planos de geoengenharia são duas faces da mesma moeda. O catastrofismo ambiental é uma política baseada em milhares de cassandras soando o sino da morte da "civilização", uma crença que leva ou a um neoprimitivismo fatalista ou a uma luta fascista darwiniana-malthusiana pela sobrevivência.

Se vivemos no Antropoceno é porque o Capitaloceno quer que pensemos dessa maneira. O "ambiente" deve ser descartado como uma ficção do capital, e o "ambientalismo" também. A "Aritmética Verde" — somando Natureza e Sociedade (Moore, 2015a) — ofuscou por tempo demais a interpenetração do capital nos corpos, nas ecologias e no estrato geológico. A subsunção real da Terra sob o capital é impossível: o capital nunca escapará do mundo material no qual atua. A lógica da acumulação não é capaz de ultrapassar a extinção, porque a acumulação e a extinção são o mesmo processo. Não podem ser desconectados. Mas o ser humano *pode* ser desconectado do capital. O capital é a extinção. Nós não somos.

Notas

1 "Tempo profundo" é um conceito utilizado para se referir à longa idade da Terra, ao tempo geológico, aos milhões de anos de formação planetária, de história não humana. [N.E.]

2 Propôs-se um novo tipo de rocha, o plastiglomerado, feito da "mescla de plástico derretido, sedimento de praia, fragmentos basálticos de lava e detritos orgânicos" (Corcoran, Moore & Jazvac, 2014, p. 4).

3 "As Quatro Coisas Baratas são centrais para a resolução das crises recorrentes de excesso de acumulação no capitalismo histórico. Consequentemente, o final cíclico das Quatro Coisas Baratas, em ciclos de acumulação sucessivos, corresponde a uma massa crescente de capital excedente sem lugar para onde ir. A exaustão das fronteiras de commodities e o crescimento desacelerado do trabalho não remunerado consequentemente têm forte ligação com as formas peculiares de financeirização que emergiram desde os anos 1970" (Moore, 2015a, p. 227).

4 Os ecologistas, não raro, classificam desequilíbrios ecológicos causados por ação antrópica como *press* ou *pulse*. Desequilíbrios do tipo *press* são os de longa duração, com impacto ecossistêmico de longo prazo e que geralmente resultam em mudanças na estrutura física de um ecossistema. Os desequilíbrios do tipo *pulse*, por sua vez, são temporários e, justamente por isso, reversíveis. [N.E.]

5 "A fotossíntese desencadeou um dos maiores desastres climáticos do mundo, a 'Terra Bola de Neve' do Paleoproterozoico. Investigação intensa do período das glaciações paleoproterozoicas podem revelar se uma nova característica biológica é capaz de alterar de forma radical o mundo e quase levar a vida na Terra ao fim" (Kopp *et al.*, 2005). [A Terra Bola de Neve é uma hipótese proposta por alguns geólogos e sugere que o planeta ficou completamente coberto de gelo durante o Éon Proterozoico (2,22 bilhões de anos atrás) — N.E.]

6 Lewis e Maslin (2015, p. 177) concluem que "cinco séculos de investigação científica humana" erradicaram a crença na excepcionalidade da humanidade na teia da vida. A ciência transmutou a humanidade do topo da cadeia para meros primatas, para parasitas invasivos atropelando uma biosfera frágil. Os leitores são convidados a olhar o Antropoceno não apenas como uma classificação estratigráfica, mas como um meio para a humanidade se reposicionar como protagonista no grande embate da vida. Parecem ter aprendido com Nietzsche, que observou muito antes esse descentramento trazido pela ciência. O que

ele disse com ironia, porém, é agora repetido com sinceridade, pois Nietzsche (2000, p. 592 [1998, p. 143]) via na ciência um "*autodesprezo* do homem difícil de conquistar que era sua última e mais séria afirmação de autorrespeito". Podemos dizer o mesmo do Antropoceno: quanto mais eliminamos nosso caráter único, mais nos vemos como únicos. O Antropoceno quer nos recolocar no topo da cadeia enquanto nos empurra mais para dentro do que Nietzsche (2000, p. 591 [1998, p. 143]) chamava de um "*lancinante* sentimento do seu nada".

7 Táxons do desastre costumam povoar áreas depois de espécies nativas terem sido eliminadas por uma catástrofe ambiental. Mamíferos, por exemplo, não teriam se espalhado pelo globo depois do evento de extinção do Cretáceo-Paleógeno se não estivessem dispostos a ser necrófagos.

8 Horatio Alger (1832-1899) foi um famoso escritor de livros infantojuvenis nos Estados Unidos. O enredo de suas histórias era sempre centrado em rapazes pobres, que atingiam a ascensão social para uma vida de classe média por meio de comportamentos virtuosos de altruísmo, caridade e honestidade. [N.E.]

9 O pianista Tom Lehrer resumiu essa ideia em sua homenagem satírica ao inventor do foguete V-2, Wernher von Braun: "Depois de o foguete subir, quem se importa em saber onde ele vai cair? Esse não é meu departamento, disse Wernher von Braun" (Vaver, 2006, p. 175).

10 Para Turner, a expansão populacional dos Estados Unidos em direção ao oeste no início do século XVIII teria fundamentado os ideais de individualismo, democracia e nacionalismo que se tornariam os pilares da sociedade estadunidense no século seguinte. [N.E.]

11 As Conferências Macy de 1948-1950 incluíam Wiener, Gregory Bateson, Claude Shannon, Talcott Parsons, John von Neumann e Margaret Mead. Esses participantes lideraram o desenvolvimento de uma nova episteme "cibernética". A "grande teoria" da ação social de Talcott Parsons entendia que estruturas emergentes de "variáveis de padrões" e "manutenção de padrão" seriam universais estruturais evolucionários de socialização e formação de normas sociais. O engenheiro Claude Shannon propôs uma solução para o problema da "entropia da informação" na conferência de 1948. A entropia da informação era algo como a brincadeira do telefone sem fio — uma informação relevante do sinal se deteriora enquanto função do tempo devido ao "ruído". Shannon argumentava que toda a informação é essencialmente uniforme, e

o conteúdo ou significado do sinal em si é irrelevante, então todos os sinais analógicos podiam ser comprimidos em código binário. A vida e o trabalho viraram essencialmente pacotes de "informação" binária.

12 Kulp também parecia ter um gosto especial por "serrar corpos e transformá-los em cinzas" — tantos, na verdade, que o homem "que cuidava da loja de máquinas comprou uma serra de fita só para Larry, pois não queria que ele usasse a sua para cortar corpos na loja" (John Imbrie em entrevista a Ronald Doel, College Park, Niels Bohr Library & Archives, American Institute of Physics, 21 maio 1997).

13 Divisão AEC de Biologia e Medicina, 18 jan. 1955 (Conferência de Biofísica, ACHRE n. NARA-061395-B). Kulp sugerira que tentassem na cidade de Houston, porque "lá eles não têm todas essas regras [...] há muita pobreza e assim por diante", ao que Libby teria demonstrado uma alegria um tanto perturbadora, exclamando: "Que maravilha!".

14 "Decades Later, Baby Tooth Survey Lives On" [Décadas depois, a Pesquisa do Dente Infantil ainda sobrevive], *St. Louis Post-Dispatch*, ago. 2013.

15 Série televisiva muito celebrada nos Estados Unidos, transmitida entre 1957 e 1963. Tornou-se um ícone da cultura popular no país e exibia o cotidiano de uma família branca de classe média, narrada do ponto de vista de Beaver, um menino de oito anos. [N.E.]

16 Tipo de modelo climático que se utiliza de equações para simular a atmosfera terrestre ou os oceanos. [N.E.]

5 O Capitaloceno, ou a geoengenharia contra as fronteiras planetárias do capitalismo[1]

Elmar Altvater

Nas últimas décadas, cientistas climáticos descobriram as "fronteiras planetárias" do crescimento econômico e alertaram sobre um possível colapso do Sistema Terra após ultrapassados certos pontos de inflexão (Rockström *et al.*, 2009b). O "Homem" — o *Anthropos* — seguia a mensagem bíblica de pôr a Terra sob seu jugo, e de forma tão eficaz que "começamos um novo tipo de evolução: a tecnologia". Segundo Ray Kurzweil, ex-engenheiro chefe do Google, o progresso humano que começou com a evolução biológica continuaria por meio desse desenvolvimento "até que o Universo inteiro esteja em nossas mãos". A declaração de Kurzweil acerca da *dependência* da humanidade em relação a tecnologias cada vez mais autônomas não é uma promessa (ou uma ameaça) dirigida às novas gerações; já é uma realidade. Sua afirmação a respeito do "progresso humano", porém, é muito mais questionável.

A humanidade criou a economia mundial e, portanto, percebeu a tendência "propagandística" da expansão global do capitalismo, que Marx menciona nos *Grundrisse* (1973 [2011]). No entanto, as transformações de hoje tratam de muito mais do que o capitalismo como formação global e social: dizem respeito tanto ao capitalismo quanto à formação geológica. As grandes questões atuais referem-se ao modo como o capitalismo trabalha com — e cria ativamente — a natureza planetária.

Marx usou um termo inequivocamente geológico para compreender os longos períodos da história (*longue durée*, de Braudel): o de "formação". Marx chamou o capitalismo de modo de produção e também de "*formação* social". Ele adotou o termo como uma analogia para "formação da Terra", usado pela ciência geológica de sua época. Em *A ideologia alemã* (1971 [2007]), Marx e Engels observam que a humanidade precisa viver para conseguir fazer sua história humana e social. E Marx acrescentou uma nota de rodapé: "Hegel. Geologische, hydrographische etc. Verhältnisse" (relações geográficas, hidrográficas) — um lembrete para estudar não apenas as condições sociais da vida humana, mas também as físicas. A história humana é, portanto, como enfatizou Friedrich Engels (1987 [1979]) em *Dialética da natureza*, "uma totalidade dialética" (*dialektischer Gesamtzusammenhang*) dos processos naturais e sociais.

O momento social dessa totalidade dialética é o valor "abstrato", o momento natural, o domínio dos valores de uso "concretos" (Marx, 1977 [2011]). Isso é fundamental para sua análise das contradições do capitalismo, centradas no caráter duplo da mercadoria — do trabalho de produção da mercadoria no processo produtivo, assim como no processo de reprodução do capitalismo como um todo. Marx o concebia mais como um sistema econômico nacional, mas certamente estava ciente de que uma análise compreensiva das "condições da vida" incluía as relações sociais para além da produção, ou seja, também as formações biológicas e geológicas: os sistemas terrestres. Nas palavras de Boulding (1966), o "sistema de energia" abrange não apenas combustíveis fósseis, mas o clima, matérias-primas e o sistema de informação. Podemos acrescentar algo que Boulding esqueceu: a economia mundial. Os sistemas decisivos da "nossa" espaçonave Terra estão conectados; foram — e continuarão sendo — remodelados.

Os fluxos de informação estão, portanto, numa conexão próxima à natureza. Aqui, podemos refletir acerca das conexões entre a vigilância planetária e a vigilância imperial. Estamos testemunhando o furto de dados globalizado pela Agência de Segurança Nacional dos Estados Unidos (NSA) e outros "serviços" de inteligência, para se apropriar da informação necessária com a finalidade de controlar outros sistemas terrestres. O século XXI também é a era da guerra do mundo robótico. Drones aniquiladores são enviados para o Afeganistão, a Somália, o Iraque, a Síria, o Iêmen e a Palestina, para matar "terroristas" — definidos como aqueles que ameaçam o funcionamento normal de sistemas mundiais que, segundo nos dizem, são indispensáveis para "povos livres" em um "mundo livre". As disputas por energia e clima têm repercussões para todos os outros sistemas da Terra e para os direitos humanos de modo geral. A narrativa dominante a respeito da globalização do capitalismo, 25 anos depois do fim do "socialismo realmente existente", parece quase cafona diante do pano de fundo desses desenvolvimentos planetários. Suas repercussões são sentidas por todas as esferas da vida: na política e na cultura, na economia e na vida cotidiana.

Uma nova Era geológica — e *geopolítica*?

Ao mesmo tempo, uma nova Era geológica e geopolítica teve início.

A transformação iminente dos nossos sistemas terrestres pode ser interpretada como um grande triunfo sobre as "quatro ofensas da humanidade" cometidas na história moderna (Klingholz, 2014, p. 108). Para Klingholz, Nicolau Copérnico é responsável pela primeira ofensa. No século XVI, Copérnico provou que, ao contrário da crença popular, a Terra não é o centro do Universo — nem mesmo o centro do sistema solar. A segunda ofensa veio de Charles Darwin, no século XIX, ao afirmar que o Homem não é o ápice da criação, mas apenas um dos resultados possíveis da seleção natural: a evolução. No século XX, Sigmund Freud cometeu a terceira ofensa, com a descoberta de que nem sempre agimos de forma consciente e racional, mas também de modo inconsciente e irracional. Trata-se de uma negação óbvia da crença de que a racionalidade europeia é o melhor guia de ação intencional no mundo.

A quarta ofensa chega no século XXI: é a descoberta de que a humanidade não preserva ou sustenta a natureza, mas destrói as condições para uma vida amigável aos humanos na busca por crescimento econômico. Daly (2010) chama isso de "economia fracassada de crescimento". Seria razoável, é claro, incluir outras "ofensas" nessa lista. Uma última é crucial: a análise de Marx que interpreta o capitalismo como um modo de produção cheio de crises (uma economia de crescimento fracassada) e movido pela luta de classes. O capitalismo, portanto, não pode ser a resposta final para os desafios do presente enquanto história.

Para Kurzweil (2005 [2018]), no entanto, todas essas ofensas podem ser resolvidas com tecnologia avançada. Portanto, a "singularidade está próxima", e a transformação social é desnecessária. Dessa perspectiva, a geoengenharia oferece soluções perfeitamente razoáveis para a crise planetária (ver McBrien, "Acumulando extinção", neste volume, p. 189). Também Paul Crutzen argumenta que a geoengenharia é a maneira mais eficaz de interromper o aquecimento global:

> Cientistas e engenheiros [...] [devem] guiar a sociedade rumo a um gerenciamento ambientalmente sustentável durante o Antropoceno. Isso exigirá um comportamento humano adequado em todos os âmbitos, e pode muito bem envolver projetos de geoengenharia de grande escala, aceitos internacionalmente para, por exemplo, 'otimizar' o clima". (Crutzen, 2002, p. 23)

Na visão de Crutzen, a engenharia, e não a transformação social, é a melhor maneira de enfrentar os desafios da mudança climática. A tecnologia perdoará as "quatro ofensas" da modernidade — herdadas do Iluminismo, mas que seguem atuantes no século XXI. Essa visão comete o erro que Albert Einstein pediu que evitássemos: pensar que a humanidade pode resolver problemas aplicando os mesmos métodos que os causaram.

A visão de uma solução tecnológica para os problemas da modernidade é otimista e inconsistente ao mesmo tempo. Kurzweil elogia a aceleração incessante do progresso técnico como uma "singularidade", mesmo ao admitir que não sabemos o que pode ocorrer para além do "horizonte de eventos" da nossa percepção "racional". Então, temos que levar a sério os alertas de que a humanidade já transgrediu pelo menos duas "fronteiras planetárias" — e há mais transgressões a caminho (Rockström *et al.*, 2009b). O pico de exploração de muitos recursos já foi alcançado ou excedido (Bardi, 2013; Heinberg, 2007). Entretanto, a conjuntura atual envolve mais do que a escassez de recursos: a capacidade de carga do planeta e sua resiliência diante da mudança climática agora estão em estado de sítio. O aumento das concentrações atmosféricas de CO_2 e outros gases de efeito estufa, a acumulação de resíduos nucleares no solo e na água, a acidificação e a poluição dos oceanos — tudo isso tornou o argumento do Antropoceno inevitável. Sua tese central

— de que a humanidade mudou a biosfera de maneiras fundamentais — tornou-se muito plausível. A mudança climática, a perda da biodiversidade, a contaminação de habitats, a inabitabilidade das cidades, a instabilidade econômica e financeira global sugerem uma ruptura sistêmica que pode já ter começado (Virilio, 2007). Talvez o ponto sem volta já tenha sido alcançado, mesmo que não possamos determiná-lo com precisão.

Agora os literatos infestam as ruínas planetárias após o colapso; alguns escrevem sobre utopias amigáveis e belas, enquanto outros imaginam distopias sombrias. Cineastas fazem filmes distópicos, transumanistas, vencedores do Oscar, como *Avatar*. Assim, a humanidade transforma mais do que a natureza do planeta Terra numa "verdadeira distopia". Em tais narrativas, a humanidade se recria como avatares, ciborgues transumanos, híbridos de elementos orgânicos e técnicos (Hörz & Hörz, 2013). A comunicação entre pessoas se torna "gerenciamento de interface", ao passo que celulares, laptops e tablets viram pontos de controle indispensáveis nos fluxos de informação ao redor do mundo. A sociedade da vigilância está presente com força total: é possível acessar essas interfaces para coletar os dados trocados entre as massas tecnicamente conectadas. Essa é a oportunidade que a NSA e outros "serviços de segurança" aproveitaram. Contudo, só seremos capazes de entender a dimensão completa do roubo de dados planetários quando a trouxermos para o contexto de uma nova Era geológica e geoeconômica e do aprofundamento do projeto capitalista de vigilância global. Esse projeto abarca a mais ampla gama de atividades: tentativas de criar um sistema unificado de controle para o fornecimento de energia planetária, gerenciamento do clima, finanças globais, comércio mundial e, é claro, o sistema de informação global.

Nesse mundo ciborgue, o velho discurso a respeito da "globalização" está cada vez mais deslocado — e é cada vez mais substituído — por um discurso do Antropoceno. Ele não é uma utopia, nem uma distopia, nem uma visão amigável ou pouco amigável de um futuro desconhecido. O Antropoceno surgiu no passado, ao final de um período quente do Holoceno. Os últimos doze mil anos — o Holoceno — foram excepcionalmente favoráveis para a emergência e o desenvolvimento das civilizações humanas (Davis, 2010). Houve, naturalmente, flutuações climáticas significativas — períodos quentes e até eras do gelo — durante essa longa Era. Mas nem tudo eram flutuações climáticas naturais. Desde o despertar da civilização, humanos fizeram da Terra sua casa ao transformá-la num mundo amigável para si. O solo terrestre foi cultivado e esgotado; a crosta, pilhada para obter matérias-primas; os rios, desviados; a atmosfera, alterada. Ao contrário de períodos anteriores de mudança climática, a do século XXI se deve à influência humana em sistemas terrestres: no energético, no econômico e nos de recursos e informações. Por isso, o Antropoceno é um nome plausível para a nova Era planetária.

É impossível precisar uma data para o começo do Antropoceno. O mais provável é que tenha ocorrido entre o começo da modernidade europeia no "longo século XVI" de Braudel (2009) e a revolução fóssil-industrial da segunda metade do século XVIII. Nesses séculos, a produtividade do trabalho avançou como nunca (Maddison, 2001). Todos os processos de produção, reprodução, comunicação, circulação e consumo se aceleraram. O tempo e o espaço foram comprimidos: em períodos mais curtos, mais coisas foram produzidas e transportadas com maior rapidez, por distâncias mais longas. Coisas — e também informação — se moviam mais rápido, eram trocadas com maior velocidade. Mercadorias — e pessoas — viajavam mais longe e mais rapidamente. O começo da indústria e do transporte movidos por combustíveis fósseis amplificou e acelerou essas tendências anteriores. O maquinário moderno, cada vez mais concentrado em grandes fábricas, permitiu novas divisões do trabalho. Segundo Adam Smith (1937), essa foi a força decisiva para aumentar a produtividade do trabalho e, portanto, a riqueza das nações. Novas cidades — sobretudo cidades industriais — ganharam forma enquanto a terra e a agricultura ficaram menos importantes em relação à produção fabril. Condições de vida e trabalho mudaram radicalmente. Portanto, é completamente justificado chamar isso de revolução. Marx e Engels já tinham interpretado a Revolução Industrial como uma ruptura na história humana (Altvater, 2015). A industrialização "possibilitou a existência dessas formas de trabalho e estilos de vida que distinguiam o mundo moderno do passado" (Kemp, 1978, p. 9). Durante o fim do século XIX, o petróleo ultrapassou o carvão como a fonte de energia mais importante do capitalismo e, no século XX, acrescentou-se o gás natural — sem contar os combustíveis fósseis não convencionais de hoje. Eles ainda satisfazem até quatro quintos da demanda de energia mundial (Agência Internacional de Energia, 2013).

Antes do século XIX, água, vento e energia florestal foram usados extensivamente para aumentar o produto excedente, tendo como resultado o progresso civilizacional — e a destruição ecológica — em grande escala (Varchmin & Radkau, 1981, p. 42-77). Por isso, Moore questiona a importância única da revolução fóssil e industrial na segunda metade do século XVIII (ver Moore,

"O surgimento da Natureza Barata", neste volume, p. 129). Para Moore, as transformações socioecológicas da Revolução Industrial se originaram no século XVI. A ascensão do capitalismo, na interpretação dele, foi permitida por uma estratégia de Natureza Barata, centrada nas Quatro Coisas Baratas: força de trabalho, alimentação, energia e recursos naturais (Moore, 2015a). Essas Quatro Coisas Baratas de fato foram um fator importante na formação do capitalismo moderno inicial — o que Marx chama de era da acumulação de capital original ou primitiva.

A Revolução Industrial, portanto, marca o fim do capitalismo protoindustrial e, ao mesmo tempo, o surgimento do capitalismo *moderno*. Também pode ser interpretado como a transição da subsunção "formal" para "real" do trabalho (e da natureza) pelo capital (Marx, 1977 [2011]). Enquanto a subsunção formal permite apenas a produção do mais-valor absoluto (ao estender a duração da jornada de trabalho, por exemplo), a subsunção real ativa o potencial para uma produção de mais-valor relativo e aumenta de forma drástica a produtividade laboral. O primeiro método já é parte da transição moderna inicial para o capitalismo, para a exploração sistemática do trabalho pelo capital e a emergência de um sistema-mundo de comércio e investimento. Mas a acumulação e o crescimento baseados nos poderosos combustíveis fósseis e movidos pelo maquinário moderno só se tornaram realidade com a Revolução Industrial. Portanto, temos de distinguir dois pontos de partida para o desenvolvimento do capitalismo. O primeiro não é um ponto, mas um período: é a era das "grandes descobertas" após 1492, que chega ao fim com a Paz de Vestfália (1648) e a emergência de um sistema moderno de Estados. Essa é a interpretação de Braudel (1983), que questiona, desse modo, as datas de Polanyi (1944 [2000]) para a "grande transformação", isto é, a ascensão de uma economia capitalista de mercado "desmembrada" ao final do século XVIII e começo do XIX. Eis que *ambos* os autores estão corretos. A transição para a formação social do capitalismo e o impacto nas formações da Terra aconteceram ao longo desses quatro séculos.

Desde então, as formações sociais capitalistas se espalharam pelo globo. Às vezes, a expansão planetária do capitalismo foi violenta e brutal; em outras, um processo relativamente pacífico e mercantil. Nesse contexto, a disseminação da ciência e das artes ocorreu com a assistência dos missionários e também com as guerras de conquista colonial. Com isso, as sociedades foram revolucionadas: política, econômica, cultural e mentalmente — a grande transformação de Polanyi. Terrenos foram arados, ecossistemas alterados e ocorreram revoluções políticas e sociais. No processo, o capitalismo virou o horizonte da evolução, o padrão de referência para todas as formações sociais que emergiram nos séculos após os primeiros experimentos capitalistas.

A força motriz dessas mudanças não foi a "humanidade" de forma abstrata, mas as pessoas que viviam, trabalhavam e acima de tudo *possuíam* coisas no modo de produção capitalista: elas foram as causadoras das mudanças completas a *todos* os sistemas e formações terrestres. Certamente formações sociais pré-capitalistas trouxeram grandes mudanças na cultura e na política, na economia e nas tecnoestruturas; mas os sistemas terrestres só foram sobrecarregados sob condições capitalistas — no processo de transformar os próprios humanos num avatar híbrido biótico-técnico. O capitalismo moderno, portanto, é mais do que uma formação social. O capitalismo mudou a existência humana; penetrou tanto os sistemas da Terra quanto os mundos mentais de cada indivíduo (social). Isso tem consequências significativas para a nossa política, pois não há mais "apenas" antagonismos sociais; cada antagonismo representa as implicações socioecológicas dos sistemas terrestres alterados que também desencadeiam conflitos de classe e mantêm a sociedade em movimento.

O significado dessa mudança pode ser observado na história das civilizações. Não faria sentido chamar a transição para a agricultura sedentária — a Revolução Neolítica, há cerca de oito mil anos — de uma transição para o "Agraroceno". A Revolução Neolítica mudou fundamentalmente as relações sociais e o sistema de energia. Mas a geologia do planeta Terra não foi afetada pelo uso sistemático da energia solar pela agricultura. Em vez disso, a geologia da Terra permaneceu em grande parte intocada e sem modificações.

Milhares de anos depois, a Revolução Industrial foi muito diferente. O solo foi varrido e transformado em busca de metais preciosos, combustíveis fósseis e outras matérias-primas. A industrialização não seria possível sem a matéria e a energia da crosta terrestre. Em contraste com a Revolução Neolítica, o capitalismo industrial não apenas transformou as relações *sociais*, mas a relação da sociedade com a natureza — e, nesse curso, as relações da natureza física e viva também. As "forças produtivas" aumentaram de forma rápida e radical, motivadas pelas compulsões da produção de mais-valor relativo. No processo, com o passar do tempo, sistemas terrestres foram cada vez mais alterados. Combustíveis fósseis forneceram o poder físico para a aceleração progressiva do capitalismo e sua expansão pelo espaço — isto é, para avançar a produtividade do trabalho, decisiva para a acumulação capitalista. Os capitalistas que buscavam maximizar o lucro descobriram os efeitos positivos de aumentar a produtividade laboral. Isso impulsionou a generalização do maquinário de grande porte e do intenso gasto de energia para alimentar as máquinas. Essa nova era de energia fóssil para alimentar o sistema moderno capitalista deveria, então, receber o nome de Capitaloceno. Por essas razões, Marx e Engels interpretam a transformação industrial como uma *revolução* na história humana.

O Capitaloceno alude à ideologia tanto quanto à energia, à classe e ao maquinário. No Capitaloceno, a "natureza" se transformou em um ativo do capital. Foi reduzida a algo que pode ser avaliado, trocado e utilizado, como qualquer outro ativo: capital industrial, capital humano, capital de conhecimento, crédito financeiro e assim por diante. Essa é uma maneira ideológica de incorporar a natureza na racionalidade capitalista e em seu cálculo monetário. E, claramente, é a maneira dominante de pensamento na economia convencional.

O sucesso do capitalismo possibilitou incorporar a natureza nessa racionalidade econômica peculiar. Pela primeira vez na história planetária, a humanidade — agindo sob imperativos capitalistas — recorre às reservas energéticas e minerais do planeta (e as exaure) para organizar quase todas as suas atividades produtivas e de consumo. Essa dominância planetária — como a Revolução Industrial — também é uma revolução. Ao usar combustíveis fósseis, a humanidade capitalista substituiu um sistema de energia solar aberto por um sistema de energia fóssil fechado e até mesmo isolado. Essa é a diferença exata entre as revoluções Neolítica e Industrial. A primeira não trouxe nenhuma ruptura no uso da energia solar. Após a Revolução Neolítica, as pessoas a usaram de forma mais eficaz do que antes. Cultivavam plantas para transformar energia solar em alimento; exploraram o poder dos animais para o trabalho; capturaram a energia cinética do vento e da água para o transporte e o processamento de materiais.

A Revolução Neolítica abriu caminho para um grande progresso da humanidade, para a produção de excedentes e também para um aumento na produtividade laboral. Moore

(2015a) está certo em enfatizar as dinâmicas pré-industriais do capitalismo e sua estratégia de Natureza Barata. Um ponto de inflexão — ocorrido durante o longo século XVI de Braudel — levou a outra ruptura, mais profunda. Ganhando corpo primeiro na Inglaterra do século XVIII, o casamento entre a abundância de combustíveis fósseis e o maquinário moderno logo transformou a Europa e a América do Norte, e então o restante do mundo. Longe de ser um desenvolvimento apenas técnico, essa transformação industrial era filha do racionalismo europeu, da ganância que busca o lucro e das dinâmicas do dinheiro e do mercado. O capitalismo *industrial*, assegurado pelos combustíveis fósseis baratos, tornou-se o modelo dominante de desenvolvimento econômico moderno. E, tão importante quanto isso, também criou uma *nova realidade socioecológica global*. O planeta foi transformado em um sistema fechado tanto na entrada quanto na saída dos sistemas terrestres. A partir da Revolução Industrial, uma nova era começa: a Terra sob o jugo do capital e o capital sob o jugo dos imperialistas mais poderosos — *é o Capitaloceno, idiota!*

No capitalismo, a externalização é racional

Quando caçadores se transformaram em fazendeiros sedentários, suas condições de vida e trabalho mudaram por completo. A Revolução Neolítica, sem dúvida, *foi* uma revolução — apenas não no mesmo sentido que a Tomada da Bastilha em 1789, em Paris, ou que o cerco ao Palácio de Inverno em 1917, em São Petersburgo. Foi, em vez disso, um processo de *longue durée*, que ocorreu ao longo de séculos. Cidades surgiram. Culturas floresceram. Tudo isso ocorreu dentro do período interglacial do Holoceno, tão favorável ao desenvolvimento humano.

Os tempos mudaram com o nascimento da racionalidade instrumental e o surgimento do capitalismo no longo século XVI. Essa racionalidade sustentou discursos científicos posteriores; entre eles, a clássica economia política e, mais tarde, a economia neoclássica. Deliberações morais ainda intrinsecamente ligadas à economia política dos escritos de Adam Smith logo se tornaram irrelevantes se comparadas às regras das tomadas de decisões racionais. Mas a economia moral nunca desapareceu da história, como mostrou E. P. Thompson (1971). Não obstante, a suposta racionalidade do indivíduo que maximiza o lucro se tornou absoluta. Essa racionalidade — a racionalidade *capitalista* — é imprudente quando se trata das exigências do sistema como um todo. É uma racionalidade das partes, e não do todo.

Na economia política clássica, a coordenação das decisões individuais é deixada para a "mão invisível" do mercado. Seus defensores argumentam que a racionalidade do mercado está acima da lógica da racionalidade individual, porque a mão invisível garante o melhor para cada um e para o todo. Mas observar apenas os meios para um fim abarca somente uma pequena parte da totalidade. É uma observação do ponto de vista do fragmento, em vez da totalidade. Torna-se impossível levar em consideração a "teia da vida" (Moore, 2015a) ou a "totalidade do sistema" (*Gesamtzusammenhang* de Friedrich Engels). As vastas interdependências da teia da vida são desprezadas, e, portanto, a racionalidade da modernidade capitalista pode ser apenas parcial. No grande esquema das coisas, as interdependências não podem ser planejadas ou controladas. A forma moderna de racionalidade é, portanto, o princípio decisivo da dominação do mundo europeu que influencia — e às vezes determina — pensamentos e ações populares.

A racionalidade europeia (*capitalista*) não pode ser holística. As surpresas são inevitáveis. Planos econômicos fracassam, lucros esperados devem ser descartados, perdas precisam ser absorvidas. Se esses fracassos e perdas começam a se espalhar, desencadeia-se uma crise. Essa é uma ruptura especificamente econômica da normalidade e da rotina e impõe um ajuste às condições alteradas. Isso pode ser muito destrutivo e criativo ao mesmo tempo. O capital precisa ser eliminado. A sobrevivência dos trabalhos — e até dos capitalistas — pode ser colocada em risco. O capital economicamente depreciado pode ser fisicamente destruído. Irracionalidades escandalosas aparecem, ao passo que um número cada vez maior de moradores de rua surge nas cidades dos Estados Unidos, da Espanha e da Alemanha — acompanhado de uma quantidade cada vez maior de casas vazias. Mas uma fênix pode emergir das cinzas. Esse é o motivo do otimismo de Schumpeter (1950 [2017]) quanto à "destruição criativa".

O capital de hoje pode estar confrontando novos limites de criatividade. A modernidade, com sua racionalidade ocidental de dominação mundial, está esbarrando em obstáculos além do "horizonte de eventos". Como num passe de mágica, o que era racional está virando irracional. Mas essa circularidade é irrelevante, porque as forças destrutivas da crise pertencem à normalidade capitalista. A racionalização capitalista do mundo é baseada em externalizar, drenar recursos e sobrecarregar as esferas do planeta com detritos sólidos, fluidos e gasosos.[2] Para o capital, as sociedades e os sistemas terrestres só existem se forem incorporados no mundo da racionalidade, do cálculo monetário, da valorização capitalista. O capital só enxerga o que pode precificar. A apropriação de recursos ocorre apenas para valorizar o capital. A "Natureza", sob o jugo do capital, tem uma existência muito estreita: é o "capital natural" (Wackernagel *et al.*, 1999). A busca de fontes baratas é fundamental para o princípio decisivo do capitalismo: alcançar o máximo de retorno por capital investido, encontrar o máximo de alavancas para aumentar a rentabilidade e o valor das ações. Como resultado, tudo que não pode ser valorizado precisa ser despejado em aterros planetários — que incluem, é claro, a atmosfera. O capital busca racionalizar o "mundo externo" da mesma maneira que racionaliza suas fontes: é tanto uma Natureza Barata quanto um Lixo Barato. Mas há um problema: o mundo externo não funciona exatamente do mesmo modo. A operação física do sistema de energia, por exemplo — da extração à emissão de gases estufas —, segue uma lógica muito diferente da do capital. A circulação de valor e a transformação de valores de uso são dois lados do caráter duplo do processo de reprodução capitalista. Mas são diferentes. Um é imaterial, o outro, material e substancial. Um segue a lógica da circularidade (o capital deve retornar ao capital), o outro tem efeitos cumulativos — por exemplo, o CO_2 na atmosfera aumentou rapidamente desde o século XIX, de 280 ppm para 400 ppm. Na mineração, a extração de materiais brutos tem um "efeito cumulativo negativo": primeiro vem o ápice da extração, mas cedo ou tarde só resta um "buraco negro".

O capital é limitado não apenas pelo mundo externo como também pelo próprio modo de racionalidade capitalista. Essa racionalidade custo/benefício revela-se nos cálculos microeconômicos de empresas. Os indicadores para a comparação racional do capital de custos e benefícios são tão diversos quanto a modernidade e são adaptáveis às necessidades administrativas das empresas. Também são historicamente específicos. Uma empresa fordista dos anos 1960, por exemplo, tinha indicadores diferentes daqueles usados por uma firma de investimento ou um *hedge fund*[3] no capitalismo financeiro de hoje.

Não obstante, o cerne dessa racionalidade permaneceu contínuo. Nesses cálculos, nem as dimensões espaciais nem as temporais dos impactos "externos" — na sociedade e na natureza — podem ser levadas em conta. Tais impactos não são considerados pelas medidas capitalistas de racionalidade, a saber, a taxa de lucro ou a taxa de juros. Ao mesmo tempo, essa lógica de cálculo microeconômico gera contradições no ambiente social e macroeconômico. Isso ocorre porque alguns dos efeitos "externos" — no âmbito da empresa — são internalizados no âmbito social. Podem se tornar extremamente negativos para outros capitalistas e para a sociedade, o que pode gerar pressões para que (ao menos algumas) empresas "internalizem" as externalidades e prestem atenção ao "custo social da empresa privada" (Kapp, 1950). Então, torna-se necessário que os "preços digam a verdade" sobre essas externalidades. Um retorno da racionalidade capitalista só acontece quando o preço conta a verdade. Em abordagens mais elaboradas, desenvolvem-se algoritmos para negociações do setor privado entre poluidores e vítimas do dano ambiental (Coase, 1960); ou taxas oficiais cobradas para compensar o dano ambiental — uma taxa pigouviana (Pigou, 1932). Além disso, há certificados para adquirir os direitos de emissões no meio ambiente, por exemplo, CO_2 na atmosfera (Dales, 1968). Se os danos causados na natureza são expressos monetariamente, são acessíveis ao cálculo racional de custo e benefício. O mundo dos economistas voltou à ordem.

O mundo do ecologista, no entanto, segue desconjuntado. Sempre que custos "externalizados" são internalizados, até mesmo em pequena escala, os economistas celebram o triunfo da racionalidade econômica. Contudo, podemos nos perguntar, a externalização não é de uma racionalidade altamente instrumental? Não é a externalização um elemento da modernidade? O projeto da "dominação racional do mundo" (Weber, 1964, p. 248) não poderia existir sem um mundo "externo" para o qual efeitos indesejáveis da ação racional pudessem ser transferidos. Bacon não teria sido capaz de desenvolver suas teorias de dominação da natureza sem dissecar a natureza externa. A separação entre natureza e sociedade que caracteriza o pensamento moderno desde Descartes não tem base na realidade — somente na racionalidade europeia da dominação mundial.

O mundo externo — o que Marx chama de natureza externa — é, portanto, uma criação da modernidade capitalista. Para a modernidade europeia, a natureza está enjaulada no valor, apartada do seu contexto natural e integrada em um circuito econômico de circulação de valor. A complexidade da natureza é reduzida a uma categoria simples e fetichizada: capital natural. Isso dá aos economistas a chance de calcular a natureza como se fosse qualquer outro ativo. Os resíduos são despejados nos sistemas planetários sem levar em conta a totalidade dos organismos vivos e as relações orgânicas/inorgânicas. Como aponta James O'Connor (1998), trata-se de um sinal claro da existência de duas contradições no capitalismo moderno: uma contradição entre capital e trabalho e uma entre capital e natureza e, por conseguinte, entre o capital como um poder social e político e os movimentos ambientalistas. A complexidade sistêmica da relação societal de diferentes classes com uma natureza singular só pode ser percebida — como é hoje — quando "pontos de inflexão" são atingidos. Assim, muda-se a qualidade do sistema, e um público atônito se torna receptivo a discursos como o do Antropoceno. Ecossistemas podem colapsar, assim como civilizações (Diamond, 2004 [2005]; Tainter, 1998). Mas — até agora — poucas pessoas pensam que o capitalismo também pode estar chegando ao seu ponto de inflexão, sinalizando sua derrocada histórica (Mahnkopf, 2013).

A Terra mudou; uma nova era começou. Acerca disso, Friedrich Engels foi bastante realista e nada otimista:

> [...] não fiquemos demasiado lisonjeados com nossas vitórias humanas sobre a natureza. Esta se vinga de nós por toda vitória desse tipo. [...] E assim, a cada passo somos lembrados de que não dominamos de modo nenhum a natureza como um conquistador domina um povo estrangeiro, ou seja, como alguém que se encontra fora da natureza — mas fazemos parte e estamos dentro dela com carne e sangue e cérebro, e todo o nosso domínio sobre ela consiste em que, distinguindo-nos de todas as outras criaturas, somos capazes de conhecer suas leis e aplicá-las corretamente. (Engels, 1987, p. 461 [2020, p. 347-8])

No Capitaloceno, perdemos o otimismo da última frase de Engels — porque obviamente não aplicamos de forma adequada as leis da natureza. Os mundos da Terra "externos" ao capital foram progressivamente incorporados ao circuito do capital, de tal maneira que a natureza é remodelada como uma fornecedora de recursos e um aterro para emissões. Como arena de externalização — das consequências das economias "racionais" capitalistas —, o mundo externo deixou de estar disponível. O que Luxemburgo chamou de *Landnahme* — o cercamento de *novos* territórios — deixou de ser possível. A irracionalidade econômica da nossa internalização de efeitos externos é óbvia. A presunção de que ela é ecologicamente racional está equivocada. Além disso, há bastante certeza a respeito de que a destruição da vida planetária que resulta da externalização não é schumpeteriana. Não é destruição *criativa* — é somente *destruição*.

Engenharia planetária

De certo modo, mantém-se a expectativa de que os atores economicamente racionais — e ecologicamente irracionais — deveriam ser capazes de lidar com a "grande transformação" de uma civilização global "cada vez mais ciente da sua importância como força formadora" (Schwägerl, 2010, p. 33). Nesse ponto, a distinção entre Antropoceno e Capitaloceno se torna politicamente significativa. No Antropoceno, "as pessoas" (a humanidade) são as *dramatis personae* que podem criar sua história social, econômica, política e geológica. Mas só podem influenciar sua história geológica numa escala insignificante — embora esta esteja crescendo ao longo do desenvolvimento social e econômico. No Capitaloceno, as principais forças formadoras são as leis de movimento do capital: da *formação social* capitalista, do capitalismo financeiro de hoje. Isso também influencia a história geológica do nosso planeta, a *formação geológica* como parte da força motriz do capital em estender e aprofundar seu alcance, para externalizar custos sociais e ambientais. Com isso vem um esforço incrível para regular, controlar e neutralizar esses custos externalizados — que agora prejudicam os custos dos negócios do capital.

Os geoengenheiros entram em cena na modernidade capitalista e encaram uma dupla tarefa. Por um lado, precisam criar os recursos necessários do lado de entrada dos sistemas sociais e geológicos planetários numa época em que eles não podem ser mais extraídos com tanta facilidade da natureza externa. Por outro, precisam organizar novos métodos de despejar todas as emissões nos sistemas terrestres. É uma tarefa aparentemente impossível, muito maior do que construir um carro, uma represa ou um hotel. Os geoengenheiros precisam controlar sistemas terrestres por completo para combater — ou ao menos reduzir — as consequências negativas da externalização capitalista. No entanto, a internalização que se exige das emissões externalizadas é a internalização dos efeitos externos para custos de produção da empresa. Então, de fato — *em princípio* —, os preços podiam "dizer a verdade", como nos manuais neoclássicos. Mas ainda não seríamos mais sábios, porque muitas interdependências na sociedade e na natureza *não podem ser expressas em preços*. Qualquer racionalização eficaz teria de ser holística; precisaria ser qualitativa e levar em conta muito mais elementos do que apenas o preço. E isso é impossível, pois contradiz a racionalidade capitalista, que está comprometida em consertar as partes, e não o todo. Em tal cenário, a modernização capitalista, por meio da externalização, chegaria — *inevitavelmente* — ao fim. As Quatro Coisas Baratas desapareceriam atrás do "horizonte de eventos". Seria possível que os geoengenheiros trouxessem a moderação necessária da modernização *e* das dinâmicas capitalistas? Não, pois os engenheiros não estão qualificados para trabalhar de forma holística. Eles lutam contra os efeitos da externalização (por exemplo, emissões de gases de efeito estufa) ao externalizar outra vez o efeito externo (por exemplo, ao obscurecer o Sol para reduzir a radiação solar). Isso levaria a uma absurda externalização secundária de efeitos externos primários.

A geoengenharia não pode responder às limitações dos sistemas terrestres no Capitaloceno. Mais eficaz seriam várias "pequenas" respostas aos desafios planetários — experimentos para testar uma variedade de projetos alternativos e explorar soluções potenciais. Se forem pequenas o bastante, não abrirão caminho para a dependência — algo tão perigoso à humanidade quanto o vício em drogas é para o indivíduo. Será possível tomar uma direção diferente quando o trajeto se revelar muito esburacado ou enganoso. Pequenos projetos também não são "grandes demais para fracassar"; não atraem tantos outros em uma bagunça autoproduzida. Há muitas estradas que levam a Roma. Como haveria muitas pessoas que compartilham um objetivo comum, seria possível decidir de forma deliberada e democrática a respeito das alternativas, baseadas em diretrizes emancipatórias, que respeitem as "fronteiras planetárias" agora atravessadas pelo Capitaloceno.

Notas

1 Agradeço a David Barkin pelos comentários úteis que fez a este ensaio.

2 Esse já era um tema nos escritos de Rosa Luxemburgo antes da Primeira Guerra Mundial. Ela chamava as estratégias de externalização capitalista de *Landnahme* (cercamento de territórios).

3 Também chamados de fundos multimercado, são um tipo de fundo de investimentos mais flexível, que buscam rentabilidade mais alta do que a média do mercado e operam com diferentes níveis de risco. [N.E.]

Culturas, Estados e criação de ambientes

6 Antropoceno, Capitaloceno e o problema da cultura[1]

Daniel Hartley

O objeto da ecologia-mundo está contido na palavra "cultura". Originalmente denotando "o cuidado *com* algo, basicamente com as colheitas ou com os animais" (Williams, 1983, p. 87 [2007, p. 117-8]), durante o século XVI cultura passou a significar um processo de desenvolvimento humano. Dessa maneira, Francis Bacon podia escrever sobre "o cultivo e a adubação de mentes" em uma "hesitação sugestiva entre estrume e distinção mental" (Eagleton, 2000, p. 1 [2005, p. 10]). Um cognato de "civilização", cultura passou a significar três coisas: (i) um "processo de desenvolvimento intelectual, espiritual e estético"; (ii) "um modo particular de vida"; e (iii) "as obras e as práticas da atividade intelectual e, particularmente, artística" (Williams, 1983, p. 90 [2007, p. 121]). Considerando que a ecologia-mundo busca superar a filosofia — e a narrativa — da história humana cuja premissa é a "divisão cartesiana" entre homem e natureza (Moore, 2014b, p. 3), *cultura* é um termo sem dúvida muito importante — e, ao mesmo tempo, profundamente problemático. Como escreve Eagleton (2000, p. 2 [2005, p. 11]), "trata-se menos de uma questão de desconstruir a oposição entre cultura e natureza do que de reconhecer que o termo 'cultura' já é uma tal desconstrução". O problema é pensar a "cultura" em seu sentido historicamente recente de um modo de vida ou um conjunto de atividades artísticas — ou até mesmo, como veremos a seguir, como "hegemonia" ou "ideologia" — sem nunca perder de vista suas raízes etimológicas no solo. Tal qual a própria ecologia-mundo, "cultura" denota uma problemática histórica, filosófica e conceitual.

Minha intenção é explorar essa problemática da "cultura" numa conversa com a ecologia-mundo como método filosófico e histórico que busca ultrapassar dualismos, especialmente o binômio Natureza/Sociedade. Farei isso em três etapas principais. Começo levando em conta o discurso cada vez mais popular do Antropoceno, que afirma que a "humanidade" se tornou uma força geológica à sua própria maneira (Crutzen, 2002; Steffen *et al.*, 2011a; Zalasiewicz *et al.*, 2011a; 2011b). A filosofia da história implícita no Antropoceno é muito problemática — conduz a propostas práticas apolíticas e estritamente tecnológicas, e sua compreensão da modernidade ignora por completo os processos históricos complexos no cerne da ecologia-mundo capitalista e suas culturas. Recorrendo ao termo muito mais convincente de Moore, "Capitaloceno" (a Era do capital), trato brevemente sobre o que considero as principais afirmativas da perspectiva da ecologia-mundo antes de retornar ao problema da cultura. Concluo com algumas sugestões provisórias de como o estudo da cultura pode informar a conversa que tem evoluído a respeito da ecologia-mundo — e da nossa compreensão do Capitaloceno.

O discurso do Antropoceno: cinco problemas

Como uma maneira de enunciar mudanças geológicas, o discurso do Antropoceno é relativamente inofensivo. O perigo surge, no entanto, quando geólogos entram na arena política, pedindo intervenção ecológica coletiva com base no Antropoceno, pois existe algo como uma "ideologia espontânea" dos cientistas antropocênicos; eles produziram uma filosofia da história implícita. É um materialismo abstrato e naturalista que "exclui o processo histórico" e cujo defeito "pode ser percebido já pelas concepções abstratas e ideológicas de seus porta-vozes, onde quer que eles se aventurem além dos limites de sua especialidade" (Marx, 1977, p. 494 [2011, p. 446]). Esse "aventurar-se além" inspira um discurso incoerente, e é exatamente isso o que justifica uma crítica radical. O materialismo abstrato do Antropoceno dá origem a cinco problemas que merecem atenção especial.

Humanidade a-histórica, abstrata

No cerne do Antropoceno está o *Anthropos*: o humano. Mas o que ou quem é esse *Anthropos*? Nunca se dá uma definição clara. E, no entanto, a literatura a respeito do Antropoceno costuma se referir a fenômenos tais como a "empreitada humana" (Steffen *et al.*, 2011a, p. 849). Essa concepção da humanidade pressupõe uma "generalização interna, 'burra', que *naturalmente* une muitos indivíduos" (Marx, 1975, p. 423). Uma concepção histórica da humanidade, por sua vez, entenderia os humanos como diferenciados internamente e desenvolvendo-se de forma constante sob contradições de poder e (re)produção. Falar em "empreitada humana" significa ver a humanidade como uma empresa abstrata e dizer que "estamos todos juntos nessa" (como o ex-premiê britânico David Cameron), desmentindo a realidade da luta de classes, exploração e opressão.

Determinismo tecnológico

A datação do Antropoceno em algum momento por volta de 1800 aponta seu enviesamento tecnológico — o motor a vapor mudou o mundo. Mas mudou de fato? O determinismo tecnológico é sempre tentador e muito mais fácil de comunicar do que os processos confusos de luta de classes. Como observa Moore (2014a, p. 5), as raízes históricas do fenômeno abarcado pelo termo "Antropoceno" jazem não na invenção do motor a vapor, mas na "ascensão da civilização capitalista após 1450, com sua estratégia audaciosa de conquista global, comodificação infinita e racionalização inexorável". Isso marcou um "ponto de inflexão na história da relação da humanidade com o resto da natureza, maior do que qualquer divisor de águas desde o surgimento da agricultura e das primeiras cidades" (Moore, 2014a, p. 17). Inerente ao discurso do Antropoceno está um conceito de causalidade histórica puramente mecânica: um modelo em que, como bolas de bilhar, invenções tecnológicas impulsionam efeitos históricos. Mas isso é inadequado para modos *sociais* e *relacionais* de causa e efeito histórico. O fato de que a própria tecnologia está presa a relações sociais, e foi muitas vezes usada como arma na luta de classes, não tem espaço algum no discurso do Antropoceno. A máxima de Marx de que seria possível "escrever uma história inteira dos inventos que, a partir de 1830, surgiram meramente como armas do capital contra os motins operários" (Marx, 1977, p. 563 [2011, p. 508]) é impensável dentro de um escopo desses. Em suma, para o Antropoceno, a tecnologia não é *política*.

Aniquilação do tempo da práxis

O Antropoceno é problemático até mesmo em uma perspectiva literária. Esse trecho, por exemplo, é representativo: "Humanos pré-industriais, muito distantes do desenvolvimento da civilização contemporânea que conhecemos hoje, ainda assim demonstravam alguns sinais iniciais da atitude de acessar os combustíveis fósseis plenos de energia e que são os pilares da civilização contemporânea" (Steffen *et al.*, 2011a, p. 846). Sartre (1964 [2018]) uma vez afirmou que as biografias dos "grandes homens" só veem a criança como uma necessidade retrospectivamente projetada do que veio depois, esvaziando o passado de sua presença contraditória verdadeira, isto é, como um tempo de múltiplas possibilidades que leva a uma gama de futuros em potencial. Da mesma maneira, o Antropoceno só consegue pensar no passado em sua trajetória proléptica rumo ao nosso presente. Seu modo narrativo específico traduz o tempo da iniciativa e da práxis no tempo de pura necessidade física. Exatamente por esse motivo, só é capaz de pensar no *nosso próprio presente* como parte do tempo vazio e homogêneo da sucessão linear, que se contrai cada vez mais, ao passo que a catástrofe se aproxima.

Uma visão Whig da história

Essa visão do tempo histórico está de mãos dadas com a historiografia *whig*[2] e com uma história sem fim do progresso humano e do Iluminismo. Dois trechos exemplificam claramente essa tendência: "A migração para as cidades em geral traz consigo um aumento de expectativa e, cedo ou tarde, um aumento de renda, que, por sua vez, traz um aumento de consumo"; e "O início da Grande Aceleração pode muito bem ter sido *adiado* por meio século, *interrompido* pelas duas guerras mundiais e a Grande Depressão" (Steffen *et al.*, 2011a, p. 850; grifos meus).

O primeiro excerto parece demonstrar uma alienação quase proposital da história da pobreza urbana em massa, da gentrificação e da acumulação por ordem de despejo. O segundo parece afirmar que o século mais sangrento da história humana — incluindo Hiroshima, Nagasaki, o bombardeio de Dresden, os gulags e o Holocausto — é um mísero ponto fora da curva na linha ascendente do progresso.

Soluções técnicas apolíticas e gerenciais

Por fim, o discurso do Antropoceno é extraordinariamente tecnocrático. A maioria das soluções propostas por cientistas são técnicas (por exemplo, projetos climáticos e de geoengenharia em massa) e gerenciais — muitas vezes ancorados na linguagem dos "sistemas de governança" —, em vez de políticas. Os cientistas chegam a essas soluções apolíticas justamente porque nunca veem o Antropoceno como um problema político em primeiro lugar. A afirmação de Kim Stanley Robinson (2010, p. 213) de que a "Justiça se tornou uma tecnologia de sobrevivência" é quase impensável aos pressupostos das representações científicas do Antropoceno. Assim como os cientistas do Antropoceno não conseguem ver a *tecnologia* como uma força *política*, também não enxergam a *política* como uma força *material*. Com efeito, possuem uma concepção problemática da materialidade em si.

Por meio desse esboço, podemos ver abertamente como o diagnóstico da crise planetária sob a ótica do Antropoceno molda de forma pujante o alcance e a qualidade das possíveis soluções. Um esboço alternativo, com base no marxismo e no argumento da ecologia-mundo, sugere um alcance e uma qualidade de possibilidades muito diferentes. É especialmente útil a sugestão de Moore de substituir o Antropoceno por Capitaloceno, a Era do capital. Onde muitos veriam o capitalismo como um sistema econômico e social, o argumento da ecologia-mundo exige que se pense no capitalismo como produtor *e* produto da teia da vida. As relações econômicas e sociais do capitalismo são, portanto, "agrupadas" — na linguagem de Moore — com (e dentro da) a natureza como um todo. Tal formulação aponta uma síntese do pensamento humanista e pós-humano, pois um dos muitos paradoxos da conjuntura atual é que, no próprio momento em que os cientistas estão usando o termo Antropoceno — nos forçando a focalizar nossa existência natural como espécie humana e agente coletivo humano —, os realistas especulativos e os ontologistas orientados a objetos estão tentando problematizar e ir além do "humano" como tal (Harman, 2011). Os dois parecem estar em lados opostos e, pode-se alegar, são inofensivos politicamente.

Capitaloceno como ecologia-mundo

A ecologia-mundo é um "enquadramento de interpretação histórica que une dialeticamente o capital, o poder e a natureza" (Moore, 2014a, p. 2). Trata-se de um argumento em prol de uma concepção do capitalismo que se estende além do puramente econômico; que vê o capitalismo como uma civilização "coproduzida por humanos e pelo restante da natureza" (Moore, 2014a, p. 1). Sendo assim, a ecologia-mundo busca transcender relatos da história humana — e isso inclui o capitalismo — cuja premissa é a "divisão cartesiana" entre Humanidade e Natureza (Moore, 2014b, p. 3).

O enquadramento da ecologia-mundo permite uma reconceituação da teoria de valor de Marx: "enquanto a economia política marxista considerou o valor como um fenômeno *econômico* com implicações sistêmicas, eu argumento que as relações-valor são um fenômeno *sistêmico* com um momento econômico fulcral" (Moore, 2014b, p. 3). Para o marxismo clássico, "valor" foi compreendido como "trabalho social abstrato". Suas dinâmicas estão centradas no tempo de trabalho socialmente necessário, ou o tempo médio de trabalho na mercadoria média. (Com a ressalva, como veremos, de que apenas *certo* trabalho contava como tempo laboral). Isso ocorre dentro da "zona de exploração" (Moore, 2015a, p. 73) — o "laboratório secreto" de Marx da produção de mercadoria, regida pela relação entre capital e trabalho. O que Moore faz é afirmar o insight de Marx a respeito disso, enquanto ressalta que a zona de exploração depende de uma relação intensa com *outra* zona: a "zona de apropriação". Isso diz respeito a todos os reinos de "trabalho/energia sem remuneração" humano e extra-humano, incluindo não apenas o assim chamado "trabalho das mulheres" mas também o trabalho das florestas, dos solos e dos rios. Nessa perspectiva, o capitalismo não pode ser reduzido apenas ao reino do trabalho remunerado. Sem a constante (e crescente) apropriação de trabalho não remunerado — realizado por naturezas humanas e extra-humanas —, o capitalismo não pode se expandir e se desenvolver:

> Se tomarmos o elo de trabalho remunerado/não remunerado como premissa — sugerido implicitamente por pesquisadores ambientalistas e feministas —, as implicações são significativas. O capitalismo e as relações de valor não podem ser reduzidos a uma relação entre os donos do capital e os possuidores da força de trabalho. [...] A condição histórica do tempo de trabalho socialmente necessário é o trabalho não remunerado socialmente necessário. Essa observação permite enxergar o capitalismo como uma unidade contraditória de produção e reprodução que atravessa a fronteira cartesiana [Natureza/Sociedade]. A divisão crucial se dá entre a zona de trabalho remunerado (a exploração do poder laboral comodificado) e a zona do trabalho não remunerado (a reprodução da vida). (Moore, 2014b, p. 9)

Em outras palavras, para Moore, existem *duas* contradições fundamentais — unificadas numa concepção de valor expandida — que estruturam o capitalismo enquanto civilização. Uma é entre capital e trabalho; a outra, entre a zona de exploração (produção de *mercadorias*) e a zona de apropriação (energia/trabalho não remunerado). Como essa apropriação de energia/trabalho sem remuneração não pode ser conceitualizada apenas como uma relação entre capital/trabalho, Moore (2015, cap. 8) propõe um novo conceito: "natureza social abstrata". A natureza social abstrata comporta "a família de processos por meio dos quais os capitalistas e os mecanismos do Estado mapeiam, identificam, quantificam, medem e codificam as naturezas humanas e extra-humanas a serviço da acumulação do capital" (Moore, 2014b, p. 12). Essas atividades e métodos buscam e tornam legíveis ao capital os reinos de energia/trabalho não remunerados — o que Mies (1986, p. 77) chama de trabalho das "mulheres, natureza e colônias". Pode-se pensar, por exemplo, naqueles agrimensores estadunidenses do século XIX que mediram, mapearam, racionalizaram e dividiram a terra para vendê-la a investidores (Johnson, 2013, p. 34 ss.; ver também Parenti, "Criação de ambiente no Capitaloceno", neste volume, p. 273).

Ecologia-mundo e cultura

Moore estabelece uma distinção entre a natureza social abstrata e a concepção de "fixo cultural", elaborada por Stephen Shapiro. Para Shapiro, o fixo cultural comporta essas "questões sociais e culturais envolvendo a reprodução de identidades e relações de classe ao longo de um período superior a um único ciclo" do capital. Essas identidades e relações "*são intrínsecas, não superficiais, à [acumulação] do capital*" (Shapiro, 2013 *apud* Moore, 2015a, p. 198). O fixo cultural, portanto, parece se referir a todos esses processos hegemônicos e ideológicos que legitimam a reprodução das relações sociais da produção em longo prazo. "Se os fixos culturais naturalizam as transições pontuadas do capitalismo nas relações de poder, capital e natureza, as naturezas sociais abstratas tornam essas transições possíveis" (Moore, 2015a, p. 16).

A distinção entre natureza social abstrata e fixo cultural funciona apenas enquanto for provisória. O relato histórico de Moore remete à ideia de que o capitalismo se reinventa

— assim como a teia da vida — nas eras sucessivas. Existem *transições* de uma fase do capitalismo à outra e consolidações desses regimes de acumulação, durante as quais ordens específicas de cultura, alimentação, reprodução social etc. se estabilizam. Ao igualar esses períodos cíclicos de transição com a natureza social abstrata, e a estabilização com o fixo cultural, Moore corre o risco de não dar a devida atenção à importância da relação estabelecida entre cada momento. *Ambos* os processos — natureza social abstrata e fixo cultural — são constituídos um através do outro, ainda que em relações de dominação cambiantes. A cultura é um momento constitutivo da natureza abstrata social, e vice-versa. A relação dialética da natureza social abstrata e da cultura é um momento constitutivo de valor num sentido marxista.

Vou dar dois breves exemplos para assinalar melhor as implicações dessa constituição mútua de natureza social abstrata e cultura. Os exemplos mostram a imbricação recíproca da natureza social abstrata e do fixo cultural dentro de qualquer período do capitalismo histórico. Contudo, não registram as configurações cambiantes entre a natureza social abstrata e a cultura em nenhum período historicamente *singular* de transição ou consolidação. Um engajamento muito mais detalhado ainda se faz necessário.

Em *River of Dark Dreams* [Rio de sonhos sombrios], Walter Johnson (2013, p. 41) descreve a maneira como os corpos dos escravizados eram padronizados para o mercado:

> Os registros [arquivados pelas firmas de escravidão] formalizaram um sistema de avaliação dos escravizados — "Homens Extra, Homens n. 1, Homens de Segunda Classe ou Homens Ordinários, Garotas Extra, Garotas

> n. 1, Garotas de Segunda Classe ou Ordinárias" e assim por diante — que os permitia abstrair as diferenças físicas entre todos os tipos de corpos humanos, encaixando-os em uma só escala de comparação baseada no preço que pensavam que certa pessoa traria para o mercado.

Aqui, vemos uma natureza social abstrata em funcionamento. Corpos escravizados são padronizados e medidos para o mercado. Entretanto, não poderíamos dizer também que tal padronização foi possível apenas sob uma cultura racista capaz de legitimar essa prática e — eis o problema — produzir a insensibilidade do olhar humano? Aqui vemos um fixo cultural que serviu de instrumento para efetuar essa padronização e para consolidar seu retorno social e material. O próprio Johnson escreve com grande perspicácia a respeito da correlação entre natureza social abstrata e fixo cultural:

> A ordem agrícola da paisagem, a ordem permanente da escravidão, a ordem natural das raças e a ordem divina do domínio terrestre não eram separáveis para um homem como Harper [um dono de escravizados]; eram aspectos fractais um do outro. Sua escatologia tinha raízes na sua ecologia. [...] Donos de escravizados tinham consciência plena da humanidade dos escravizados — de fato, dependiam completamente dela. Mas continuamente tentavam recrutar — ressignificar, canalizar, limitar e controlar — as formas que a humanidade podia assumir na escravidão. A ideologia racial de Harper e Cartwright [outro dono de escravizados] era a conjugação intelectual da prática diária das plantations que defendiam; seres humanos, animais e plantas reduzidos à força a aspectos limitados de si mesmos e, então, mobilizados em conjunto para ampliar o domínio sobre os escravizados. (Johnson, 2013, p. 206-8)

O segundo exemplo é *Calibã e a bruxa* (2004 [2017]), de Silvia Federici, que explica a violência sistemática perpetrada contra as mulheres na transição para o capitalismo. Ela ressalta o caráter altamente marcado pelo gênero — e desigual — dos cercamentos e da difusão do trabalho assalariado no início da Europa moderna. Com os cercamentos de terras comunais, as mulheres perderam uma fonte vital de socialização e poder relativo. Dois fenômenos posteriores intensificaram esse processo. Um foi a Revolução dos Preços, na qual o custo dos alimentos aumentou tão radicalmente que muitos foram condenados a uma fome crônica. O outro foi a crise demográfica europeia do século XVII. Federici (2004, p. 86 [2017, p. 169]) enxerga essa crise como a causa central do novo regime de "biopoder", no qual "o problema da relação entre trabalho, população e acumulação de riquezas passou ao primeiro plano do debate e das estratégias políticas". Foi nesse caldeirão que surgiu a caça às bruxas: "a escravização das mulheres à procriação" (Federici, 2004, p. 89 [2017, p. 178]) que "literalmente demonizou qualquer forma de controle de natalidade e de sexualidade não procriativa, ao mesmo tempo que acusava as mulheres de sacrificar crianças para o demônio" (Federici, 2004, p. 88 [2017, p. 174]). A caça às bruxas envolvia uma série de medidas socioculturais: a limitação dos direitos legais das mulheres; a vigilância e o cerceamento de sua liberdade; a criminalização da prostituição; a introdução de punições publicamente humilhantes; a construção de novos cânones culturais para maximizar as diferenças percebidas entre os sexos e a inferioridade inata das mulheres; e todo um discurso literário e teatral dedicado a vilificar as "desbocadas", as "bruxas", as "putas" e as "megeras", do qual *A megera domada*, de Shakespeare, era o "manifesto da época" (Federici,

2004, p. 101 [2017, p. 202]). Se o trabalho não remunerado das mulheres foi historicamente vital para o capitalismo, então precisamos concluir da história de Federici que a cultura é mais do que uma força de *legitimação* ideológica; é em si um momento materialmente *constitutivo* e *produtivo* nas relações de valor capitalistas. Os ataques ideológicos às mulheres serviam justamente para controlá-las, confiná-las e tornar seu trabalho não remunerado apropriável pelo capital. Portanto, se a "natureza social abstrata" e o "fixo cultural" podem ser *analiticamente* separados, na prática sempre andam juntos.

Proponho uma reflexão mais atenta sobre a noção engenhosa de fixo cultural. Shapiro (2014) relaciona o fixo cultural ao que afirma ser uma categoria faltante, mas capaz de ser inferida pela lógica em *O capital* de Marx: um "poder laboral fixo" — o complemento dialético da força de trabalho "fluida" ou "circulante" e a contraparte ao capital fixo. Ele também distingue entre a "força de trabalho fixa absoluta" e a "força de trabalho fixa relativa". A primeira denota "os materiais de que o trabalho precisa para garantir a sobrevivência humana, mas que capitalistas não fornecem [...]: alimentação, vestimenta, abrigo, assistência médica e educação". O último "inclui tudo o que molda a subjetividade de classe, como as infraestruturas responsáveis pela durabilidade da solidariedade de classe e a subordinação. Esse é o reino da hegemonia gramsciana" (Shapiro, 2014, p. 1.261-2). Não dá para negar a engenhosidade do termo "força de trabalho fixa": é eficaz em mesclar teoria da reprodução social (marxista feminista) com teorias da ideologia e da hegemonia e transcende teorias simplistas da cultura como um "reflexo" não constitutivo da "base" econômica. Consequentemente, Shapiro afirma ter descoberto o "'objeto' que o 'domínio' do materialismo cultural buscava" (Shapiro, 2014, p. 1.252).

Como qualquer estudo pioneiro, no entanto, pontos cegos locais fazem parte de suas descobertas. Shapiro (2014, p. 1250) focaliza as características recorrentes ou cíclicas do capitalismo — "periodicidade" — em oposição a "periodizações" específicas de certas conjunturas. Suas categorias são, portanto, trans-históricas a ponto de nomear as características estruturais de *mais de um* ciclo de acumulação de capital. Essa abstração é um primeiro passo necessário na produção de um novo conhecimento teórico. No entanto, ao denominar como fixo cultural a operação de reproduzir identidades de classe no decorrer da *longue durée*, ele também transformou o termo "cultura" em algo trans-histórico. Como vimos, o significado contemporâneo de cultura é profundamente histórico e foi reinventado como uma palavra-chave em eras consecutivas do capitalismo (Williams, 1983 [2007]). Ao se olhar para a cultura ao longo dessas eras sucessivas — abstraindo sua reinvenção cíclica como palavra-chave —, a concepção de Shapiro funciona bem para abarcar reprodução social, hegemonia, ideologia e assim por diante. Ao se observar a cultura *dentro* dessas eras sucessivas, porém, essa abstração subestima até que ponto essas palavras são elementos imanentes e constitutivos dos problemas que que elas discutem. (O mesmo ocorre com "natureza" e várias outras palavras-chave.) Surge, então, a questão: seria a abstração de "cultura" no trabalho de Shapiro o reflexo de uma abstração real e histórica — como a abstração do "trabalho", para Marx, pressupunha "uma totalidade muito desenvolvida de tipos efetivos de trabalho" (Marx, 1973, p. 104 [2011, p. 57]) — ou seria uma abstração puramente conceitual?

O preço de abstrair o significado histórico da cultura é a excisão das constelações cambiantes de palavras-chave. *Cultura e sociedade*, de Raymond Williams

(1963 [2011]), por exemplo, sugere a emergência gradual, ao longo dos séculos XIX e XX, da oposição entre cultura (como um repositório de valores ideais) e sociedade. Da mesma maneira, os termos "político" e "hegemonia" pedem uma análise histórica das mudanças do papel do Estado ao longo da modernidade capitalista. O próprio Gramsci argumentou que, na sociedade burguesa, o "político" é uma "verdadeira abstração ou hipostasiação que subordina e organiza a sociedade civil", e essa última fornece a "'matéria-prima' subalterna" (Thomas, 2009, p. 31). "O político" na sociedade burguesa é apenas *a* forma da hegemonia burguesa:

> Como uma prática distintivamente moderna que busca encaixar indivíduos atomizados e juridicamente livres em corpos sociais coletivos mais amplos, a hegemonia burguesa atravessou as fronteiras entre sociedade civil e sociedade política, constituindo ao mesmo tempo uma forma de organização e liderança "civil" e "política". (Thomas, 2009, p. 31)

Devemos, portanto, ter cautela ao situar as lutas historicamente específicas para moldar e redefinir a cultura dentro de eras sucessivas, assim como no decorrer da *longue durée* da história capitalista. A história cultural deve incorporar a profunda *inter-relação* de lutas histórica e geograficamente específicas com seus componentes fundamentalmente simbólicos e o arco de longo prazo da "força de trabalho fixa" na história capitalista como um todo.

O capitalismo histórico produz uma formação social total cuja constituição material se dá de tal modo que a relação topográfica dos seus elementos — cultura, natureza, política, sociedade e o Estado — está constantemente se deslocando e alterando de forma contínua as composições internas daquilo que seus termos denotam. As relações da natureza com a cultura, da cultura com a política ou da política com a "economia" são refeitas ao longo de eras sucessivas do capital. Cada rearticulação transforma o próprio significado de tais termos. Isso certamente não nega a presença de características recorrentes ou cíclicas do capitalismo, mas ainda não alcançamos uma terminologia adequada para pensar na periodicidade e na periodização juntas. A "força de trabalho fixa" e o "fixo cultural" — como a natureza social abstrata — precisam ser usados de maneira provisória, como pontos de partida, e não como conceitos "fixos". Do contrário, arriscam sacrificar a especificidade histórica. Nosso vocabulário conceitual — e o método histórico — para articular a especificidade histórica dentro da *longue durée* do Capitaloceno apenas começa a ser elaborado.

Conclusão

Como, então, deveria proceder a ecologia-mundo? Em primeiro lugar, devíamos tentar respeitar as trajetórias históricas complexas e as relações cambiantes entre palavras e fenômenos abarcados pelo amplo vocábulo "fixo cultural": cultura, sociedade, ideologia, hegemonia, identidade, geração etc. Ou seja, a ecologia-mundo deveria integrar e elaborar as semânticas históricas das *Palavras-chave* de Raymond Williams (1983 [2007]), resistindo à tentação de se limitar aos termos diretamente conectados ao "dualismo cartesiano" que deseja negar (Humanidade/Natureza, Cultura/Economia etc.). Tais termos estão, por sua vez, articulados com outras palavras-chave: política, Estado, trabalho etc. Em segundo lugar, estendendo os insights de Johnson e Federici, deveríamos continuar o projeto da ecologia-mundo de superar as duas culturas ao repensar as relações precisas entre natureza social abstrata e ideologia ou hegemonia — e compreender como essas relações específicas mudam e evoluem em ciclos sucessivos do capitalismo e no decorrer da *longue durée* do Capitaloceno.

Além disso, devemos insistir na importância da cultura em justificar a superioridade teórica e política da palavra "Capitaloceno". De maneira estrita, o Antropoceno é desprovido de cultura: é o resultado do "homem" e da tecnologia, ou do "homem" à medida que desenvolve e utiliza a tecnologia. A política em si (em oposição à governança) não entra no discurso do Antropoceno, pois presume-se que as relações sociais não possuem materialidade efetiva. No entanto, a história da palavra cultura contradiz essa negação, pois ela contém a separação violenta — e a inseparabilidade — do espírito do solo no capitalismo histórico. Concebida por Williams como uma teoria das relações entre elementos de um modo de vida total, a cultura demonstra a inadequação de noções estáticas, como homem, tecnologia e ambiente, cuja relação uma com a outra é de pura externalidade. A cultura denomina as constelações cambiantes de elementos mutuamente articulados na formulação social e, ao mesmo tempo, é ela própria um desses elementos. Cada constelação constitui um modo de vida, a definição mais ampla de cultura — e muito próxima do termo *oikeios*, do próprio Moore (2014a, p. 11), "uma coprodução de naturezas humanas e extra-humanas especificamente agrupadas". Portanto, a cultura é um elemento fundamental do Capitaloceno, tanto no sentido cíclico amplo de Shapiro (ideologia, hegemonia) quanto no meu próprio sentido conjuntural. Além disso, o Capitaloceno é o único termo capaz de dar conta da trajetória histórica da palavra-chave "cultura" em si, pois a grande ironia do discurso do Antropoceno é que ele foi desenvolvido para explicar a fusão de homem e natureza, mas, conceitualmente, acabou separando-os mais do que nunca.

Cultura, *ecologia-mundo* e *Capitaloceno* mostram que a batalha contra a produção capitalista da mudança climática deve ser enfrentada em vários níveis ao mesmo tempo. Certamente, precisamos atacar fenômenos "ecológicos" como novos oleodutos, desmatamento, fracionamento etc. Contudo — e isso é crucial —, também precisamos atacar esses elementos da civilização capitalista que *aparentam não ter relações imediatas com a ecologia, mas que na verdade são condições internas da sua possibilidade*: a violência contra as mulheres, tanto literal quanto simbólica, a obscuridade estrutural do trabalho doméstico, o racismo institucionalizado e assim por diante. Em última instância, a luta ecológica não passa da luta pela emancipação universal: a ecologia-mundo unifica essas lutas no nível teórico.

Nota

1 Uma versão anterior deste ensaio foi publicada com o título "Against the Anthropocene" [Contra o Antropoceno] na edição inaugural da revista *Savage* (2015). Agradeço aos editores pela permissão de reproduzir partes do texto aqui.

2 Referência ao Partido Liberal inglês, identificado com os interesses da burguesia financeira e mercantil protestante, que dominou a política britânica junto com os conservadores (*tories*) entre 1680 e 1850, aproximadamente. [N.E.]

Christian Parenti leciona no Departamento de Economia na John Jay College of Criminal Justice, em Nova York. Publicou cinco livros, sendo os mais recentes *Radical Hamilton: Economic Lessons from a Misunderstood Founder* [Hamilton radical: lições econômicas de um fundador incompreendido] (2020) e *Tropic of Chaos: Climate Change and the New Geography of Violence* [Trópico do caos: mudança climática e a nova geografia da violência] (2011). É doutor em sociologia e geografia pela London School of Economics.

7 Criação de ambiente no Capitaloceno: a ecologia política do Estado

Christian Parenti

A mudança climática traz clima extremo, secas, incêndios florestais, enchentes; em suma, emergências. Nas condições do capitalismo moderno, essas emergências, por sua vez, apelam ao Estado. Quando o funcionamento rotineiro da produção e da reprodução consumidora é paralisado por algum acontecimento climático, vemos a verdadeira relação entre o capital e o Estado. Nesses momentos, entra em cena a dependência profunda, até existencial, do capital das principais características do governo: autoridade legal, apoiada na violência organizada e legitimada; produção para uso, como no setor público; e a necessidade de ação e planejamento coletivo em massa e unificado. O mundo de interesses próprios e acumulação privada do capital depende de valores não capitalistas, instituições não capitalistas e formas de produção e reprodução não capitalistas para sobreviver. Tudo isso se manifesta de forma gritante em um momento de crise.

Em sua resposta à crise climática, parece que o Estado terá de assumir uma missão ambiental cuja definição é bastante ampla. À primeira vista, isso pode aparentar ser uma tarefa nova. Na verdade, *o Estado capitalista sempre foi uma entidade inerentemente ambiental*. Elementos desse argumento podem ser encontrados em outros textos (Smith, 1987; Cronon, 1991; Emel *et al.*, 2011).[1] Assim como o capital não *tem* uma relação com a natureza, mas *é* uma relação com a natureza, também essa é sempre uma relação com o Estado e mediada por ele. Para expor de maneira ainda mais direta: o Estado não se relaciona com a natureza, *ele é uma relação com a natureza*, porque a teia da vida e seu metabolismo — incluindo a economia — existem sobre a superfície da Terra e porque o Estado é fundamentalmente uma instituição territorial.

Desse modo, introduzo o Estado na concepção do capitalismo como ecologia-mundo de capital, poder e natureza, elaborada por Moore (2015a). Meu principal argumento é este: o Estado é uma entidade inerentemente ambiental e, como tal, está no cerne da forma valor. E está no cerne da forma valor porque os valores de uso da natureza não humana são, por sua vez, fontes centrais de valor. O Estado moderno entrega esses valores de uso ao capital. O Estado é, portanto, central para nosso entendimento do processo de valorização e para nossa discussão sobre o Capitaloceno.

Esse argumento fica mais claro se conectarmos explicitamente algumas ideias comuns que já estão ligadas de maneira implícita. Em primeiro lugar, o Estado capitalista, por definição, deve trabalhar para reproduzir as condições de acumulação. Em segundo lugar, é preciso reconhecer a importância dos "valores de uso" da natureza não humana na produção de valores de troca. Em terceiro lugar, consideremos a localização desses valores de uso naturais preexistentes. Onde encontramos a "natureza" e suas capacidades? Na biosfera, isto é, na superfície da Terra. Em quarto lugar, consideremos mais uma vez a óbvia, mas pouco teorizada, "territorialidade" do Estado. O Estado moderno é fundamentalmente geográfico: é território. Agora é preciso entrelaçar tudo isso: os valores de uso preexistentes da natureza não humana são essenciais para a acumulação capitalista e são encontrados na superfície da Terra. Quais instituições controlam, em última instância, a superfície da Terra? Os Estados.

É o Estado que entrega os valores de uso da natureza não humana ao capital. Mais especificamente, a territorialidade do Estado moderno entrega natureza não humana à acumulação de capital por meio de seus regimes de propriedade baseados em lugares, e são a sua infraestrutura de produção e as suas práticas científicas e intelectuais que tornam a natureza não humana legível e, assim, acessível.

Valor e "natureza"

Marx afirmou claramente — mais do que a maioria dos marxistas — que a natureza não humana fornece valores de uso ao capital, os quais são convertidos em valores de troca por meio do processo do trabalho. Eis a chave para entender todo esse pensamento. Na *Crítica do programa de Gotha*, Marx o coloca da seguinte maneira: "O trabalho *não é a fonte* de toda riqueza. *A natureza* é a fonte dos valores de uso (e é em tais valores que consiste propriamente a riqueza material!), tanto quanto o é o trabalho, que é apenas a exteriorização de uma força natural, a força de trabalho humana" (Marx, 1970, p. 1 [2012, p. 24]).

Nessa afirmação, Marx insere os seres humanos de volta na natureza. Em específico, chama nossa atenção ao fato de que a *força de trabalho* é uma força natural que é entregue à produção. O capitalista compra o *tempo de trabalho* do trabalhador. E, no processo de produção, o trabalhador entrega uma força natural à produção, ou seja, a sua *força de trabalho*. Além disso, ele ressalta que a natureza não humana fornece valores de uso para o processo de acumulação — isto é, a utilidade ou usabilidade de coisas, como a força estrutural da madeira, o potencial nutritivo da batata, a energia solar armazenada no carvão. Por meio da produção, que é a aplicação da força de trabalho sobre o mundo externo, os valores de uso da natureza não humana são transformados em valor de troca, isto é, dinheiro, isto é, capital, que é valor em movimento.[2]

Para uma discussão explícita sobre a "natureza externa" e suas contribuições à produção capitalista, é preciso levar em conta a discussão de Marx sobre as "forças naturais" de produção no breve capítulo "A renda diferencial: considerações gerais", no terceiro livro de *O capital*. Aqui, ele descreve as vantagens cumulativas de um capitalista que é proprietário de uma queda-d'água:

> A que circunstância o fabricante deve, no caso presente [possuir uma queda-d'água], seu lucro extra [...]?
>
> Em primeiro lugar, a uma força natural, a força motriz da queda-d'água, que é dada pela natureza, diferentemente do carvão, que transforma água em vapor, é produto do trabalho e, por conseguinte, tem valor, custa algo, que deve ser pago mediante um equivalente. É um agente natural da produção, em cuja geração não entra trabalho nenhum.
>
> Isso não é tudo. O fabricante que trabalha com a máquina a vapor também emprega forças naturais que nada lhe custam, mas que tornam mais produtivo o trabalho e [...] elevam o mais-valor e, por conseguinte, o lucro. (Marx, 1981, p. 782 [2017, p. 706])

Para reafirmar isso de modo um pouco diferente, a natureza não humana fornece *aluguéis* na forma de valores de uso que existem fora do processo de trabalho, mas são capturadas por meio dele como renda indevida. Isso fica claro quando pensamos sobre o petróleo e seu tremendo poder. Mas outros valores de uso biofísico seriam tão distintos? O nitrogênio do guano, a maleabilidade e a força da argila, a banha da baleia, a capacidade da água de se tornar vapor — tudo pode ser lido como algo que oferece aluguéis, valores de uso capturados na produção, e não produzidos pela força de trabalho.

O capital, como um processo — que não deve ser confundido com o capitalismo como um sistema social —, sempre tem algo externo do qual depende. É como se estivéssemos vendo a lógica dos cercamentos em nível molecular. A tomada das capacidades da natureza externa está, na verdade, no cerne do processo de valorização. Essa lógica está presente no *microcercamento* dentro do processo de trabalho. Mas esse "algo externo" ao capital inclui não apenas lugares como também relações sociais. Relações sociais não capitalistas, como o parentesco, a solidariedade linguística e outras formas da solidariedade pré-capitalista, são utilizadas de forma rotineira na produção capitalista. O trabalho em equipe dos trabalhadores migrantes que colhem alface no Vale do Salinas seria um exemplo (Bardacke, 2012).

Para Marx, a força de trabalho é semelhante à força motora da queda-d'água ou à energia infinita do Sol, no sentido de que é uma *força externa que preexiste ao capital*. Marx descreve a força de trabalho como "o conjunto das capacidades físicas e mentais que existem na corporeidade [*Leiblichkeit*], na personalidade viva de um homem e que ele põe em movimento sempre que produz valores de uso de qualquer tipo" (Marx, 1977, p. 271 [2011, p. 242]). O capital reúne (ou captura pelo uso) força de trabalho no processo de trabalho. Assim, o "uso da força de trabalho é o próprio trabalho". Seja na mobilização da força de trabalho, seja na entrega das capacidades preexistentes da natureza não humana à produção, a valorização tem algo em si de cercamento. Podemos ver um cercamento de energias na escala micro; a captura de capacidades preexistentes na matriz do valor de troca.

De forma mais ampla, o processo de trabalho leva a perguntas sobre metabolismo. Para Marx,

> O trabalho é, antes de tudo, um processo entre o homem e a natureza, processo este em que o homem, por sua própria ação, medeia, regula e controla seu metabolismo com a natureza. Ele se confronta com a matéria natural como com uma potência natural [*Naturmacht*]. A fim de se apropriar da matéria natural de uma forma útil para sua própria vida, ele põe em movimento as forças naturais pertencentes a sua corporeidade: braços e pernas, cabeça e mãos. Agindo sobre a natureza externa e modificando-a por meio desse movimento, ele modifica, ao mesmo tempo, sua própria natureza. Ele desenvolve as potências que nela jazem latentes e submete o jogo de suas forças a seu próprio domínio. (Marx, 1977, p. 283 [2011, p. 255])

Tudo isso presume, entretanto, certo tipo de geografia política: o poder territorial do Estado.

Dando um lugar ao Estado

Se essas forças naturais ubíquas e os instrumentos de produção são essenciais para a valorização e a acumulação do capital, então onde elas são encontradas? Na biosfera, isto é, sobre a superfície da Terra. O que garante sua entrega à produção? O Estado, porque no mundo moderno os Estados são os árbitros últimos do território. O Estado moderno faz e entrega "natureza" por meio de seus regimes de propriedade baseados em lugares, produção de infraestrutura e suas formas geograficamente orientadas de biopoder. As múltiplas práticas científicas, jurídicas e econômicas do Estado facilitam conjurar, conhecer e administrar as capacidades da natureza não humana.

Afinal, *onde* são assegurados os direitos de propriedade? Em lugares particulares, por Estados particulares. Qual instituição determina, quase sempre, onde e como a infraestrutura é desenvolvida? O Estado. Valores de uso são entregues à produção pelo enquadramento legal-racional, territorialmente definido, das práticas jurídicas e relacionadas. E pelos investimentos públicos *enormes*, essenciais para o desenvolvimento do capitalismo realmente existente.

Em outras palavras, por trás do capitalista proprietário de uma queda-d'água de Marx, há um oficial de justiça — e um carrasco pronto para assegurar os direitos de propriedade. O Estado é o "senhorio" final: ele controla os valores de uso da natureza não humana e entrega esses aluguéis ao capital.[3] E, na maioria das vezes, por trás das estradas e canais, estão o conhecimento científico, o bom crédito e o investimento direto de agências públicas.

Antes de o capital ser capaz de reunir energia, seja como força de trabalho, seja como "aluguéis" preexistentes de natureza não humana, o Estado deve controlar o terreno, as porções da superfície da Terra onde existem essas capacidades. Deve tomar partes dessa superfície, medi-la, entendê-la, representá-la, contê-la e controlá-la militar, legal e cientificamente. Em outras palavras, para que o capital use a biosfera, o Estado deve controlá-la.

Podemos chamar esse subconjunto do biopoder de *geopoder* (Tuathail, 1997; Luke, 1995). Para Foucault, o biopoder tem a ver com instigar e reunir o poder das populações, sem as reprimir e destruir. O biopoder engloba aqueles

> mecanismos pelos quais aquilo que, na espécie humana, constitui suas características biológicas fundamentais vai poder entrar numa estratégia geral de poder. Em outras palavras, como a sociedade, as sociedades ocidentais modernas, a partir do século XVIII, voltaram a levar em conta o fato biológico fundamental de que o ser humano constitui uma espécie humana. (Foucault, 2007, p. 1 [2008, p. 3])

Em certo momento, Foucault está preparado para ir ainda mais longe, apresentando — mas não elaborando — a relação do Estado com a natureza não humana. Refletindo sobre o planejamento urbano, ele escreve que o Estado

> é algo que se relaciona com [...] a interferência, a intrincação perpétua de um meio geográfico, climático, físico com a espécie humana, na medida em que ela tem um corpo e uma alma, uma existência física e moral; e o soberano será aquele que deverá exercer seu poder nesse ponto de articulação em que a natureza no sentido dos elementos físicos vem interferir com a natureza, no sentido da natureza da espécie humana, nesse ponto de articulação em que o meio se torna determinante da natureza. (Foucault, 2007, p. 23 [2008, p. 30])

Se o biopoder tem a ver com reunir, canalizar, potencializar e empregar os poderes dos corpos na escala de populações territorialmente definidas, então, de maneira similar, o *geopoder* se assemelha ao estatismo e às tecnologias do poder que tornam o território e a biosfera acessíveis, legíveis, conhecíveis e utilizáveis. Esta última é a "natureza social abstrata" de Moore (2015b) — os resultados da reelaboração territorial do geopoder. Aqui me apoio nas possibilidades materialistas do geopoder. Estou menos preocupado com a "escrita" da paisagem e mais com as tecnologias e as práticas existentes de medida, regulação e administração de recursos do geopoder, ou seja, a geografia histórica de rodovias, canais, ferrovias, telégrafos, direitos de propriedade e fronteiras policiadas. As tecnologias do geopoder incluem a exploração, o levantamento topográfico, o policiamento militar, a cartografia cadastral e todas as ciências físicas e geociências aplicadas, como a botânica e a geologia (Linklater, 2002; 2007).[4]

Grosso modo, foi essa matriz de geopoder de práticas tecnorracionais centradas no Estado e na Terra que possibilitou a abertura da natureza não humana para a efetiva exploração capitalista. Pense no United States Geological Survey [Levantamento geológico dos Estados Unidos], fundado em 1879 como braço científico do governo federal. Sua tarefa era "classificar as terras públicas e examinar a estrutura geológica dos recursos minerais e dos produtos do domínio nacional" (United States Department of the Interior, 1879, p. 394) — em outras palavras, identificar as fontes potenciais de riqueza natural para todo o espaço continental estadunidense.

O Estado como geografia

De que modo o Estado entrega natureza não humana e suas capacidades à produção? De maneira abstrata, com leis de propriedade baseadas em território. E o faz concretamente — física, geograficamente —, conquistando território e construindo infraestrutura. Valores de uso biofísicos — a força da madeira, o valor nutritivo da batata — devem atravessar o espaço físico, independentemente da lei de propriedade. As capacidades da natureza não humana são, literalmente, *canalizadas* na produção através da infraestrutura, do ambiente construído de comunicação e redes de transporte: canais, estradas de ferro, rodovias, dutos, portos e aeroportos. Esses bens públicos (mesmo se operados pela iniciativa privada, como oleodutos) geograficamente fixos são altamente dependentes do poder estatal e do financiamento público.

Essas percepções sobre o Estado e a geografia são enganosamente óbvias. O Estado é território. Tradições marxistas de teorização do Estado bem o sabem. Bob Jessop (2013, p. 22) há pouco nos lembrou que "a essência do Estado se apoia na territorialização do poder político: suas três características-chave são território estatal, aparato estatal e população estatal". Mas a relação entre território e valor não é muito desenvolvida. Uma política econômica marxista com preocupação ambiental não se ligou por completo com a teoria marxista do Estado — por exemplo, Miliband (1969; 1970), Poulantzas (1969), Aglietta (1979), Brenner *et al.* (2003). É necessária uma teoria que conecte o papel dos valores de uso da natureza não humana na acumulação à territorialidade do Estado. Não o fazem, tampouco, Hardt e Negri (2001 [2005]), cuja concepção de soberania é inteiramente política, desconsiderando a variável do espaço. Eis aqui uma visão do capital irrealista e desmaterializada. Ecoando todos os temas familiares da teoria da globalização convencional, eles escrevem:

> A informalização da produção e a crescente importância da produção imaterial têm se inclinado a libertar o capital das coações de território e de regateio. O capital pode deixar de negociar com uma determinada população local mudando de lugar para outro ponto da rede global — ou simplesmente

> usando sua capacidade de locomoção como arma nas negociações. (Hardt & Negri, 2001, p. 297 [2005, p. 317])

Mas nem todos os pontos na "rede global" são os mesmos — e uma razão importante para que isso aconteça é que Estados específicos criam infraestruturas específicas e outras capacidades de canalizar o trabalho da natureza para dentro do circuito do capital.

Quando o Estado e a geografia de fato se encontram nessas discussões, o foco está no modo como a "escala geográfica" modifica e articula as funções políticas do Estado. A importância biofísica da geografia do Estado raramente é pautada como *o lugar dos valores de uso da natureza*. Teorias do valor com uma preocupação ambiental, em contrapartida, saem-se melhor em pensar a geografia como parte dos meios de produção reais (Burkett, 1999; Moore, 2015a). Mas aqui o problema da teoria do Estado é invertido — o valor é ressaltado, mas o Estado desaparece.

Teoria social clássica e o Estado

Revisemos agora algumas definições clássicas de Estado. Para Engels, o Estado surge através de uma

> admissão de que essa sociedade se enredou em uma contradição insolúvel consigo mesma, cindiu-se em antagonismos irreconciliáveis e é incapaz de resolvê-los. Porém, para que esses antagonismos, essas classes com interesses econômicos conflitantes, não consumam a sociedade e a si mesmos em uma luta infrutífera, tornou-se necessário um poder que aparentemente está acima da sociedade e visa abafar o conflito, mantê-lo dentro dos limites da

> "ordem"; e esse poder, que é oriundo da sociedade, mas colocou-se acima dela e tornou-se cada vez mais estranho a ela, é o Estado. (Engels, 1973, p. 326-7 [2019, p. 157])

É, portanto, o Estado como produto e árbitro da luta de classes. Lênin, lendo Engels, sumariza: "O Estado é o produto e a manifestação do *caráter inconciliável* das contradições de classe. O Estado surge onde, quando e na medida em que as contradições de classe *não podem* objetivamente ser conciliadas" (Lênin, 1976, p. 5 [2017, p. 29]).

Como derivação direta, temos a definição clássica e mais conhecida do Estado moderno, proposta por Weber enquanto tentava definir "política" no contexto da violenta luta de classes da Revolução Alemã. Ele deu sua aula *A política como vocação* em Munique, em 19 de janeiro de 1919. Menos de três meses depois, Munique e toda a Baviera veriam uma revolução e a criação da breve República Soviética da Baviera. Então, exatamente como Weber alertou, "uma noite polar de dureza e escuridão gélida" chegou, e a revolução foi esmagada de forma violenta. Nessa aula, Weber conversava com vivacidade não apenas com Marx, mas com o leninismo "realmente existente". Certas vezes, ele até soa como se estivesse parafraseando *O Estado e a revolução*, de Lênin.

"Sociologicamente, o Estado não se deixa definir a não ser pelo específico *meio* que lhe é peculiar", diz Weber, "[...] ou seja, o uso da coação física". Com isso, ele concorda com a afirmação de Trótski de que "todo Estado se funda na força", salientando que a violência é um instrumento específico do Estado. Weber chega então à famosa formulação: "devemos conceber o Estado contemporâneo como uma comunidade humana que, dentro dos limites de determinado território — a noção de território corresponde a um dos elementos essenciais do Estado —, reivindica o *monopólio do uso legítimo da violência física*" (Weber, 1946, p. 77-8 [2011, p. 56]).

Essa última frase é central. Eu iria ainda mais longe. O território é uma das características centrais do Estado e, portanto, também é importante o papel estatal em administrar a teia da vida e aquela porção de seu metabolismo que conhecemos como a produção moderna. Assim como ocorre com Marx, é recente a leitura de Weber como pensador ecológico (Foster & Holleman, 2012).

Quais são, então, as implicações econômicas e ambientais do monopólio do uso legítimo da violência *dentro* de um dado território? John Simmons, teórico do direito da Universidade da Virgínia, começou a abordar essa questão. Para Simmons (2001), a soberania implica: "(i) direitos de autoridade jurisdicional (elaboração de leis cobrindo um domínio geográfico); (ii) direito de controlar, extrair e taxar recursos dentro do território; e (iii) direito de controlar a entrada e a saída de bens e pessoas". Esse pacote de poderes estatais pode ser entendido como a regulação tanto da natureza humana quanto não humana: corpos, força de trabalho e os valores de uso dos recursos "naturais", todos os componentes cruciais do valor. Vemos mais uma vez que é precisamente *a territorialidade do Estado* que lhe dá suas *características inerentemente ambientais*. E isso faz do Estado uma peça-chave para o que Moore (2015a) chama de projeto de ecologia-mundo de acumulação do capitalismo. Analogamente, significa que o Estado é fundamental para qualquer esforço realista de mitigação e adaptação climática.

Como vimos, para Marx, o espaço e a natureza podem se tornar forças de produção sob o capitalismo:

> Quanto mais a produção se baseia no valor de troca e, em consequência, na troca, tanto mais importantes se tornam para ela as condições físicas da troca — meios de comunicação e transporte. É da natureza do capital mover-se para além de todas as barreiras espaciais. A criação das condições físicas da troca — de meios de comunicação e transporte — devém uma necessidade para o capital em uma dimensão totalmente diferente — a anulação do espaço pelo tempo. Dado que o produto imediato só pode ser valorizado em massa, em mercados distantes [...] a produção de meios de transporte e comunicação baratos é condição para a produção fundada no capital e, *em consequência*, é criada por ele. (Marx, 1973, p. 524 [2015, p. 699])

A discussão de Marx sobre energia hídrica *versus* energia a vapor como fonte de mais-valor extra sugere como "o espaço age como uma força de produção" (Swyngedouw, 1992, p. 417-33). É um alerta para a importância do controle político (isto é, violento e administrativo) sobre o espaço como uma precondição da apropriação do capital das "forças produtivas" e valores de uso da natureza não humana. Assim, retornando à discussão de Marx sobre energia hídrica e energia a vapor, vemos que:

> O aumento da força produtiva do trabalho por ele empregado não provém do capital e do próprio trabalho [...]. Provém, ao contrário, de uma força natural monopolizável, que, como a queda-d'água, só se encontra à mercê daqueles que dispõem de determinadas porções do globo terrestre e seus apêndices. A existência dessa condição natural de maior força produtiva do trabalho não depende em absoluto do capital — diferentemente, portanto, do modo que qualquer capital pode transformar água em vapor. Ela só se encontra na natureza de maneira localizada e, onde não está presente, não pode ser produzida mediante determinado

> desembolso de capital. [...] A posse dessa força natural constitui um monopólio nas mãos de seu possuidor, uma condição da elevada força produtiva do capital investido que não pode ser engendrada pelo próprio processo de produção do capital; *essa força natural, assim monopolizável, está sempre ligada à terra*. (Marx, 1981, p. 784 [2017, p. 708], grifos meus)

Assim como a cachoeira está "acorrentada à Terra", também estão outros valores de uso (peixe e caça são exceções parciais, mas não totais).[5] Como as quedas d'água, as árvores conferem utilidade e valor; enquanto crescem, também estão ligadas a um local, embora possam ser cortadas e transportadas. A queda-d'água de Marx é apenas uma ilustração dramática de um conjunto mais comum de relações.

As capacidades dos espaços específicos fluem para aqueles que controlam o território. No entanto, os pequenos monopólios privados sobre o espaço e a natureza que são propriedade particular dependem de um sistema maior de controle político. Assim, o capitalismo é inerentemente um projeto político-geográfico cujo mecanismo central é o Estado. No cerne do processo do capital, estão a natureza e o jogo dinâmico entre violência e espaço que é o processo estatal. O capitalismo emergiu através do Estado e do poder imperial — e continua a depender disso (Moore, 2002).[6] O Estado se apropria da natureza para o capital *diretamente* através da força, durante a conquista, o cercamento e a criação de direitos de propriedade funcionais; e *indiretamente* através do desenvolvimento da paisagem e da infraestrutura.

Acumulação primitiva e Estado na Primeira República estadunidense

Para compreender melhor a imbricação do Estado capitalista com a terra e a natureza não humana, é necessário observar as origens históricas desse Estado. A história do início dos Estados Unidos oferece um nítido exemplo da formação estatal por meio da criação de ambiente. A Revolução Americana foi uma luta por: (i) quem controlava a natureza extra-humana; (ii) quais instituições controlariam o acesso a ela; e (iii) como ela seria digerida, metabolizada e transformada. Em outubro de 1780 — um ano antes da ratificação dos Artigos da Confederação —, o Congresso Continental já havia adotado uma política geral para administrar quaisquer terras transferidas para o governo federal. Durante a década de 1780, o governo nacional, de forma lenta, mas contínua, coletou terras do oeste dos estados (Linklater, 2002; 2007). A Lei do Noroeste, de 1784, foi o primeiro passo. O estado da Virgínia concordou em ceder em suas grandes e muito contestadas reivindicações. Depois, em uma nova e mais completa Lei do Noroeste, de 1787, Nova York, Massachussetts e Connecticut abdicaram de suas reivindicações. Naquele mesmo ano, a nova Constituição abordou a questão com meras 26 palavras no Artigo IV, seção 3: "O Congresso terá o Poder de dispor e fazer todas as Regras e Regulamentos necessários a respeito do Território ou outra Propriedade pertencente aos Estados Unidos". O estado da Geórgia foi o último a ceder terras transapalaches em 1802.

O governo federal prometeu pagar as dívidas estatais contraídas durante a guerra, o que facilitou essa enorme transferência de terras. No entanto, em um arroubo de brilhante alquimia geográfica, as próprias transferências de terra criaram o território *federal* que o governo nacional pôde utilizar para pagar as dívidas dos estados. Aqui, a visão de Alexander Hamilton, o primeiro secretário do Tesouro do país, toma o centro do palco. Para Hamilton, um governo federal forte não era apenas um arranjo político, e essa força surgiu ao adquirir território que, por sua vez, podia financiar o Estado. Em 1790, três novos títulos de crédito endossados pelo governo federal substituíram a miscelânea de títulos de crédito estatais e federais que haviam estruturado a dívida da nova nação. No início do ano seguinte, o Congresso autorizou as operações do Banco dos Estados Unidos por vinte anos.

Hamilton compreendia o geopoder. Como primeiro secretário do Tesouro, encarou a tarefa monumental de criar uma economia nacional com base em treze subunidades, em sua maior parte independentes e estagnadas. Temendo o colapso social, a guerra civil e mesmo a reconquista pelos britânicos, Hamilton apresentou um plano de sobrevivência econômica em seu "Report on manufactures" [Relatório sobre manufaturas] apresentado ao Congresso em 1791. O relatório defendia um papel fortemente intervencionista para o governo federal usando tarifas sobre bens manufaturados importados, mas com facilidades para importação de matéria-prima necessária; recrutamento internacional de mão de obra qualificada; apoio governamental para "novas invenções e descobertas domésticas" e para a aquisição de tecnologia estrangeira; investimento do governo em infraestrutura ou "melhorias internas"; um banco nacional de propriedade parcialmente governamental e um sistema de crédito nacional baseado na dívida federal; e subsídios e apoio para a inovação, incluindo a proteção legal para direitos de propriedade intelectual para inventores.

O relatório de Hamilton incorporou uma apreensão prática do geopoder e, através dele, da criação de ambiente. O relatório cita Adam Smith com aprovação: "Boas estradas, canais e rios navegáveis, diminuindo os custos de transporte, colocam as partes remotas de um país em um nível mais próximo daquelas na vizinhança de uma cidade. Elas são, por isso, as *melhores de todas as melhorias* [...]. Embora introduzam algumas mercadorias rivais no antigo mercado, abrem muitos novos mercados à sua produção" (Smith, 1937 *apud* Hamilton, 1966; Parenti, 2014a; 2014b; 2015). Enquanto agente do poder estatal, Hamilton estava operacionalizando a "necessidade extraordinária" do capital de "ir além de toda barreira espacial", sua busca pela "anulação do espaço pelo tempo" (Marx, 1973 [2015]). Vemos no pensamento de Hamilton que o capital não aniquila realmente tudo por si mesmo, mas o faz em simbiose com o Estado. Os planos de Hamilton de usar terras federais e construir um mercado integrado nacional foram instrumentos para seu projeto mais amplo de uma forma de desenvolvimento econômico baseado na manufatura. Embora estivesse muito preocupado em criar setores financeiros e de manufatura, ele nunca perdeu de vista o que poderíamos chamar, seguindo Marx, de o "substrato" dos valores de uso preexistentes que jazem na natureza não humana. "É patente que nossas imensas áreas de terra ocupadas e desocupadas são capazes de dar emprego a mais capital do que é de fato atribuído a elas" (Hamilton, 1966).

Nas décadas após Hamilton, a luta entre as forças de modernização pró-indústria e as forças de subdesenvolvimento agrário continuou. Na década de 1820, o pacote hamiltoniano de políticas de desenvolvimento se tornou conhecido como "Sistema Americano", e Henry Clay, do Kentucky, foi seu grande defensor. Clay adicionou ao menu da política desenvolvimentista a liberação controlada de terras federais de um modo que estabelecia preços mínimos. No fim das contas, o Sistema Americano foi apenas parcialmente concretizado. Sua visão mais grandiosa foi vítima da constante oposição de sulistas defensores dos direitos dos estados e do laissez-faire. Em grande parte derrotada no nível nacional, muito da visão de Hamilton foi operacionalizada pelos estados. A construção do canal Erie pelo estado de Nova York é, talvez, o melhor exemplo, mas houve muitos projetos como esse durante a mania de construção de canais nas décadas de 1820 e 1830.

A história do canal Erie ilustra bem o papel do Estado em desenvolver e reproduzir os arranjos metabólicos que constituem o capitalismo. Dito de outra maneira, o canal nos mostra como os Estados fazem ecologias. Ele revela a conexão entre os valores de uso da natureza não humana, o geopoder e a reprodução expandida do capital. Celebremente, o canal conectou circuitos de troca do Atlântico, via cidade de Nova York até os Grandes Lagos, o Rio Mississippi e, assim, todo o interior do Oeste e do Sul. A cidade de Nova York se tornou o ponto central de uma gigantesca rede internacional de fluxos financeiros e biológicos e, assim, estabeleceu-se como a capital das finanças dos Estados Unidos e, depois, do mundo. Mas a ascensão de Nova York foi apenas uma manifestação urbana de um processo primariamente rural: a transformação ecológica radical de uma grande área de território no interior, o que envolveu a substituição do "regime de natureza" iroquês por um regime capitalista nascente. Grandes áreas de terras previamente controladas pelos iroqueses foram abertas aos colonizadores brancos e suas práticas ambientais. Nesse sentido, o canal Erie foi um momento revolucionário, uma enorme ruptura, um grande salto adiante, na produção de natureza do capitalismo estadunidense.

No cerne físico e financeiro desse projeto nacional, estava uma enorme doação de terras públicas e, com isso, de água pública. De acordo com um relato, não menos do que 4,5 milhões de acres [cerca de 1,8 milhão de hectares] de terras federais foram doados a empresas de canais (Rae, 1944, p. 167). Essas terras forneciam território e água para os canais, assim como terras para investimentos nos arredores. As concessões de terras também funcionavam como garantia para financiar os canais. Havia algo mais sobre os canais que fazia deles estadocêntricos: as propriedades incontroláveis da água.

O "Estado Hidráulico" de DeWitt Clinton

Poucas forças mobilizam com tanta regularidade o Estado quanto a água. A ligação particular entre administração hídrica e poder estatal não passou despercebida, no século XVIII, pelos observadores europeus admiradores de canais. A administração da água exige ação coletiva. E o sonho de uma rede estadunidense de canais se realizou apenas quando a causa foi assumida pelo setor público — o Estado.

Em 1777, o governador Morris já previa a futura união das águas dos Grandes Lagos com as do Rio Hudson. Ele disse isso quando a maior parte do que hoje é o norte do estado de Nova York ainda era controlado pelos iroqueses que estavam do lado dos britânicos durante a Revolução Americana. Após a Revolução, cerca de dois terços dos iroqueses fugiram para concessões de terra no Canadá Britânico. Reivindicações de terra em conflito entre Nova York e Massachusetts foram resolvidas no meio da década de 1780, e grandes áreas de terra foram doadas a especuladores que, por sua vez, tentaram encorajar a ocupação. Mas o sucesso deles foi limitado. Em 1792, a Legislatura do Estado de Nova York beneficiou a Western Inland Company (com mais fundos privados) e passou um ato para estabelecer e abrir navegação com comportas dentro do estado. Como muitos outros experimentos privados com a construção de canais, a Western Inland Company falhou espetacularmente; um membro da administração chegou a ser preso. Jefferson negou os pedidos do estado de Nova York por dinheiro federal, dizendo que "a conversa sobre fazer um canal de 350 milhas [cerca de 900 quilômetros] através de áreas inabitadas [...] [era] praticamente uma loucura" (Hosack, 1829, p. 347).

Relatos europeus sobre os canais chineses desempenharam papel importante em excitar a imaginação dos proponentes estadunidenses (Hanyan, 1961). Muito do conhecimento que aprenderam lendo sobre o Grande Canal da China, cujas mil milhas [2.589 quilômetros] ligavam Pequim, no norte, à costa sudeste em Hangzhou, era técnico. Igualmente importantes foram os aprendizados políticos sobre o papel essencial do governo em produzir e manter esse incrível canal. O diplomata britânico sir George Staunton, que escreveu uma das pesquisas mais lidas sobre o Grande Canal da China, empenhou-se em salientar o papel do planejamento e do investimento estatal. "Esse canal", escreveu Staunton na década de 1790,

> não é, nem com efeito o é qualquer um na China, uma questão privada, executada à custa e para o lucro de indivíduos, mas está sob o regulamento e a inspeção imediata do governo, cuja política é manter uma comunicação fácil entre as várias partes do império, com a tendência de promover o comércio e a agricultura do país, aumentando assim a receita do Estado e o conforto do povo. (Hanyan, 1961, p. 562)

Em 1817, o estado de Nova York finalmente alocou dinheiro para começar a construir seu canal. Como presidente, Jefferson rejeitou os interessados em construir canais naquele estado quando lhe solicitaram dinheiro federal, mas seu secretário do Tesouro, Albert Gallatin, concedeu várias terras federais adjacentes, informando o Congresso, quando o fez, que um canal bem-sucedido aumentaria muito o valor daquelas terras (Koeppel, 2009, p. 93). No total, a obra custaria seis milhões de dólares; a empreiteira principal era uma entidade pública sem fins lucrativos, a Canal Commission [Comissão de canais], que, por sua vez, repartiu o trabalho com empreiteiras locais com fins lucrativos — uma metodologia que estabeleceu o modelo para a contratação pública desde então.

As lições políticas estadocêntricas da China foram tão importantes quanto qualquer visão tecnológica — e talvez até mais importantes:

> Durante a década seguinte, muitos estados fizeram esforços nessa direção, construindo canais em profusão. Esses projetos foram executados sob o controle do governo, seguindo o padrão estabelecido pelos conhecidos Canal Commission e Canal Fund [Fundo para canais] do estado de Nova York. Apoiando-se mais fortemente em alocações legislativas, em vez de acionistas privados, e controladas mais por comissões estatais do que diretores de empresas, essas novas hidrovias indicavam que os dias da empresa [privada] de canais estavam contados. Se não forneceu novos métodos de construção, então, o exemplo oriental desempenhou um papel nessa mudança [...]. Para Nova York, que se servia apenas dos serviços inadequados da Western Company, a China ofereceu uma visão de um Grand Canal construído pelo governo. (Hanyan, 1961, p. 566)

Finalizado em 1825, o efeito econômico e, portanto, ecológico do canal Erie foi enorme. O custo de mover uma tonelada de carga caiu 95%. O Estado criava involuntariamente um regime de natureza — mas de forma muito direta e forçosa, acelerando bastante o êxodo rural. A agricultura na Nova Inglaterra começou sua longa contração com o término do canal (Hedrick, 1933, p. 243-4). Foi "o primeiro passo na revolução do transporte que transformaria um agregado de economias [e ecologias] locais em uma economia de mercado nacional" (Howe, 2007, p. 118). Logo o canal Erie estava carregando o dobro de carga do que aquela que percorria o Mississippi até Nova Orleans. Essa revolução do transporte capitaneada pelo Estado foi também uma revolução ambiental. O famoso crescimento da cidade de Nova York proporcionado pelo canal (um acontecimento ambiental em si mesmo) foi apenas um lado de uma transformação espacial e de criação de ambiente mais ampla — o outro foi a transformação capitalista radical na agricultura do Centro-Oeste dos Estados Unidos, ainda mais após 1840. Um "regime de natureza" partiu e outro chegou.

A paisagem pré-canal dos iroqueses não era nenhuma natureza intocada. Ela dependera de grandes queimadas antrópicas. Atear fogo regularmente à paisagem criou o que hoje chamamos de "habitat fragmentado", preferência de cervos e outros animais de caça. As queimadas também facilitaram a coleta de alimentos — frutas vermelhas, por exemplo, ainda precisam de queimadas —, e, é claro, devolviam nutrientes ao solo, ajudando no cultivo de milho, abóbora e feijões. Adriaen van der Donck, cronista holandês que viveu em Nova Amsterdã e escreveu nas décadas de 1640 e 1650, descreveu o papel do fogo:

> Os índios têm o hábito — e nós cristãos também o adotamos — de uma vez por ano, no outono, queimar bosques, planícies e os pântanos que não são demasiado úmidos assim que as folhas tenham caído e a relva

> murchado. Porções esquecidas, como pode acontecer, têm sua vez mais tarde, nos meses de março e abril. Isso é conhecido entre nós e também entre os índios como queimar o mato. (Donck, 2008, p. 21)

Depois da Revolução Americana, como dissemos, a maior parte dos iroqueses se retirou e dirigiu-se para terras concedidas no Canadá. Alguns colonos brancos se mudaram para a região e limparam a terra para cultivo de subsistência. Mas foi o canal construído pelo governo que realmente abriu o interior oeste para a colonização branca e a agricultura capitalista, moldou a economia e a ecologia, a natureza social e atou esses metabolismos regionais a mercados maiores. As queimadas seletivas acabaram. Começaram o desmatamento e a monocultura de trigo e outros grãos. Fazendeiros de subsistência isolados se tornaram exportadores de trigo e, no processo, desenvolveram novos tipos de "natureza". A monocultura logo atrairia doenças fúngicas e pestes como o mosquito-pólvora e a mosca de Hesse. Diante dessas transformações ecológicas, os fazendeiros do Vale do Hudson precisaram colocar "todas as terras disponíveis em cultivo, algumas delas de qualidade inferior, que haviam sido previamente esgotadas" (Wermuth, 1998, p. 188).

No fim das contas, a agricultura do Vale do Hudson trocou o trigo pela produção de laticínios — sob a pressão das doenças e do grão mais barato vindo do Centro-Oeste, e respondendo à demanda crescente da cidade de Nova York. Ao mesmo tempo, os fazendeiros do Vale do Hudson intensificaram a manufatura caseira de barris e algodão cru, trazendo recursos de lugares mais distantes e os transformando. Todas essas foram transformações ecológicas motivadas, direta e indiretamente, pelo canal construído pelo governo. De maneira geral, os canais, como um desenvolvimento dos meios de produção, facilitaram a extensão e a intensificação da agricultura, isto é, facilitaram bastante a produção capitalista da natureza. Muito da carga do canal Erie, portanto, pode ser visto como não apenas transportado pela nova hidrovia, mas proporcionado e criado pelo geopoder:

> Farinha de trigo do Centro-Oeste era armazenada em Nova York, junto do algodão que a cidade obtinha do Sul através de seu domínio do comércio costeiro; ambos podiam, então, ser exportados para o outro lado do Atlântico. Os comerciantes de Nova York começaram a comprar trigo e algodão de seus produtores antes de enviar para os armazéns locais. Logo, aprenderam a comprar vegetais antes mesmo de serem cultivados; isto é, eles podiam adiantar o dinheiro para o agricultor no seguro de sua colheita. Assim, o poder da cidade nos mercados comerciais alimentou seu desenvolvimento como centro financeiro. (Howe, 2007, p. 119-20)

Dessa maneira, Nova York era apenas uma expressão espacial de um "regime de natureza" emergente cujo mecanismo central era o geopoder do Estado, que construiu o canal e ajudou a criar a economia agrícola do Centro-Oeste.

Conclusão

A centralidade não reconhecida do Estado para o funcionamento do capitalismo é especialmente relevante hoje, com a crise climática devastadora já sobre nós na forma de desertificação, fortes tempestades, acidificação dos oceanos, derretimento das geleiras, nível do mar cada vez mais alto e migrações em massa. A crise requer ação imediata e uma escala verdadeiramente enorme.

Apresentei uma análise do Estado enraizada em uma leitura de ecologia política do valor. Como um catalisador central da natureza social, o Estado capitalista não *tem* uma relação com a "natureza" — ele *é* uma relação com a natureza. O Estado não é apenas "parte" do Capitaloceno, mas ocupa nele uma posição central. Por quê? Porque o *geopoder* do Estado capitalista torna possível para o capital tratar a superfície da Terra como um armazém de Natureza Barata.

Como vimos, a história do desenvolvimento capitalista é quase sempre a história de um desenvolvimento guiado pelo Estado. Para reformar o capitalismo — e ir além dele —, a esquerda precisa colocar o Estado no centro de suas considerações estratégicas. Apelos à responsabilidade social empresarial; tentativas de depreciar o capital e pressionar para que ele se reforme; estratégias que declaram que a política está "deteriorada" e buscam passar ao largo do Estado; ou hiperlocalismo escapista — todas essas características do ambientalismo estadunidense — são fundamentalmente irrealistas.

Esse argumento tem implicações políticas. Em primeiro lugar, o Estado não pode ser evitado, sugerem pesquisadores como Holloway (2002 [2003]). Para que a política da esquerda se torne eficaz, sobretudo diante da crise climática, ela deve criar estratégias que engajem e tentem transformar o Estado. A idea de escapar do Estado é uma incompreensão da centralidade estatal e de sua natureza imutavelmente fundamental para a forma valor e, assim, para a sociedade capitalista (Mazzucato, 2013 [2014]).

O presidente do Banco de Exportação-Importação dos Estados Unidos (a agência de crédito de exportação do governo federal) tentou explicar a centralidade do Estado a repórteres depois de uma viagem de negócios à República Tcheca:

> Já é hora de abandonar a fantasia de que existe um mercado puramente livre no mundo do comércio global [...]. No mundo real, nossas empresas privadas são constantemente colocadas contra uma gama de competidores que, muitas vezes, são propriedade de um governo, protegidos pelo governo, subsidiados pelo governo, patrocinados pelo governo ou todas as alternativas anteriores.[7]

Em outras palavras, os enquadramentos legais da propriedade são territorialmente fixos, e os Estados continuam a ser as unidades políticas essenciais do capitalismo global. Administrar, mediar, produzir e entregar natureza não humana à acumulação é uma função central do Estado capitalista moderno e territorialmente definido. Quando falamos que o capital tem um metabolismo, devemos pensar no Estado como uma membrana mediadora indispensável. Assim, a crise climática não requer um novo papel para o Estado, mas apenas uma versão diferente e melhorada da criação de ambiente que ele já faz. Para que isso aconteça, pesquisadores críticos precisam de um engajamento teórico renovado com o aparato estatal. Sugeri que comecemos considerando-o um protagonista ambiental dentro do drama histórico-mundial mais amplo do capitalismo. Ele continua no centro da luta política moderna. Mais especificamente, o suposto novo papel do Estado enquanto agente ambiental crucial à economia, que pode parecer ser apenas um subproduto político da mudança climática e da crise ecológica mais ampla, não é de forma alguma uma novidade. A mudança climática traz desastres e emergências que convocam o Estado. Como o Estado responde é uma pergunta diferente: algumas vezes ele falha, mas sempre é requisitado.

Notas

1 Poucos pesquisadores discorreram sobre o aparato estatal dessa maneira. Com todas as suas falhas, a teoria do Estado hidráulico é um exemplo (Wittfogel, 1957). Os elementos de tal teoria do Estado como uma entidade criadora de ambientes estão facilmente disponíveis no genial *Nature's Metropolis* [A metrópole da natureza], de Cronon (1991) — que, no entanto, não explicita as conexões.

2 Em outro nível, isso indica que o capital, ou a produção e a acumulação de valor, sempre precisa de algo externo do qual tirar e no qual depositar de volta. Ele toma capacidades e devolve externalidades.

3 Quando defendi essa posição na Antipode Lecture em 2013, Matt Huber me alertou ter defendido uma posição parecida em um artigo anterior; ver Emel *et al.* (2011).

4 Não é uma coincidência que a agrimensura tenha sido uma das primeiras habilidades aprendidas por jovens de proeminência como George Washington. Por meio dessas aventuras com geomedidas, eles ficaram ricos por serem os primeiros a lotear, mapear e, então, comprar lotes selecionados de terras no Oeste. O conhecimento da agrimensura na cartografia era fundamental para todas as empresas de terras coloniais. Com frequência, tudo que elas precisavam para garantir sua reivindicação era o mapa, e não era necessária nenhuma "melhoria" do terreno, como a venda de árvores. Como explicou o jovem George Washington: "as maiores propriedades que temos nesta Colônia" foram feitas "tomando e comprando a preços muito baratos as ricas terras remotas que naquela época eram desprezadas, mas agora são as mais valiosas que possuímos" (Cleland, 1955, p. 237).

5 Digo exceções parciais porque mesmo cardumes de peixes que migram centenas ou milhares de quilômetros têm alcances ecológicos e, portanto, territórios específicos, os quais podem estar parcialmente sob controle estatal.

6 "A Europa medieval era motivada por profundas contradições socioecológicas. A degradação ambiental do feudalismo era baseada na relação senhor/camponês, que limitava as possibilidades de reinvestimento na terra. Consequentemente, o feudalismo exauriu o solo e a força de trabalho dos quais retirava sua renda, tornando a população vulnerável a doenças. A peste negra alterou de forma decisiva as proporções trabalho/terra em favor do campesinato do oeste da Europa. Esse novo equilíbrio de forças de classe eliminou a possibilidade de

restauração feudal e levou os Estados, os senhores de terra e os mercadores a favorecer a expansão geográfica — um reparo espacial externo em vez de interno à crise feudal. Esse reparo externo, começando no mundo atlântico, tinha inscritas a produção e a troca de mercadoria capitalista. O capitalismo diferia radicalmente do feudalismo no fato de que, onde antes as crises ecológicas haviam sido locais, o capitalismo as globalizava" (Moore, 2002).

7 "Protectionism: The Hidden Persuaders", *op. cit.*

Referências

AGÊNCIA INTERNACIONAL DE ENERGIA. *World Energy Outlook 2013*. Paris: IEA, 2013.

AGLIETTA, Michel. *A Theory of Capitalist Regulation*. Londres: Verso, 1979.

AGRICOLA, Georgius. *De Re Metallica*. Trad. Herbert Hoover e Lou Hoover. Nova York: Dover, 1950 [1556].

AKRICH, Madeleine & BERG, Marc (orgs.). *Body and Society: Special Issue — Bodies on Trial*, v. 10, n. 2-3, 2004.

ALLEN, Robert C. *Global Economic History*. Oxford: Oxford University Press, 2011.

ALTVATER, Elmar. "The Social and Natural Environment of Fossil Capitalism". *In*: PANITCH, Leo & LEYS, Colin. *Socialist Register 2007: Coming to Terms with Nature*. Londres: Merlin Press, 2006.

ALTVATER, Elmar. *Engels neu entdecken: das hellblaue Bändchen zur Einführung in die "Dialektik der Natur" und die Kritik von Akkumulation und Wachstum*. Hamburgo: VSA, 2015.

ALVAREZ, Luis W. *et al*. "Extraterrestrial Cause for the Cretaceous-Tertiary Extinction", *Science*, n. 208, p. 1.095-108, 1980.

AMIN, Samir. "Capitalism and the Ecological Footprint", *Monthly Review*, v. 61, n. 6, p. 19-30, 2009.

ANGUS, Ian. "When Did the Anthropocene Begin... and Why Does It Matter?", *Monthly Review*, v. 67, n. 4, p. 1-11, 2015.

ANTHROPOCENE WORKING GROUP. *Newsletter of the Anthropocene Working Group*, v. 4, jun. 2013. Disponível em: http://quaternary.stratigraphy.org/wp-content/uploads/2018/08/Anthropocene-Working-Group-Newsletter-Vol-4-Final.pdf.

ARENDT, Hannah. *Eichmann in Jerusalem*. Nova York: Penguin, 1964. [Ed. bras.: *Eichmann em Jerusalém: um relato sobre a banalidade do mal*. Trad. José Rubens Siqueira. São Paulo: Companhia das Letras, 1999.]

ARENDT, Hannah. *Between Past and Future*. Nova York: Penguin, 1977. [Ed. bras.: *Entre o passado e o futuro*. Trad. Mauro W. Barbosa. São Paulo: Perspectiva, 2003.]

ARENDT, Hannah. *Essays in Understanding: 1930-1954 — Formation, Exile, and Totalitarism*. Nova York: Schoken, 2005. [Ed. bras.: *Compreender: formação, exílio e totalitarismo — ensaios 1930-1954*. Trad. Denise Bottmann. São Paulo: Companhia das Letras, 2008.]

ARENS, Nan Crystal & WEST, Ian D. "Press-Pulse: A General Theory of Mass Extinction?", *Paleobiology*, v. 34, n. 4, p. 456-71, 2008.

ARNOLD, David. *The Problem of Nature*. Oxford: Blackwell Press, 1996.

ARRIGHI, Giovanni. *The Long Twentieth Century*. Londres: Verso, 1994. [Ed. bras.: *O longo século XX: dinheiro, poder e as origens do nosso tempo*. Trad. Vera Ribeiro. Rio de Janeiro: Contraponto, 1996.]

AX, Christina Folke; BRIMNES, Niels; JENSEN, Niklas Thode & OSLUND, Karen (orgs.). *Cultivating the Colonies*. Athens: Ohio University Press, 2011.

AYRES, Robert U. "Environmental Effects of Nuclear Weapons" [relatório para o Departamento de Defesa dos Estados Unidos]. Harmon-on-Hudson: Hudson Institute, 1965.

BAIROCH, Paul. "Agriculture and the Industrial Revolution, 1700-1914". *In*: CIPOLLA, Carlo M. (org.). *The Fontana Economic History of Europe*, v. 2. Londres: Fontana, 1974.

BAKEWELL, Peter J. "Mining". *In*: BETHELL, Leslie (org.). *Colonial Spanish America*. Cambridge: Cambridge University Press, 1987. [Ed. bras.: "A mineração na América espanhola colonial". In: BETHELL, Leslie (org.). *História da América Latina*, v. 2, *América Latina colonial*. Trad. Mary Amazonas Leite de Barros e Magda Lopes. São Paulo: Edusp, 2022.]

BALTER, Michael. "Archaeologists Say the 'Anthropocene' Is Here — But It Began Long Ago", *Science*, n. 340, p. 261-2, 2013.

BARAD, Karen. *Meeting the Universe Halfway*. Durham: Duke University Press, 2007.

BARCA, Stefania. "Energy, Property, and the Industrial Revolution Narrative", *Ecological Economics*, v. 70, n. 7, p. 1.309-15, 2010.

BARDACKE, Frank. *Trampling Out the Vintage*. Londres: Verso, 2012.

BARDI, Ugo. *Der geplünderte Planet*. Munique: Oekom, 2013.

BARNES, Trevor J. & FARISH, Matthew. "Between Regions: Science, Militarism, and American Geography from World War to Cold

War", *Annals of the Association of American Geographers*, v. 96, n. 4, p. 807-26, 2006.

BARNOSKY, Anthony D. *et al.* "Has the Earth's Sixth Mass Extinction Already Arrived?", *Nature*, n. 471, p. 51-7, 2011.

BARNOSKY, Anthony D.; HADLY, Elizabeth A.; BASCOMPTE, Jordi; BERLOW, Eric L.; BROWN, James H.; FORTELIUS, Mikael & GETZ, Wayne M. "Approaching a State Shift in Earth's Biosphere", *Nature*, n. 486, p. 52-8, 2012.

BARRY, John. *Environment and Social Theory*. Nova York: Routledge, 2007.

BASHFORD, Alison. *Imperial Hygiene*. Nova York: Palgrave, 2004.

BAVEL, Bas van. "Land, Lease and Agriculture: The Transition of the Rural Economy in the Dutch River Area from the Fourteenth to the Sixteenth Century", *Past & Present*, n. 172, p. 3-43, 2001.

BAVEL, Bas van. "The Medieval Origins of Capitalism in the Netherlands", *BMGN — Low Countries Historical Review*, v. 125, n. 2-3, p. 45-79, 2010.

BEARD, Charles. *The Industrial Revolution*. Londres: George Allen & Unwin, 1901.

BECK, Ulrich. *Risk Society*. Nova York: Sage, 1992. [Ed. bras.: *Sociedade de risco: rumo a uma outra modernidade*. Trad. Sebastião Nascimento. São Paulo: Editora 34, 2011.]

BEINART, William & MIDDLETON, Karen. "Plant Transfers in Historical Perspective: A Review Article", *Environment and History*, n. 10, p. 3-29, 2004.

BENJAMIN, Walter. "On the Concept of History". *In*: BENJAMIN, Walter. *Selected Writings*, v. 4. Cambridge: Harvard University Press, 2006.

BENTON, Lauren. *A Search for Sovereignty*. Cambridge: Cambridge University Press, 2010.

BERRY, Thomas. *The Great Work*. Nova York: Bell Tower, 1999.

BERRY, Thomas. "The Ecozoic Era". *In*: ADELSON, Glenn; ENGELL, James; RANALLI, Brent & VAN ANGLEN, K. P. (orgs.). *Environment: An Interdisciplinary Anthology*. New Haven: Yale University Press, 2008.

BIELEMAN, Jan. *Five Centuries of Farming*. Wageningen: Wageningen Academic Publishers, 2010.

BIGGS, David. *Quagmire: Nation-Building and Nature in the Mekong Delta*. Seattle: University of Washington Press, 2010.

BIGGS, Michael. "Putting the State on the Map: Cartography, Territory, and European State Formation.", *Comparative Studies in Society and History*, v. 41, n. 2, p. 374-405, 1999.

BLACKBURN, Robin. *The Making of New World Slavery*. Londres: Verso, 1998. [Ed. bras.: *A construção do escravismo no Novo Mundo*. Trad. Maria Beatriz de Medina. Rio de Janeiro: Record, 2003.]

BLANCHARD, Ian. *International Lead Production and Trade in the 'Age of the Saigerprozess': 1460-1560*. Wiesbaden: Franz Steiner Verlag, 1995.

BLICKLE, Peter. *The Revolution of 1525*. Baltimore: Johns Hopkins University Press, 1981.

BLUM, Jerome. "Rise of Serfdom in Eastern Europe", *American Historical Review*, v. 62, n. 4, p. 807-36, 1957.

BOCHOVE, Christiaan Jan van. *The Economic Consequences of the Dutch*. Amsterdã: Amsterdam University Press, 2008.

BOLTHOUSE, Jay. "Rethinking Capital's Relations to Nature: From the Production of Nature Thesis to World-Ecological Synthesis", *Japanese Journal of Human Geography*, v. 66, n. 6, p. 580-94, 2014.

BOND, Patrick. *Politics of Climate Justice*. Durban: University of Kwazulu/ Natal Press, 2012.

BOOMGAARD, Peter. "Forest Management and Exploitation in Colonial Java, 1677-1897", *Forest & Conservation History*, v. 36, n. 1, p. 4-14, 1992a.

BOOMGAARD, Peter. "The Tropical Rain Forests of Suriname: Exploitation and Management 1600-1975", *New West Indian Guide / Nieuwe West-Indische Gids*, v. 66, n. 3-4, p. 207-35, 1992b.

BOSERUP, Ester. *The Conditions of Agricultural Growth*. Londres: Allen & Unwin, 1965.

BOULDING, Kenneth. "The Economics of the Coming Spaceship Earth". *In*: JARRETT, Henry (org.). *Environmental Quality in a Growing Economy*. Baltimore: Johns Hopkins University Press, 1966.

BOXER, Charles R. *The Dutch Seaborne Empire, 1600-1800*. Londres: Hutchinson, 1965.

BOXER, Charles R. *The Portuguese Seaborne Empire, 1415-1825*. Nova York: Alfred A. Knopf, 1969.

BRAUDEL, Fernand. "Qu'est-ce que le XVIe siècle?", *Annales E.S.C.*, v. 8, n. 1, p. 69-73, 1953.

BRAUDEL, Fernand. "European Expansion and Capitalism, 1450--1650". *In*: CONTEMPORARY CIVILIZATION STAFF OF COLUMBIA COLLEGE (org.). *Chapters in Western Civilization*. Nova York: Columbia University Press, 1961.

BRAUDEL, Fernand. *The Mediterranean and the Mediterranean World in the Age of Philip II*, v. 1. Londres: Collins, 1972.

BRAUDEL, Fernand. *The Perspective of the World*, 3 v. Trad. Siân Reynolds. Nova York: Harper & Row, 1983.

BRAUDEL, Fernand. "History and the Social Sciences: The *Longue Durée*", *Review*, v. 32, n. 3, p. 171-203, 2009.

BRENNER, Neil; JESSOP, Bob; JONES, Martin & MACLEON, Gordon (orgs.). *State/Space: A Reader.* Oxford: Blackwell, 2003.

BRENNER, Robert. "Agrarian Class Structure and Economic Development in Pre-Industrial Europe", *Past & Present*, n. 70, p. 30-75, 1976.

BRENNER, Robert. "The Low Countries in the Transition to Capitalism", *Journal of Agrarian Change*, v. 1, n. 2, p. 169-241, 2001.

BROADBERRY, Stephen; CAMPBELL, Bruce; KLEIN, Alexander; OVERTON, Mark & LEEUWEN, Bas van. "British Economic Growth, 1270-1870", Departamento de História Econômica, London School of Economics, 2011.

BURKE, Edmund. *A Philosophical Inquiry into the Origin of our Ideas of the Sublime and Beautiful*. Indiana: University of Notre Dame Press, 1958 [1795]. [Ed. bras.: *Uma investigação filosófica sobre a origem de nossas ideias do sublime e do belo*. Trad. Enid Abreu Dobránszky. Campinas: Papirus, 1993.]

BURKETT, Paul. *Marx and Nature*. Nova York: St. Martin's, 1999.

BUSBY, Kimberly Sue. *The Temple Terracottas of Etruscan Orvieto*. Tese de doutorado, Universidade de Illinois, Urbana-Champaign, 2007.

BÜSCHER, Bram & FLETCHER, Robert. "Accumulation by Conservation", *New Political Economy*, v. 20, n. 2, p. 273-329, 2015.

BUSH, Vannevar. *Science: The Endless Frontier.* Washington: U.S. Government Printing Office, 1945.

CAFARO, Philip & CRIST, Eileen (orgs.). *Life on the Brink*. Athens: University of Georgia Press, 2012.

CALARCO, Matthew. "Identity, Difference, Indistinction", *The New Centennial Review*, n. 11, p. 41-60, 2012.

CAMBA, Alvin A. "From Colonialism to Neoliberalism: Critical Reflections on Philippine Mining in the 'Long Twentieth Century'", *Extractive Industries and Society*, v. 2, n. 2, p. 287-301, 2015.

CAMPBELL, Chris & NIBLETT, Michael (orgs.). *The Caribbean: Aesthetics, World-Ecology, Politics*. Liverpool: Liverpool University Press, 2016.

CARO, Tim; DARWIN, Jack; FORRESTER, Tavis; LEDOUX-BLOOM, Cynthia & WELLS, Caitlin. "Conservation in the Anthropocene", *Conservation Biology*, v. 26, n. 1, p. 185-8, 2011.

CARR, E. H. *What Is History?* Nova York: Penguin, 1962. [Ed. bras.: *Que é história?* Trad. Lúcia Maurício de Alverga. Rio de Janeiro: Paz e Terra, 1982.]

CARSON, Rachel. *Silent Spring*. Nova York: Signet, 1962. [Ed. bras.: *Primavera silenciosa*. São Paulo: Melhoramentos, 1969.]

CERTINI, Giacomo & SCALENGHE, Riccardo. "Anthropogenic Soils Are the Golden Spikes for the Anthropocene", *The Holocene*, v. 21, n. 8, p. 1.269-74, 2011.

CHAKRABARTY, Dipesh. "The Climate of History: Four Theses", *Critical Inquiry*, n. 35, p. 197-222, 2009.

CHARNAS, Suzy McKee. *Walk to the End of the World*. Nova York: Ballantine, 1974.

CHAUNU, Pierre. *Séville et l'Atlantique, 1504-1650*, tomo 1. Paris: Éditions de l'Iheal, 1959.

CÍCERO. *Cicero in Twenty-Eight Volumes*. Trad. H. Rackham. Cambridge: Harvard University Press, 1933.

CIPOLLA, Carlo M. *Before the Industrial Revolution: European Society 1000-1700*. Nova York: W.W. Norton, 1976.

CLELAND, Hugh. *George Washington in the Ohio Valley*. Pittsburgh: University of Pittsburgh Press, 1955.

CLIFFORD, James. *Routes: Travel and Translation in the Late Twentieth Century*. Cambridge: Harvard University Press, 1997.

CLIFFORD, James. *Returns: Becoming Indigenous in the Twenty-First Century*. Cambridge: Harvard University Press, 2013.

COASE, Ronald H. "The Problem of Social Cost", *Journal of Law and Economics*, n. 3, p. 1-44, 1960.

COMISSÃO ESPECIAL SOBRE MODIFICAÇÃO CLIMÁTICA. *Weather and Climate Modification*. Washington: National Science Foundation, 1965.

COMITÊ INVISÍVEL. *The Coming Insurrection*. Los Angeles: Semiotext(e), 2009.

CORCORAN, Patricia; MOORE, Charles J. & JAZVAC, Kelly. "An Anthropogenic Marker Horizon in the Future Rock Record", *GSA Today*, v. 24, n. 6, p. 4-8, 2014.

COSTANZA, Robert; GRAUMLICH, Lisa J. & STEFFEN, Will (orgs.). *Sustainability or Collapse?* Cambridge: MIT Press, 2007.

COX, Christopher R. "Faulty Presuppositions and False Dichotomies: The Problematic Nature of 'the Anthropocene'", *Telos*, n. 172, p. 59-81, 2015.

CRIST, Eileen. "Abundant Earth and the Human Population Question". *In*: CAFARO, Philip & CRIST, Eileen (orgs.). *Life on the Brink*. Athens: University of Georgia Press, 2012.

CRIST, Eileen. "Ecocide and the Extinction of Animal Minds". *In*: BEKOFF, Marc (org.). *Ignoring Nature No More*. Chicago: University of Chicago Press, 2013.

CRIST, Eileen. "Ptolemaic Environmentalism". *In*: WUERTHNER, George; CRIST, Eileen & BUTLER, Tom (orgs.). *Keeping the Wild*. Washington: Island Press, 2014.

CRONON, William. *Nature's Metropolis*. Nova York: W.W. Norton, 1991.

CRONON, William. "The Trouble with Wilderness; or, Getting Back to the Wrong Nature". *In*: CRONON, William (org.). *Uncommon Ground*. Nova York: W.W. Norton, 1995.

CROSBY, Alfred W. *The Columbian Exchange*. Westport: Greenwood Press, 1972.

CROSBY, Alfred W. *Ecological Imperialism*. Cambridge: Cambridge University Press, 1986.

CROSBY, Alfred W. *The Measure of Reality*. Cambridge: Cambridge University Press, 1997.

CRUTZEN, Paul J. "Geology of Mankind: The Anthropocene", *Nature*, n. 415, p. 23, 2002.

CRUTZEN, Paul J. "Albedo Enhancement of Stratospheric Sulfur Injections", *Climate Change*, n. 77, p. 211-9, 2006.

CRUTZEN, Paul J. & STEFFEN, Will. "How Long Have We Been in the Anthropocene Era?", *Climatic Change*, v. 61, n. 3, p. 251-7, 2003.

CRUTZEN, Paul J. & STOERMER, Eugene F. "The Anthropocene", *International Geosphere-Biosphere Programme's Newsletter*, n. 41, p. 17-8, 2000.

CULLATHER, Nick. *The Hungry World: America's Cold War Battle Against Poverty in Asia*. Cambridge: Harvard University Press, 2010.

CUSHMAN, Gregory. *Guano and the Opening of the Pacific World*. Cambridge: Cambridge University Press, 2013.

DALES, John H. *Pollution, Property and Prices*. Toronto: University of Toronto Press, 1968.

DALY, Herman E. "From a Failed-Growth Economy to a Steady-State Economy", *Solutions*, v. 1, n. 2, p. 37-43, 2010.

DARBY, H. C. "The Clearing of Woodland in Europe". *In*: THOMAS JR., William L. (org.). *Man's Role in Changing the Face of the Earth*. Chicago: University of Illinois Press, 1956.

DAVIS, Heather & TURPIN, Etienne. "Matters of Cosmopolitics". *In*: TURPIN, Etienne (org.). *Architecture in the Anthropocene*. Londres: Open Humanities Press, 2013.

DAVIS, Mike. "Who Will Build the Ark?", *New Left Review*, n. 61, p. 29-46, 2010.

DAVIS, Ralph. "English Foreign Trade, 1700-1774", *Economic History Review*, v. 15, n. 2, p. 285-303, 1962.

DAVIS, Ralph. *The Rise of the Atlantic Economies*. Ithaca: Cornell University Press, 1973.

DEAN, Warren. *With Broad Ax and Firebrand*. Berkeley: University of California Press, 1995.

DECKARD, Sharae. "Mapping the World-Ecology", 2015. Disponível em: http://www.academia.edu/2083255/Mapping_the_World-Ecology_Conjectures_on_World-Ecological_Literature.

DELÉAGE, Jean-Paul. "Eco-Marxist Critique of Political Economy", *Capitalism Nature Socialism*, v. 1, n. 3, p. 15-31, 1989.

DE MADDALENA, Aldo. "Rural Europe 1500-1700". *In*: CIPOLLA, Carlo M. (org.). *The Fontana Economic History of Europe*, v. 2. Londres: Fontana, 1974.

DEMPSTER, Beth M. A *Self-Organizing Systems Perspective on Planning for Sustainability*. Dissertação de mestrado, Universidade de Waterloo, Waterloo, 1998.

DESCARTES, Renè. *A Discourse on the Method of Correctly Conducting One's Reason and Seeking Truth in the Sciences*. Oxford: Oxford University Press, 2006. [Ed. bras.: *Discurso do método*. Trad. Maria Ermantina Galvão. São Paulo: Martins Fontes, 2001.]

DESPRET, Vinciane. "The Body We Care For: Figures of Anthropo-zoo-genesis", *Body & Society*, v. 10, n. 2-3, p. 111-34, 2004.
DETIENNE, Marcel & VERNANT, Jean-Pierre. *Cunning Intelligence in Greek Culture and Society*. Trad. Janet Lloyd. Sussex: Harvester Press, 1978. [Ed. bras. *Métis: as astúcias da inteligência*. Trad. Filomena Hirata. São Paulo: Odysseus, 2008.]
DE VRIES, Jan. *The Dutch Rural Economy in the Golden Age, 1500-1700*. New Haven: Yale University Press, 1974.
DE VRIES, Jan. *The Economy of Europe in an Age of Crisis*. Cambridge: Cambridge University Press, 1976.
DE VRIES, Jan. *European Urbanization, 1500-1800*. Londres: Methuen & Co., 1984.
DE VRIES, Jan. "The Labour Market". *In*: DAVIDS, Karel & NOORDEGRAAF, Leo (orgs.). *The Dutch Economy in the Golden Age*. Amsterdã: Nederlandsch Economisch-Historisch Archief, 1993.
DE VRIES, Jan. "Economic Growth Before and After the Industrial Revolution". *In*: PRAK, Maarten (org.). *Early Modern Capitalism*. Nova York: Routledge, 2001.
DE VRIES, Jan. *The Industrious Revolution*. Cambridge: Cambridge University Press, 2008.
DE VRIES, Jan & VAN DER WOUDE, Ad. *The First Modern Economy*. Cambridge: Cambridge University Press, 1997.
DEVRIES, Karen. *Prodigal Knowledge: Queer Journeys in Religious and Secular Borderlands*. Tese de doutorado, Universidade da Califórnia, Santa Cruz, 2014.
DIAMOND, Jared. *Collapse: How Societies Choose to Fail or Succeed*. Nova York: Viking, 2004. [Ed. bras.: *Colapso: como as sociedades escolhem o fracasso ou o sucesso*. Trad. Alexandre Raposo. Rio de Janeiro: Record, 2005.]
DIRZO, Rodolfo; YOUNG, Hillary S.; GALETTI, Mauro; CEBALLOS, Gerardo; ISAAC, Nick J. B. & COLLEN, Ben. "Defaunation in the Anthropocene", *Science*, n. 345, p. 401-6, 2014.
DIXON, Marion. "Biosecurity and the Multiplication of Crises in the Egyptian Agri-food Industry", *Geoforum*, n. 61, p. 90-100, 2015.
DONCK, Adriaen van der. *A Description of New Netherland*. Lincoln: University of Nebraska Press, 2008.
DRENGSON, Alan. "The Wild Way", *The Trumpeter*, v. 20, n. 1, p. 46-65, 2004.

DUPLESSIS, Robert S. *Transitions to Capitalism in Early Modern Europe*. Cambridge: Cambridge University Press, 1997.

DUSSEL, Enrique. "Beyond Eurocentrism: The World-System and the Limits of Modernity". *In*: JAMESON, Frederic & MIYOSHI, Masao (orgs.). *The Cultures of Globalization*. Durham: Duke University Press, 1998.

EAGLETON, Terry. *The Idea of Culture*. Oxford: Blackwell, 2000. [Ed. bras.: *A ideia de cultura*. Trad. Sandra Castello Branco. São Paulo: Editora Unesp, 2005].

EDWARDS, Paul. *A Vast Machine*. Cambridge: MIT Press, 2010.

EDWARDS, Paul. "Entangled Histories: Climate Science and Nuclear Weapons Research", *Bulletin of Atomic Scientists*, v. 68, n. 4, p. 28-40, 2012.

EGAN, Michael. *Barry Commoner and The Science of Survival*. Cambridge: MIT Press, 2007.

EHRLICH, Paul R. *The Population Bomb*. Nova York: Ballantine, 1968.

EHRLICH, Paul R. & HOLDREN, John P. "Impact of Population Growth", *Science*, v. 171, n. 3.977, p. 1.212-7, 1971.

ELDEN, Stuart. *Speaking against Number*. Edimburgo: Edinburgh University Press, 2006.

ELDREDGE, Niles & GOULD, Stephen J. "Punctuated Equilibria: An Alternative to Phyletic Gradualism". *In*: SCHOPF, T. J. M. (org.). *Models in Paleobiology*. São Francisco: Freeman Cooper, 1972.

EL KHOURY, Ann. *Globalization, Development, and Social Justice*. Nova York: Routledge, 2015.

ELLIS, Erle C. "Stop Trying to Save the Planet", *Wired*, 6 mai. 2009. Disponível em: http://www.wired.com/wiredscience/2009/05/ftf-ellis-1/.

ELLIS, Erle C. "Anthropogenic Transformation of the Terrestrial Biosphere", *Philosophical Transactions of the Royal Society*, v. 369, n. 1.938, p. 2.010-35, 2011.

ELLIS, Erle C. "A Planet of No Return", *The Breakthrough Journal*, n. 2, p. 37-41, 2012.

ELLIS, Erle C. *et al*. "Anthropogenic Transformation of the Biomes, 1700 to 2000", *Global Ecology and Biogeography*, v. 19, n. 5, p. 589-606, 2010.

ELTIS, David. "A Brief Overview of the Trans-Atlantic Slave Trade", *SlaveVoyages.org*, 2007. [Ed. bras.: "Um breve resumo do tráfico transatlântico de escravos", *SlaveVoyages.org*, 2007. Disponível em: https://www.slavevoyages.org/voyage/essays#inter

pretation/a-brief-overview-of-the-trans-atlantic-slave-trade/introduction/0/pt/.]

EMEL, Jody *et al.* "Extracting Sovereignty", *Political Geography*, v. 30, n. 2, p. 70-9, 2011.

ENGELS, Friedrich. "The Origin of the Family, Private Property and the State". *In*: MARX, Karl & ENGELS, Friedrich, *Selected Works*, v. 3. Moscou: Progress Publishers, 1973. [Ed. bras.: *A origem da família, da propriedade privada e do Estado*. Trad. Nélio Schneider. São Paulo: Boitempo, 2019.]

ENGELS, Friedrich. "Dialectics of Nature". *In*: MARX, Karl & ENGELS, Friedrich. *Collected Works*, v. 25. Londres: Lawrence and Wishart, 1987. [Ed. bras.: *Dialética da natureza*. Trad. Nélio Schneider. São Paulo: Boitempo, 2020.]

ENZENSBERGER, Hans Magnus. "A Critique of Political Ecology", *New Left Review*, n. 84, p. 3-31, 1974.

ESCOBAR, Arturo. "After Nature: Steps to an Antiessentialist Political Ecology", *Current Anthropology*, v. 40, n. 1, p. 1-30, 1999.

FEBVRE, Lucien & MARTIN, Henri. *The Coming of the Book*. Trad. David Gerard. Londres: Verso, 1976.

FEDERICI, Silvia. *Caliban and the Witch: Women, the Body, and Primitive Accumulation*. Nova York: Autonomedia, 2004. [Ed. bras.: *Calibã e a bruxa: mulheres, corpo e acumulação primitiva*. Trad. Coletivo Sycorax. São Paulo: Elefante, 2017.]

FISHER, Elizabeth. *Women's Creation*. Nova York: McGraw-Hill, 1975.

FISCHER-KOWALSKI, Marina & HABERL, Helmut. "Tons, Joules, and Money", *Society & Natural Resources*, v. 10, n. 1, p. 61-85, 1997.

FISCHER-KOWALSKI, Marina & HABERL, Helmut. "Sustainable Development: Socio-Economic Metabolism and the Colonization of Nature", *International Social Science Journal*, n. 158, p. 573-87, 1998.

FISCHER-KOWALSKI, Marina; KRAUSMANN, Fridolin & PALLUA, Irene. "A Sociometabolic Reading of the Anthropocene", *The Anthropocene Review*, v. 1, n. 1, p. 8-33, 2014.

FLEAGLE, Robert (org.). *Weather Modification*. Seattle: University of Washington Press, 1969.

FLYNN, Dennis O. & GIRÁLDEZ, Arturo. *China and the Birth of Globalisation in the 16th Century*. Burlington: Ashgate Variorium, 2012.

FOREMAN, Dave. "The Arrogance of Resourcism", *Around the Campfire*, v. 5, n. 1, 2007.

FOREMAN, Dave. *Man Swarm and the Killing of Wildlife*. Durango: Raven's Eye Press, 2011.

FOSSIER, Robert. *La terre et les hommes en Picardie jusqu'á la fin du XIIIe Siècle*. 2 v. Louvain/Paris: B. Nauwelaerts, 1968.

FOSTER, John Bellamy. *The Vulnerable Planet*. Nova York: Monthly Review Press, 1994.

FOSTER, John Bellamy. *Marx's Ecology*. Nova York: Monthly Review Press, 2000. [Ed. bras.: *A ecologia de Marx: materialismo e natureza*. Trad. Maria Teresa Machado. Rio de Janeiro: Civilização Brasileira, 2005.]

FOSTER, John Bellamy & HOLLEMAN, Hannah. "Weber and the Environment: Classical Foundations for a Postexemptionalist Sociology", *American Journal of Sociology*, v. 117, n. 6, p. 1.625-73, 2012.

FOSTER, John Bellamy; CLARK, Brett & YORK, Richard. *The Ecological Rift*. Nova York: Monthly Review Press, 2010.

FOUCAULT, Michel. *Society Must Be Defended*. Nova York: Picador, 2003. [Ed. bras.: *Em defesa da sociedade: curso no Collège de France (1975-1976)*. Trad. Maria Ermantina de Almeida Prado Galvão. São Paulo: Martins Fontes WMF, 2010.]

FOUCAULT, Michel. *Security, Territory, Population*. Nova York: Picador, 2007. [Ed. bras.: *Segurança, território, população*. Trad. Eduardo Brandão. São Paulo: Martins Fontes, 2008.]

FOUQUET, Roger. *Heat, Power and Light*. Northampton: Edward Elgar, 2008.

FRASER, Caroline. *Rewilding the World*. Nova York: Picador, 2009.

FUNES MONZOTE, Reinaldo. *From Rainforest to Cane Field in Cuba*. Trad. Alex Martin. Chapel Hill: University of North Carolina Press, 2008.

GALEANO, Eduardo. *Open Veins of Latin America*. Nova York: Monthly Review Press, 1973. [Ed. bras.: *As veias abertas da América Latina*. Trad. Sérgio Faraco. Porto Alegre: L&PM, 2010.]

GILBERT, Scott F.; SAPP, Jan & TAUBER, Alfred I. "A Symbiotic View of Life", *Quarterly Review of Biology*, v. 87, n. 4, p. 325-41, 2012.

GILL, Bikrum. "Can the River Speak? Epistemological Confrontation in the Rise and Fall of the Land Grab in Gambela, Ethiopia", *Environment and Planning A: Economy and Space*, v. 48, n. 4, p. 699-717, 2016.

GIMBUTAS, Marija. *The Living Goddesses*. Berkeley: University of California Press, 1999.

GLACKEN, Clarence J. *Traces on the Rhodian Shore*. Berkeley: University of California Press, 1967.

GODINHO, Vitorino Magalhães. "Portugal and the Making of the Atlantic World", *Review*, v. 28, n. 4, p. 313-7, 2005.

GOWDY, John & KRALL, Lisi. "The Ultrasocial Origin of the Anthropocene", *Ecological Economics*, n. 95, p. 137-47, 2013.

GRIGG, David B. *Population Growth and Agrarian Change*. Cambridge: Cambridge University Press, 1980.

GROENEWOUDT, Bert. "Versatile Land, High versus Low: Diverging Developments in the Eastern Netherlands", *Proceedings of the 24th Session of PECSRL: Living in Landscapes: Knowledge, Practice, Imagination*, seção A, v. 66, n. 3, p. 54-69, 2012.

GROVE, Richard H. *Green Imperialism*. Cambridge: Cambridge University Press, 1995.

HACKER, Barton. *Elements of Controversy*. Berkeley: University of California Press, 1994.

HACKING, Ian. *The Social Construction of What?* Cambridge: Harvard University Press, 2000.

HAMBLIN, Jacob Darwin. *Arming Mother Nature*. Oxford: Oxford University Press, 2013.

HAMILTON, Alexander. "Alexander Hamilton's Final Version of the Report on the Subject of Manufactures [5 dez. 1791]", *The Papers of Alexander Hamilton*, v. 10, *1791-1792*. Nova York: Columbia University Press, 1966, p. 230-340. Disponível em: http://founders.archives.gov/documents/Hamilton/01-10-02-0001-0007.

HANSEN, James. *Storms of My Grandchildren*. Nova York: Bloomsbury, 2009.

HANYAN, Craig R. "China and the Erie Canal", *Business History Review*, v. 35, n. 4, p. 558-66, 1961.

HARAWAY, Donna. "Situated Knowledges", *Feminist Studies*, v. 14, n. 3, p. 575-99, 1988.

HARAWAY, Donna. *Primate Visions*. Nova York: Routledge, 1989.

HARAWAY, Donna. *Crystals, Fabrics, and Fields*. Berkeley: North Atlantic Books, 2004.

HARAWAY, Donna. *When Species Meet*. Minnesota: University of Minnesota Press, 2008.

HARAWAY, Donna. "Jeux de ficelles avec les espèces compagnes: rester dans le trouble". *In*: DESPRET, Vinciane & LARRIÈRE, Rafaël (orgs.). *Les Animaux*. Paris: Hermann, 2010.

HARAWAY, Donna. *SF: Speculative Fabulation and String Figures/SF: Spekulative Fabulation und String-Figuren*. Ostfildern: Hatje Cantz Verlag, 2011.

HARAWAY, Donna. "Cosmopolitical Critters, SF, and Multispecies Muddles", *Gestes Spéculatifs*, Centro Cultural de Cerisy, Cerisy, França, 28 jun.-5 jul. 2013a.

HARAWAY, Donna. "Sowing Worlds: A Seed Bag for Terraforming with Earth Others". *In*: GREBOWICZ, Margaret & MERRICK, Helen (orgs.). *Beyond the Cyborg: Adventures with Donna Haraway*. Nova York: Columbia University Press, 2013b.

HARAWAY, Donna. "Anthropocene, Capitalocene, Plantationocene, Chthulucene", *Environmental Humanities*, v. 6, n. 1, p. 159-65, 2015.

HARAWAY, Donna. *Staying with the Trouble: Making Kin in the Chthulucene*. Durham: Duke University Press, 2016.

HARAWAY, Donna & KENNEY, Martha. "Anthropocene, Capitalocene, Chthulucene: Donna Haraway in Conversation with Martha Kenney". *In*: DAVIS, Heather & TURPIN, Etienne (orgs.). *Art in the Anthropocene*. Londres: Open Humanities Press, 2015.

HARAWAY, Donna; NOBORU, Ishikawa; GILBERT, Scott F.; OLWIG, Kenneth; TSING, Anna L. & BUBANDT, Nils. "Anthropologists Are Talking — About the Anthropocene", *Etnos*, v. 81, n. 3, p. 535-64, nov. 2015.

HARDT, Michael & NEGRI, Antonio. *Empire*. Cambridge: Harvard University Press, 2001. [Ed. bras.: *Império*. Trad. Berilo Vargas. 7. ed. Rio de Janeiro: Record, 2005.]

HARMAN, Graham. *Quentin Meillassoux*. Edimburgo: Edinburgh University Press, 2011.

HARTOUNI, Valerie. *Visualizing Atrocity*. Nova York: New York University Press, 2012.

HARVEY, David. "Population, Resources, and the Ideology of Science", *Economic Geography*, v. 50, n. 3, p. 256-77, 1974.

HAYS, Samuel P. *Conservation and the Gospel of Efficiency*. Cambridge: Harvard University Press, 1959.

HAYWARD, Eva. "Fingeryeyes: Impressions of Cup Corals", *Cultural Anthropology*, v. 24, n. 4, p. 577-99, 2010a.

HAYWARD, Eva. "SpiderCitySex", *Women & Performance*, v. 20, n. 3, p. 225-51, 2010b.

HAYWARD, Eva. "Sensational Jellyfish", *Differences*, v. 23, n. 1, p. 161-96, 2012.

HEDRICK, Ulysses Prentiss. *A History of Agriculture in the State of New York*. Albany: New York State Agricultural Society, 1933.

HEIDEGGER, Martin. "The Question Concerning Technology". *In*: HEIDEGGER, Martin. *The Question Concerning Technology and Other Essays*. Nova York: Harper, 1977. [Ed. bras. "A questão da técnica". *In*: HEIDEGGER, Martin. *Ensaios e conferências*. Trad. Emmanuel Carneiro Leão, Gilvan Fogel e Márcia Sá Cavalcante Schuback. Petrópolis/Bragança Paulista: Vozes/Editora Universitária São Francisco, 2012.]

HEINBERG, Richard. *Peak Everything*. Gabriola Island: New Society Publishers, 2007.

HIGUCHI, Toshiro. "Atmospheric Nuclear Weapons Testing and the Debate on Risk Knowledge in Cold War America, 1945-1963". *In*: MCNEILL, J. R. & UNGER, Corinna R. (orgs.). *Environmental Histories of the Cold War*. Cambridge: Cambridge University Press, 2010.

HILDEBRAND, Karl-Gustaf. *Swedish Iron in the Seventeenth and Eighteenth Centuries*. Trad. Paul Britten Austin. Estocolmo: Jernkontorets bergshistoriska skriftserie, 1992.

HO, Engseng. "Empire through Diasporic Eyes: A View from the Other Boat", *Society for Comparative Studies of Society and History*, v. 46, n. 2, p. 210-46, 2004.

HO, Engseng. *The Graves of Tarem*. Berkeley: University of California Press, 2006.

HODGE, Joseph Morgan. *Triumph of the Expert*. Athens: Ohio University Press, 2007.

HOLLOWAY, John. *Changing the World without Taking Power*. Londres: Pluto, 2002. [Ed. bras.: *Mudar o mundo sem tomar o poder: o significado da revolução hoje*. Trad. Emir Sader. São Paulo: Boitempo, 2003.]

HORKHEIMER, Max & ADORNO, Theodor. *Dialectic of Enlightenment*. Nova York: Continuum, 1972. [Ed. bras.: *Dialética do esclarecimento*. Trad. Guido Antônio de Almeida. Rio de Janeiro: Zahar, 1985.]

HORMIGA, Gustavo. *A Revision and Cladistic Analysis of the Spider Family Pimoidae (Araneoidea: Araneae)*. Washington: Smithsonian Institution Press, 1994.

HORNBORG, Alf. "The Political Ecology of the Technocene". *In*: HAMILTON, Clive; GEMENNE, François & BONNEUIL, Christophe (orgs.). *The Anthropocene and the Global Environmental Crisis*. Nova York: Routledge, 2015.

HÖRZ, Helga & HÖRZ, Herbert. "Transhumanismus: Ist der zukünftige Mensch ein Avatar?", manuscrito não publicado, 2013.

HOSACK, David. *Memoir of DeWitt Clinton*. Nova York: J. Seymour, 1829.

HOWE, Daniel W. *What Hath God Wrought*. Oxford: Oxford University Press, 2007.

HRIBAL, Jason C. "Animals Are Part of the Working Class: A Challenge to Labor History", *Labor History*, v. 44, n. 4, p. 435-53, 2003.

HUBER, Matthew T. "Energizing Historical Materialism: Fossil Fuels, Space and the Capitalist Mode of Production", *Geoforum*, v. 40, n. 1, p. 105-15, 2009.

HUEI, Sim Yong. "War and Diplomacy in the Estado da India, 1707-50", *Portuguese Studies Review*, v. 16, n. 2, p. 49-80, 2008.

HUSTAK, Carla & MYERS, Natasha. "Involutionary Momentum: Affective Ecologies and the Sciences of Plant/Insect Encounters", *Differences*, v. 23, n. 3, p. 74-118, 2012.

INGOLD, Tim. *Lines, a Brief History*. Nova York: Routledge, 2007.

INTERGOVERNMENTAL PANEL ON CLIMATE CHANGE (IPCC). "Summary for Policymakers". *In*: *Climate Change 2014: Impacts, Adaptation, and Vulnerability. Part A: Global and Sectoral Aspects. Contribution of Working Group II to the Fifth Assessment Report of the Intergovernmental Panel on Climate Change*. Nova York: Cambridge University Press/IPCC, 2014a.

INTERGOVERNMENTAL PANEL ON CLIMATE CHANGE (IPCC). *Climate Change 2014: Mitigation of Climate Change. Contribution of Working Group III to the Fifth Assessment Report of the Intergovernmental Panel on Climate Change*. Nova York: Cambridge University Press/IPCC, 2014b. Disponível em: https://www.ipcc.ch/site/assets/uploads/2018/02/ipcc_wg3_ar5_frontmatter.pdf.

JACOBSEN, Thorkild. *The Treasures of Darkness*. New Haven: Yale University Press, 1976.

JAKES, Aaron. "Booms, Bugs, and Busts: Ecologies of Interest on Egypt's Commodity Frontier, 1882-1914", *Antipode*, v. 49, n. 4, p. 1.035-59, 2017.

JENSEN, Derrick. *Listening to the Land*. Vermont: Chelsea Green, 2002.

JENSEN, Derrick. "Age of the Sociopath", *Earth Island Journal*, v. 28, n. 1, 2013.

JESSOP, Bob. "The World Market, Variegated Capitalism, and the Crisis of European Integration". *In*: NOUSIOS, Petros; OVERBEEK, Henk & TSOLAKIS, Andreas (orgs.). *Globalization and European Integration*. Londres: Routledge, 2013.

JOHNSON, Walter. *River of Dark Dreams*. Cambridge: Harvard University Press, 2013.

JONAS, Hans. *Philosophical Essays*. Englewood Cliffs: Prentice Hall, 1974. [Ed. bras.: *O princípio responsabilidade: ensaio de uma ética para a civilização tecnológica*. Trad. Marijane Lisboa e Luiz Barros Montez. Rio de Janeiro: Contraponto/Editora PUC-Rio, 2006.]

JONAS, Hans. "Toward a Philosophy of Technology", *The Hastings Center Report*, v. 9, n. 1, p. 34-43, fev. 1979.

JONES, Eric L. *The European Miracle*. Cambridge: Cambridge University Press, 1987.

JONES, Nicola. "Human Influence Comes of Age", *Nature*, n. 473, p. 133, 2011.

KAIJSER, Arne. "System Building from Below: Institutional Change in Dutch Water Control Systems", *Technology and Culture*, v. 43, n. 3, p. 521-48, 2002.

KANE, Robert. *The Industrial Resources of Ireland*. 2. ed. Dublin: Hodges and Smith, 1845.

KAPP, K. William. *The Social Costs of Private Enterprise*. Nova York: Schocken, 1950.

KAREIVA, Peter & MARVIER, Michelle. "What Is Conservation Science?", *BioScience*, v. 62, n. 11, p. 962-9, 2012.

KAREIVA, Peter; MARVIER, Michelle & LALASZ, Robert. "Conservation in the Anthropocene", *Breakthrough Journal*, n. 2, p. 26-36, 2011.

KATZ, Cindi. "Major/Minor: Theory, Nature, and Politics", *Annals of the Association of American Geographers*, v. 85, n. 1, p. 164-8, 1995.

KELLENBENZ, Hermann. "Technology in the Age of the Scientific Revolution 1500-1700". *In*: CIPOLLA, Carlo M. (org.). *The Fontana Economic History of Europe*, v. 2. Londres: Fontana, 1974, p. 177-272.

KELLENBENZ, Hermann. *The Rise of the European Economy*. Londres: Weidenfeld and Nicolson, 1976.

KEMP, Tom. *Historical Patterns of Industrialization*. Nova York: Longmans, 1978.

KENNEY, Martha. *Fables of Attention*. Tese de doutorado, Universidade da Califórnia, Santa Cruz, 2013.

KIDNER, David. "The Conceptual Assassination of Wilderness". *In*: WUERTHNER, George; CRIST, Eileen & BUTLER, Tom (orgs.). *Keeping the Wild*. Washington: Island Press, 2014.

KINAHAN, G. H. "Irish Metal Mining", *The Scientific Proceedings of the Royal Dublin Society*, n. 5, p. 200-317, 1886-87.

KING, Katie. *Networked Reenactments*. Durham: Duke University Press, 2011.

KING, Katie. "A Naturalcultural Collection of Affections: Transdisciplinary Stories of Transmedia Ecologies Learning", *S&F Online*, v. 10, n. 3, 2012.

KING, Peter. "The Production and Consumption of Bar Iron in Early Modern England and Wales", *Economic History Review*, v. 58, n. 1, p. 1-33, 2005.

KINKELA, David. *DDT and the American Century*. Chapel Hill: University of North Carolina Press, 2011.

KLEIN, Naomi. *This Changes Everything: Capitalism vs. Climate Change*. Nova York: Simon & Schuster, 2014.

KLINGHOLZ, Reiner. *Sklaven des Wachstums: Die Geschichte einer Befreiung*. Frankfurt: Campus-Verlag, 2014.

KNUTSON, April. *Les faiseuses d'histoires: que font les femmes à la pensée?* Paris: Découverte, 2011.

KOEPPEL, Gerard T. *Bond of Union*. Nova York: Da Capo Press, 2009.

KOHN, Eduardo. *How Forests Think*. Berkeley: University of California Press, 2013.

KOLBERT, Elizabeth. *The Sixth Extinction*. Nova York: Henry Holt & Co., 2014. [Ed. bras.: *A sexta extinção: uma história não natural*. Trad. Mauro Pinheiro. Rio de Janeiro: Intrínseca, 2015.]

KOPP, Robert E.; KIRSCHVINK, Joseph L.; HILBURN, Isaac A. & NASH, Cody Z. "The Paleoproterozoic Snowball Earth", *Proceedings of the National Academy of Sciences*, v. 102, n. 32, p. 11.131-6, 2005.

KOTCHEN, Matthew & YOUNG, Oran. "Meeting the Challenges of the Anthropocene: Towards a Science of Coupled Human-Biophysical Systems", *Global Environmental Change*, n. 17, p. 149-51, 2007.

KRIEDTE, Peter. *Peasants, Landlords and Merchant Capitalists*. Nova York: Cambridge University Press, 1983.

KRÖGER, Markus. "Spatial Causalities in Resource Rushes: Notes from the Finnish Mining Boom", *Journal of Agrarian Change*, v. 16, n. 4, 2016.

KUNNAS, Jan. "Potash, Saltpeter and Tar", *Scandinavian Journal of History*, v. 32, n. 3, p. 281-311, 2007.

KURZWEIL, Ray. *The Singularity Is Near.* Nova York: Penguin, 2005. [Ed. bras.: *A singularidade está próxima: quando os humanos transcendem a biologia*. Trad. Ana Goldberger. São Paulo: Iluminuras, 2018.]

LADURIE, Emmanuel Le Roy. *The Mind and the Method of the Historian*. Trad. Sian Reynolds e Ben Reynolds. Chicago: University of Chicago Press, 1981.

LANDES, David S. *The Wealth and Poverty of Nations*. Nova York: W.W. Norton, 1998.

LANE, Frederic Chapin. "Venetian Shipping During the Commercial Revolution", *American Historical Review*, v. 38, n. 2, p. 219-39, 1933.

LATOUR, Bruno. *We Have Never Been Modern*. Cambridge: Harvard University Press, 1993. [Ed. bras.: *Jamais fomos modernos: ensaios de antropologia simétrica*. Trad. Carlos Irineu da Costa. São Paulo: Editora 34, 2019.]

LATOUR, Bruno. "Why Has Critique Run Out of Steam? From Matters of Fact to Matters of Concern", *Critical Inquiry*, v. 30, n. 2, p. 225-48, 2004.

LATOUR, Bruno. "Love Your Monsters". *In*: SHELLENBERGER, Michael & NORDHAUS, Ted (orgs.). *Love Your Monsters*. São Francisco: The Breakthrough Institute, 2011.

LATOUR, Bruno. "Facing Gaia: Six Lectures on the Political Theology of Nature", *The Gifford Lectures on Natural Religion*, Edimburgo, 2013a. [Ed. bras.: *Diante de Gaia*. São Paulo: Ubu, 2020.]

LATOUR, Bruno. "War and Peace in an Age of Ecological Conflicts", conferência no Instituto Peter Wall, Universidade da Colúmbia Britânica, Canadá, 2013b. Disponível em: http://www.bruno-latour.fr/node/521.

LEAKEY, Richard & LEWIN, Robert. *The Sixth Extinction*. Nova York: Doubleday, 1995.

LEFEBVRE, Henri. *The Production of Space*. Trad. Donald Nicholson-Smith. Oxford: Blackwell, 1991.

LE GUIN, Ursula K. *The Word for World Is Forest*. Nova York: Berkeley Medallion, 1976. [Ed bras.: *Floresta é o nome do mundo*. Trad. Heci Regina Candiani. São Paulo: Editora Morro Branco, 2020.]

LE GUIN, Ursula K. *Always Coming Home*. Berkeley: University of California Press, 1985.

LE GUIN, Ursula K. *Buffalo Gals and Other Animal Presences*. Nova York: New American Library, 1988.

LE GUIN, Ursula K. *Dancing at the Edge of the World*. Nova York: Harper & Row, 1989.

LEISS, William. *The Domination of Nature*. Boston: Beacon Press, 1972.

LEITNER, Jonathan. "Commodity Frontier as Contested Periphery: The Fur Trade in Iroquoia, New York and Canada, 1664-1754". *In*: CICCANTELL, Paul S. & SMITH, David A. (orgs.). *Nature, Raw Materials, and Political Economy*. Nova York: Emerald Group, 2005.

LÊNIN, Vladímir I. *The State and Revolution*. Pequim: Foreign Languages Press, 1976. [Ed. bras.: *O Estado e a revolução*. Trad. Paula Vaz de Almeida. São Paulo: Boitempo, 2017.]

LENTON, Tim. "Engines of Life", *Nature*, v. 452, p. 691-2, 2008.

LENZEN, M.; MORAN, D.; KANEMOTO, K.; FORAN, B.; LOBEFARO, L. & GESHKE, A. "International Trade Drives Biodiversity Threats in Developing Nations", *Nature*, n. 486, p. 109-12, 2012.

LEVINE, David. *At the Dawn of Modernity*. Berkeley: University of California Press, 2001.

LEWIS, Simon L. & MASLIN, Mark A. "Defining the Anthropocene", *Nature*, n. 519, p. 171-80, 2015.

LILLEY, Sasha; MCNALLY, David; YUEN, Eddie & DAVIS, James. *Catastrophism: The Apocalyptic Politics of Collapse and Rebirth*. Oakland: PM Press, 2012.

LINKLATER, A. *Measuring America*. Nova York: Plum Books, 2002.

LINKLATER, A. *The Fabric of America*. Nova York: Walker & Company, 2007.

LOHMANN, Larry. "What Is the 'Green' in Green Growth?". *In*: DALE, Gareth; MATHAI, Manu V. & OLIVEIRA, Jose Puppim de (orgs.). *Green Growth: Ideology, Political Economy and the Alternatives*. Londres: Zed Books, 2016.

LORDON, Frédéric. *Willing Slaves of Capital*. Trad. Gabriel Ash. Londres: Verso, 2014.

LOVECRAFT, H. P. *The Call of Cthulhu and Other Dark Tales*. Nova York: Barnes and Noble, 2009. [Ed. bras.: *O chamado de Cthulhu e outras histórias*. Trad. Guilherme da Silva Braga. São Paulo: Companhia das Letras, 2019.]

LOVELOCK, James E. "Gaia as Seen through the Atmosphere", *Atmospheric Environment*, v. 6, n. 8, p. 579-80, 1967.

LOVELOCK, James E. & MARGULIS, Lynn. "Atmospheric Homeostasis by and for the Biosphere", *Tellus*, v. 26, n. 1-2, p. 2-10, 1974.

LUKE, Timothy W. "On Environmentality: Geo-Power and Eco-Knowledge in the Discourses of Contemporary Environmentalism", *Cultural Critique*, n. 31, p. 57-81, 1995.

LUXEMBURGO, Rosa. *The Accumulation of Capital*. Trad. Agnes Schwarzschild. Nova York: Routledge, 2003. [Ed. bras.: *A acumulação do capital*. Trad. Luiz Alberto Muniz Bandeira. Rio de Janeiro: Civilização Brasileira, 2021.]

LYNAS, Mark. *The God Species*. Londres: Fourth Estate, 2011.

MACE, Georgina M.; REYERS, Belinda; ALKEMADEC, Rob; BIGGSE, Reinette; CHAPIN III, F. Stuart; CORNELLE, Sarah E. & DÍAZ, Sandra. "Approaches to Defining a Planetary Boundary for Biodiversity", *Global Environmental Change*, n. 28, p. 289-97, 2014.

MADDISON, Angus. *The World Economy: A Millennial Perspective*. Paris: OECD, 2001.

MADDISON, Angus. *Growth and Interaction in the World Economy*. Washington: AEI Press, 2005.

MAHNKOPF, Birgit. "Peak Everything — Peak Capitalism? Folgen der sozialökologischen Krise für die Dynamik des historischen Kapitalismus", artigo preliminar, fev. 2013, Grupo de Pesquisa em Pós-Crescimento, Universidade de Jena, Alemanha.

MALANIMA, Paolo. "The Energy Basis for Early Modern Growth, 1650-1820". *In*: PRAK, Maarten (org.). *Early Modern Capitalism*. Londres: Routledge, 2001.

MALANIMA, Paolo. "Energy Crisis and Growth, 1650-1850", *Journal of Global History*, v. 1, n. 1, p. 101-21, 2006.

MALM, Andreas. "The Origins of Fossil Capital", *Historical Materialism*, v. 21, n. 1, p. 15-68, 2013.

MALOWIST, Marian. *Western Europe, Eastern Europe and World Development, 13th-18th Centuries*. Leiden: Brill, 2009.

MANES, Christopher. "Nature and Silence", *Environmental Ethics*, n. 14, p. 339-50, 1992.

MANNING, Richard. *Against the Grain: How Agriculture Hijacked Civilization*. Nova York: North Point Press, 2005.

MARLEY, Benjamin J. "The Coal Crisis in Appalachia: Agrarian Transformation, Commodity Frontiers and the Geographies of Capital", *Journal of Agrarian Change*, v. 16, n. 2, p. 225-54, 2016.

MARSH, George Perkins. *Man and Nature*. Seattle: University of Washington Press, 1965.

MARX, Karl. *Critique of the Gotha Programme*. Moscou: Progress Publishers, 1970. [Ed. bras.: *Crítica do programa de Gotha*. Trad. Rubens Enderle. São Paulo: Boitempo, 2012].

MARX, Karl. "On the Jewish Question". *In*: TUCKER, Robert C. (org.) *The Marx-Engels Reader*. Nova York: W.W. Norton, 1972. [Ed. bras.: *Sobre a questão judaica*. Trad. Nélio Schneider. São Paulo: Boitempo, 2010.]

MARX, Karl. *Grundrisse*. Trad. Martin Nicolaus. Nova York: Vintage, 1973. [Ed. bras.: *Grundrisse: manuscritos econômicos de 1857-1858 — esboços da crítica da economia política*. Trad. Mario Duayer e Nélio Schneider. São Paulo: Boitempo, 2011.]

MARX, Karl. *Early Writings*. Londres: Penguin, 1975.

MARX, Karl. *Capital: A Critique of Political Economy*, book I. Trad. Ben Fowkes. Nova York: Vintage, 1977. [Ed. bras.: *O capital: crítica da economia política*, livro I, *O processo de produção do capital*. Trad. Rubens Enderle. São Paulo: Boitempo, 2011.]

MARX, Karl. *Capital: A Critique of Political Economy*, book II. Trad. David Fernbach. Nova York: Pelican, 1978. [Ed. bras.: *O capital: crítica da economia política*, livro II, *O processo de circulação do capital*. Trad. Rubens Enderle. São Paulo: Boitempo, 2014.]

MARX, Karl. *The Letters of Karl Marx*. Trad. S. K. Padover. Englewood Cliffs: Prentice-Hall, 1979.

MARX, Karl. *Capital: A Critique of Political Economy*, book III. Trad. David Fernbach. Nova York: Pelican, 1981. [Ed. bras.: *O capital: crítica da economia política*, livro III, *O processo global da produção capitalista*. Trad. Rubens Enderle. São Paulo: Boitempo, 2017.]

MARX, Karl & ENGELS, Friedrich. *The German Ideology*. Nova York: International Publishers, 1971. [Ed. bras.: *A ideologia alemã*. Trad. Luciano Cavini Martorano, Nélio Schneider e Rubens Enderle. São Paulo: Boitempo, 2007.]

MARX, Leo. "The Domination of Nature and the Redefinition of Progress". *In*: MARX, Leo & MAZLISH, Bruce (orgs.). *Progress: Fact or Illusion?* Ann Arbor: University of Michigan Press, 1996.

MASSEY, Douglas *et al*. *Worlds in Motion*. Oxford: Oxford University Press, 1999.

MAZZUCATO, Mariana. *The Entrepreneurial State: Debunking Public vs. Private Sector Myths*. Londres: Anthem Press, 2013. [Ed. bras.: *O Estado empreendedor: desmascarando o mito do setor público vs. setor privado*. Trad. Elvira Serapicos. São Paulo: Portfólio-Penguin, 2014.]

MATHIAS, Peter. *The First Industrial Nation*. Londres: Methuen & Co, 1969.

MCAFEE, Kathleen. "Selling Nature to Save It? Biodiversity and Green Developmentalism", *Society and Space*, v. 17, n. 2, p. 133-54, 1999.

MCAFEE, Kathleen. "Neoliberalism on the Molecular Scale", *Geoforum*, v. 34, n. 2, p. 203-19, 2003.

MCCRACKEN, Eileen. *The Irish Woods since Tudor Times*. Newton Abbot: David & Charles, 1971.

MCFALL-NGAI, Margaret. "Divining the Essence of Symbiosis: Insights from the Squid-Vibrio Model", *PLOS Biology*, v. 12, n. 2, p. 1-6, 2014.

MCFALL-NGAI, Margaret *et al*. "Animals in a Bacterial World, a New Imperative for the Life Sciences", *Proceedings of the National Academy of Sciences*, v. 110, n. 9, p. 3.229-36, 2013.

MCMICHAEL, Phillip. *Food Regimes and Agrarian Questions*. Halifax: Fernwood, 2013.

MCNEILL, J.R. "Global Environmental History in the Age of Fossil Fuels (1800-2007)". *In*: MIZOGUCHI, K. *The Environmental Histories of Europe and Japan*. Kobe: Nagoya University Press, 2008.

MCSPADDEN, Russ. "Help Fund the Ecosexual Revolution and End Mountaintop Removal Mining in Appalachia", *Earth First! Journal*, 16 mai. 2013.

MEADOWS, Donella H. *et al. The Limits to Growth*. Nova York: Signet, 1972. [Ed. bras.: *Os limites do crescimento: um relatório para o Projeto do Clube de Roma sobre o dilema da humanidade*. Trad. Inês M. F. Litto. São Paulo: Perspectiva, 1973.]

MERCHANT, Carolyn. *The Death of Nature*. Nova York: Harper & Row, 1980.

MERCHANT, Carolyn. *Ecological Revolutions*. Chapel Hill: University of North Carolina Press, 1989.

MESZAROS, Istvan. *Marx's Theory of Alienation*. Londres: Merlin Press, 1970. [Ed. bras.: *A teoria da alienação em Marx*. Trad. Nélio Schneider. São Paulo: Boitempo, 2016.]

MICHAUD, Michael. *Reaching the High Frontier: The American Pro-Space Movement, 1972-1984*. Westport: Praeger, 1986.

MIELANTS, Eric H. *The Origins of Capitalism and the "Rise of the West"*. Filadélfia: Temple University Press, 2007.

MIES, Maria. *Patriarchy and Accumulation on a World Scale*. Londres: Zed Books, 1986.

MILIBAND, Ralph. *The State in Capitalist Society*. Nova York: Basic, 1969.

MILIBAND, Ralph. "The Capitalist State: Reply to Nicos Poulantzas", *New Left Review*, v. 59, n. 1, p. 53-60, 1970.

MILLER, Joseph C. *Way of Death: Merchant Capitalism and the Angolan Slave Trade 1730-1830*. Madison: University of Wisconsin Press, 1988.

MINISTERIO DE FOMENTO. "Descripción de la Villa y Minas de Potosí — Año de 1603". *In*: *Relaciones Geograficas de Indias*, v. 2. Madri: Ministerio de Fomento, 1885.

MINTZ, Sidney W. "Was the Plantation Slave a Proletarian?", *Review*, v. 2, n. 1, p. 81-98, 1978.

MINTZ, Sidney W. *Sweetness and Power*. Nova York: Penguin, 1985.

MITCHELL, Timothy. *Rule of Experts*. Berkeley: University of California Press, 2002.

MITCHELL, Timothy. *Carbon Democracy*. Londres: Verso, 2011.

MOKYR, Joel. *The Lever of Riches*. Oxford: Oxford University Press, 1990.

MOORE, Jason W. "The Crisis of Feudalism: An Environmental History", *Organization & Environment*, v. 15, n. 3, p. 301-22, 2002.

MOORE, Jason W. "Nature and the Transition from Feudalism to Capitalism", *Review*, v. 26, n. 2, p. 97-172, 2003a.

MOORE, Jason W. "The Modern World-System as Environmental History? Ecology and the Rise of Capitalism", *Theory & Society*, v. 32, n. 3, p. 307-77, 2003b.

MOORE, Jason W. *Ecology and the Rise of Capitalism*. Tese de doutorado, Universidade da Califórnia, Berkeley, 2007.

MOORE, Jason W. "Madeira, Sugar, and the Conquest of Nature in the 'First' Sixteenth Century, Part I", *Review*, v. 32, n. 4, p. 345-90, 2009.

MOORE, Jason W. "'Amsterdam Is Standing on Norway' Part I: The Alchemy of Capital, Empire, and Nature in the Diaspora of Silver, 1545-1648", *Journal of Agrarian Change*, v. 10, n. 1, p. 35-71, 2010a.

MOORE, Jason W. "'Amsterdam is Standing on Norway' Part II: The Global North Atlantic in the Ecological Revolution of the Long Seventeenth Century", *Journal of Agrarian Change*, v. 10, n. 2, p. 188-227, 2010b.

MOORE, Jason W. "Madeira, Sugar, and the Conquest of Nature in the 'First' Sixteenth Century, Part II", *Review*, v. 33, n. 1, p. 1-24, 2010c.

MOORE, Jason W. "'This Lofty Mountain of Silver Could Conquer the Whole World': Potosí and the Political Ecology of Underdevelopment, 1545-1800", *Journal of Philosophical Economics*, v. 4, n. 1, p. 58-103, 2010d.

MOORE, Jason W. "The End of the Road? Agricultural Revolutions in the Capitalist World-Ecology, 1450-2010", *Journal of Agrarian Change*, v. 10, n. 3, p. 389-413, 2010e.

MOORE, Jason W. "Capital, Nature, and the Sugar Commodity Frontier in the Making of the Global Atlantic", palestra pública, Universidade Warwick, Reino Unido, 9 mai. 2011.

MOORE, Jason W. "Cheap Food & Bad Money: Food, Frontiers, and Financialization in the Rise and Demise of Neoliberalism", *Review*, v. 33, n. 2-3, p. 125-61, 2012.

MOORE, Jason W. "The Capitalocene Part I: On the Nature and Origins of Our Ecological Crisis", 2014a. Disponível em: http://naturaleza

cienciaysociedad.org/wp-content/uploads/sites/3/2016/02/The-Capitalocene-Part-I-June-2014.pdf.

MOORE, Jason W. "The Capitalocene Part II: Abstract Social Nature and the Limits to Capital", 2014b. Disponível em: http://naturaleza cienciaysociedad.org/wp-content/uploads/sites/3/2016/02/The-Capitalocene-Part-II-REVISIONS-July-2014.pdf

MOORE, Jason W. *Capitalism in the Web of Life*. Londres: Verso, 2015a.

MOORE, Jason W. "Cheap Food and Bad Climate", *Critical Historical Studies*, v. 2, n. 1, p. 1-43, 2015b.

MOORE, Kathleen Dean. "Anthropocene Is the Wrong Word", *Earth Island Journal*, v. 28, n. 1, p. 19-20, 2013.

MOORE, Kelly. *Disrupting Science*. Princeton: Princeton University Press, 2008.

MORTON, F. W. O. "The Royal Timber in Late Colonial Bahia", *Hispanic American Historical Review*, v. 58, n. 1, p. 41-61, 1978.

MORTON, Timothy. *Hyperobjects*. Minneapolis: University of Minnesota Press, 2013.

MUIR, John. *The Yosemite*. Nova York: Modern Library, 2003.

MUMFORD, Lewis. *Technics and Civilization*. Londres: Routledge/Kegan Paul, 1934.

MUNRO, John. "Industrial Energy from Water-Mills in the European Economy, Fifth to Eighteenth Centuries". *In*: CAVACIOCCHI, Simonetta (org.). *Economia e Energia Secc. XIII-XVIII*. Paris: Le Monnier, 2002.

NAESS, Arne. "Tee Shallow and the Deep, Long-Range Ecology Movement", *Inquiry*, v. 16, n. 1, p. 95-100, 1973.

NATIONAL RESEARCH COUNCIL. *Climate Engineering, Reflecting Sunlight to Cool the Earth*. Washington: National Academies Press, 2015.

NEEDHAM, Joseph. *The Grand Titration*. Londres: Routledge, 2013.

NEF, John U. *The Rise of the British Coal Industry*. Londres: Routledge, 1932.

NEF, John U. *The Conquest of the Material World*. Nova York: Meridian, 1964.

NEVLE, Richard J. & BIRD, Dennis K. "Effects of Syn-Pandemic Fire Reduction and Reforestation in the Tropical Americas on Atmospheric CO2 during European Conquest", *Palaeogeography, Palaeoclimatology, Palaeoecology*, v. 264, n. 1-2, p. 25-38, 2008.

NIBLETT, Michael. "The 'Impossible Quest for Wholeness'", *Journal of Postcolonial Writing*, v. 49, n. 2, p. 148-60, 2013.

NIETZSCHE, Friedrich. *Basic Writings of Nietzsche*. Org. e trad. Walter Kauffman. Nova York: Modern Library Classics, 2000. [Ed. bras. *Genealogia da moral*. Trad. Paulo César de Souza. São Paulo: Companhia das Letras, 1998.]

NOORDEGRAAF, Leo. "Dutch Industry in the Golden Age". *In*: DAVIDS, Karel & NOORDEGRAAF, Leo (orgs.). *The Dutch Economy in the Golden Age*. Amsterdã: Nederlandsch Economisch-Historisch Archief, 1993.

NORGAARD, Richard B. "The Econocene and the Delta", *San Francisco Estuary and Watershed Science*, v. 11, n. 3, p. 1-5, 2013.

NORTH, Michael. *From the North Sea to the Baltic*. Aldershot: Variorum, 1996.

O'CONNOR, James. *Natural Causes*. Nova York: Guilford, 1998.

OLOFF, Kerstin. "'Greening' the Zombie: Caribbean Gothic, World Ecology, and Socio Ecological Degradation", *Green Letters*, v. 16, n. 1, p. 31-45, 2012.

O'NEILL, Gerard K. "The Colonization of Space", *Physics Today*, n. 27, p. 32-40, 1974.

O'NEILL, Gerard K. *The High Frontier*. Nova York: William Morrow & Co., 1976.

ORTIZ, Roberto José. "Agro-Industrialization, Petrodollar Illusions, and the Transformation of Capitalist World Economy in the 1970s: The Latin American Experience", *Critical Sociology*, v. 42, n. 4-5, 2014.

OVERTON, Mark. *Agricultural Revolution in England*. Cambridge: Cambridge University Press, 1996.

PACKARD, Randall. *The Making of a Tropical Disease*. Baltimore: Johns Hopkins University Press, 2011.

PARENTI, Christian. *Tropic of Chaos*. Nova York: Nation Books, 2011.

PARENTI, Christian. "The Environment Making State: Territory, Nature, and Value", *Antipode*, v. 47, n. 4, p. 829-48, 2014a.

PARENTI, Christian. "Reading Hamilton from the Left", *Jacobin*, 2014b.

PARENTI, Christian. "Why the State Matters", *Jacobin*, 2015.

PARIKKA, Jussi. *The Anthrobscene*. Minneapolis: University of Minnesota Press, 2014.

PARKER, Geoffrey. *Global Crisis*. New Haven: Yale University Press, 2013.

PARRY, J. H. *The Spanish Seaborne Empire*. Berkeley: University of California Press, 1966.

PATEL, Raj. *The Value of Nothing*. Nova York: Picador, 2009.

PATEL, Raj. "Misanthropocene?", *Earth Island Journal*, v. 28, n. 1, 2013.

PATTERSON, Orlando. *Slavery and Social Death*. Cambridge: Harvard University Press, 1982. [Ed. bras.: *Escravidão e morte social: um estudo comparativo*. Trad. Fábio Duarte Joly. São Paulo: Edusp, 2009.]

PELUSO, Nancy L. *Rich Forests, Poor People*. Berkeley: University of California Press, 1992.

PERLIN, John. *A Forest Journey*. Cambridge: Harvard University Press, 1989.

PIGNARRE, Philippe & STENGERS, Isabelle. *La sorcellerie capitaliste*. Paris: Decouverte, 2005.

PIGOU, Arthur C. *The Economics of Welfare*. Londres: MacMillan, 1932.

PLUMWOOD, Val. *Feminism and the Mastery of Nature*. Nova York: Routledge, 1993.

POLANYI, Karl. *The Great Transformation*. Nova York: Rinehart, 1944. [Ed. bras.: *A grande transformação: as origens da nossa época*. Trad. Fanny Wrobel. São Paulo: Elsevier, 2000.]

POMERANZ, Kenneth. *The Great Divergence*. Princeton: Princeton University Press, 2000.

PONTING, Clive. *A Green History of the World*. Nova York: St. Martin's Press, 1991.

POULANTZAS, Nicos. "The Problem of the Capitalist State", *New Left Review*, v. 58, n. 1, p. 67-78, 1969.

POULANTZAS, Nicos. *State, Power, Socialism*. Trad. Patrick Camiller. Londres: Verso, 2014. [Ed. bras.: *O Estado, o poder, o socialismo*. Trad. Rita Lima. Rio de Janeiro: Paz & Terra, 2009.]

POULSEN, Bo. "Talking Fish: Cooperation and Communication in the Dutch North Sea Herring Fisheries, c. 1600-1850". *In*: SICKING, Louis & ABREU-FERREIRA, Darlene (orgs.). *Beyond the Catch: Fisheries of the North Atlantic, the North Sea and the Baltic, 900-1850*. Leiden: E. J. Brill, 2008.

PRADO JÚNIOR, Caio. *The Colonial Background of Modern Brazil*. Berkeley: University of California Press, 1967. [Ed. bras.: *Formação do Brasil contemporâneo*. São Paulo: Companhia das Letras, 2011.]

PRAK, Maarten (org.). *Early Modern Capitalism*. Nova York: Routledge, 2001.

PRIGOGINE, Ilya & STENGERS, Isabelle. *Order out of Chaos*. Nova York: Bantam, 1984.

PUIG DE LA BELLACASA, María. "Touching Technologies, Touching Visions", *Subjectivity*, v. 28, n. 1, p. 297-315, 2009.

PUIG DE LA BELLACASA, María. "Matters of Care in Technoscience: Assembling Neglected Things", *Social Studies of Science*, v. 41, n. 1, p. 85-106, 2011.

PUIG DE LA BELLACASA, María. *Penser nous devons. Politiques féminists et construction des savoirs*. Paris: Harmattan, 2013.

PUIG DE LA BELLACASA, María. "Encountering bioinfrastructure", *Social Epistemology*, v. 28, n. 1, p. 26-40, 2014.

PURSELL, Carroll. *The Machine in America*. Baltimore: Johns Hopkins University Press, 2007.

RAE, John Bell. "Federal Land Grants in Aid of Canals", *Journal of Economic History*, v. 4, n. 2, p. 167-77, 1944.

RAND CORPORATION. *The Worldwide Effects of Atomic Weapons: Project Sunshine*. Santa Mônica: Rand Corporation, 1953. Disponível em: https://www.rand.org/content/dam/rand/pubs/reports/2008/R251.pdf.

RAUP, David M. & SEPOWSKI JR., J. John. "Periodicity of Extinctions in the Geologic Past", *Proceedings of the National Academy of Sciences*, v. 81, n. 3, p. 801-5, 1984.

REVELLE, Roger & SUESS, Hans E. "Carbon Dioxide Exchange between Atmosphere and Ocean and the Question of an Increase of Atmospheric CO2 during the Past Decades", *Tellus*, n. 9, p. 18-27, 1957.

RICHARDS, J. F. *The Unending Frontier*. Berkeley: University of California Press, 2003.

ROBERTS III, William I. "American Potash Manufacture before the American Revolution", *Proceedings of the American Philosophical Society*, v. 116, n. 5, p. 383-95, 1972.

ROBIN, Libby & STEFFEN, Will. "History for the Anthropocene", *History Compass*, n. 5, p. 1.694-719, 2007.

ROBINSON, Kim Stanley. "Science, Justice, Science Fiction: A Conversation with Kim Stanley Robinson", *Polygraph*, n. 22, p. 201-17, 2010.

ROCKSTRÖM, Johan; STEFFEN, Will; NOONE, Kevin; PERSSON, Åsa; CHAPIN III, F. Stuart; LAMBIN, Eric F. & LENTON, Timothy

M. "A Safe Operating Space for Humanity", *Nature*, v. 461, n. 24, p. 472-5, 2009a.

ROCKSTRÖM, Johan; STEFFEN, Will; NOONE, Kevin; PERSSON, Åsa; CHAPIN III, F. Stuart; LAMBIN, Eric F. & LENTON, Timothy M. "Planetary Boundaries", *Ecology and Society*, v. 14, n. 2, p. 32, 2009b.

ROFF, Sue Rabbit. "Project Sunshine and the Slippery Slope: The Ethics of Tissue Sampling for strontium-90", *Medicine, Conflict, and Survival*, v. 18, n. 3, p. 299-310, 2002.

ROSE, Deborah Bird. *Reports from a Wild Country*. Sydney: University of New South Wales Press, 2004.

ROSE, Deborah Bird & VAN DOOREN, Thom (orgs.). "Unloved Others: Death of the Disregarded in the Time of Extinctions", *Australian Humanities Review*, v. 50, 2011.

ROSENBERG, Eugene & FALKOVITZ, Leah. "The Vibrio shiloi/Oculina patagonica Model System of Coral Bleaching", *Annual Review of Microbiology*, n. 58, p. 143-59, 2004.

RUCCIO, David F. "Anthropocene — or How the World Was Remade by Capitalism", 2011. Disponível em: https://anticap.wordpress.com/2011/03/04/anthropocene%E2%80%94or-how-the-world-was-remade-by-capitalism/.

RUDDIMAN, William F. *Plows, Plagues, Petroleum*. Princeton: Princeton University Press, 2005.

RUDDIMAN, William F. "The Anthropocene", *Annual Review of Earth and Planetary Science*, n. 41, p. 45-68, 2013.

RUDWICK, Martin J. S. *Bursting the Limits of Time*. Chicago: University of Chicago Press, 2005.

RUSS, Joanna. *The Female Man*. Nova York: Bantam Books, 1975.

RUSSELL, Ed. *War and Nature*. Cambridge/Nova York: Cambridge University Press, 2001.

SANDERSON, Eric; JAITEH, Malanding; LEVY, Marc A.; REDFORD, Kent H.; WANNEBO, Antoinette V. & WOOLMER, Gillian. "The Human Footprint and the Last of the Wild", *BioScience*, v. 52, n. 10, p. 891-904, 2002.

SARTRE, Jean-Paul. *Les Mots*. Paris: Gallimard, 1964. [Ed. bras.: *As palavras*. Trad. Jacob Guinsburg. 3. ed. Rio de Janeiro: Nova Fronteira, 2018.]

SAYER, Derek. *The Violence of Abstraction*. Oxford: Blackwell, 1987.

SAYRE, Nathan F. "The Politics of the Anthropogenic", *Annual Review of Anthropology*, n. 41, p. 57-70, 2012.

SCHLUCHTER, Wolfgang. *Rationalismus und Weltbeherrschung*. Frankfurt: Suhrkamp Verlag, 1980.

SCHMITT, Carl. *The Nomos of the Earth in the International Law of the Jus Publicum Europaeum*. Trad. G. L. Ulmen. Candor: Telos Press, 2003.

SCHUMPETER, Joseph A. *Capitalism, Socialism and Democracy*. Nova York: Harper & Row, 1950. [Ed. bras.: *Capitalismo, socialismo e democracia*. Trad. Luiz Antônio Oliveira de Araújo. São Paulo: Editora Unesp, 2017.]

SCHWÄGERL, Christian. *Menschenzeit: Zerstören oder gestalten? Wie wir heute die Welt von morgen erschaffen*. Munique: Goldmann, 2010.

SCHWARTZ, Stuart B. "The Mocambo: Slave Resistance in Colonial Bahia", *Journal of Social History*, v. 3, n. 4, p. 313-33, 1970.

SCHWARTZ, Stuart B. *Sugar Plantations in the Formation of Brazilian Society*. Cambridge: Cambridge University Press, 1985.

SECCOMBE, Wally. *A Millennium of Family Change: Feudalism to Capitalism in Western Europe*. Londres: Verso, 1992.

SECCOMBE, Wally. *Weathering the Storm*. Londres: Verso, 1995.

SELLA, Domenico. "European Industries 1500-1700". *In*: CIPOLLA, Carlo M. (org.). *The Fontana Economic History of Europe*, v. 2. Londres: Fontana, 1974.

SEVILLA-BUITRAGO, Alvaro. "Capitalist Formations of Enclosure: Space and the Extinction of the Commons", *Antipode*, v. 47, n. 4, p. 999-1.020, 2015.

SHAPIRO, Stephen. "The World-System of Capital's Manifolds: Transformation Rips and the Cultural Fix" [artigo não publicado], Departamento de Inglês e Estudos de Literatura Comparada, Universidade Warwick, Reino Unido, 2013.

SHAPIRO, Stephen. "From Capitalist to Communist Abstraction: The Pale King's Cultural Fix", *Textual Practice*, v. 28, n. 7, p. 1.249-71, 2014.

SHELLENBERGER, Michael & NORDHAUS, Ted (orgs.). *Love Your Monsters: Postenvironmentalism and the Anthropocene*. São Francisco: The Breakthrough Institute, 2011.

SHEPARD, Paul. *Man in the Landscape*. Athens: University of Georgia Press, 2002.

SIMMONS, A. J. "On the Territorial Rights of States", *Philosophical Issues*, n. 11, p. 300-26, 2001.

SLICHER VAN BATH, B. H. *The Agrarian History of Western Europe, 500-1850 A.D.* Trad. Olive Ordish. Nova York: St. Martin's Press, 1963.

SLICHER VAN BATH, B. H. "Agriculture in the Vital Revolution". *In*: RICH, E. E. & WILSON, C. H. *The Cambridge Economic History of Europe*, v. 5. Cambridge: Cambridge University Press, 1977.

SMITH, Adam. *An Inquiry into the Nature and Causes of the Wealth of Nations*. Nova York: Modern Library, 1937 [1776]. [Ed. bras.: *A riqueza das nações*. Trad. Alexandre Amaral Rodrigues e Eunice Ostrensky. São Paulo: Martins Fontes WMF, 2003.]

SMITH, Felisa A.; ELLIOTT, Scott M. & LYONS, S. Kathleen. "Methane Emissions from Extinct Megafauna", *Nature Geoscience*, v. 3, n. 6, p. 374-5, 2010.

SMITH, Neil. *Uneven Development*. Oxford: Basil Blackwell, 1984.

SMITH, Neil. "Rehabilitating a Renegade? The Geography and Politics of Karl August Wittfogel", *Dialectical Anthropology*, v. 12, n. 1, p. 127-36, 1987.

SMITH, Neil. "Nature as an Accumulation Strategy". *In*: PANITCH, Leo & LEYS, Colin (orgs.). *Socialist Register 2007: Coming to Terms with Nature*. Londres: Merlin Press, 2006.

SNOW, Charles Percy. *The Two Cultures: And a Second Look*. Cambridge: Cambridge University Press, 1964. [Ed. bras.: *As duas culturas e uma segunda leitura*. Trad. Geraldo Gerson de Souza e Renato de Azevedo Rezende Neto. São Paulo: Edusp, 2015.]

SNYDER, Gary. *Turtle Island*. Nova York: New Directions, 1974.

STEFFEN, Will; CRUTZEN, Paul J. & MCNEILL, John R. "The Anthropocene: Are Humans Now Overwhelming the Great Forces of Nature?", *Ambio*, v. 36, n. 8, p. 614-21, 2007.

STEFFEN, Will; GRINEVALD, Jacques; CRUTZEN, Paul J. & MCNEILL, John R. "The Anthropocene: Conceptual and Historical Perspectives", *Philosophical Transactions of the Royal Society*, v. 369, n. 1.938, p. 842-67, 2011a.

STEFFEN, Will; PERSSON, Åsa; DEUTSCH, Lisa; ZALASIEWICZ, Jan; WILLIAMS, Mark; RICHARDSON, Katherine & CRUMLEY, Carole. "The Anthropocene: From Global Change to Planetary Stewardship", *Ambio*, v. 40, n. 7, p. 739-61, 2011b.

STEFFEN, Will; BROADGATE, Wendy; DEUTSCH, Lisa; GAFFNEY, Owen & LUDWIG, Cornelia. "The Trajectory of the Anthropocene", *Anthropocene Review*, v. 2, n. 1, p. 81-98, 2015.

STEINBERG, Theodore L. "An Ecological Perspective on the Origins of Industrialization", *Environmental Review*, v. 10, n. 4, p. 261-76, 1986.

STEINER, Gary. *Anthropocentrism and its Discontents*. Pittsburgh: University of Pittsburgh Press, 2005.

STENGERS, Isabelle. *Au temps des catastrophes*. Paris: La Découverte, 2009.

STENGERS, Isabelle. "Relaying a War Machine?". *In*: ALLIEZ, Éric & GOFFEY, Andrew (orgs.). *The Guattari Effect*. Londres: Continuum, 2011.

STENGERS, Isabelle & DESPRET, Vinciane. *Women Who Make a Fuss*. Trad. April Knutson. Minneapolis: Univocal Publishing, 2014.

STRATHERN, Marilyn. *The Gender of the Gift*. Berkeley: University of California Press, 1990.

STRATHERN, Marilyn. *Partial Connections*. Lanham: Rowman and Littlefield, 1991.

STRATHERN, Marilyn. *Reproducing the Future*. Manchester: Manchester University Press, 1992.

STRATHERN, Marilyn. *The Relation: Issues in Complexity and Scale*. Cambridge: Prickly Pear Press, 1995.

STRATHERN, Marilyn. *Kinship, Law and the Unexpected*. Cambridge: Cambridge University Press, 2005.

STUDNICKI-GIZBERT, Daviken & SCHECTER, David. "The Environmental Dynamics of a Colonial Fuel-Rush", *Environmental History*, v. 15, n. 1, p. 94-119, 2010.

SUNDBERG, Ulf. "An Energy Analysis of the Production at the Great Copper Mountain of Falun During the Mid-Seventeenth Century", *International Journal of Forest Engineering*, v. 1, n. 3, p. 4-16, 1991.

SWYNGEDOUW, Erik. "Territorial Organization and the Space/Technology Nexus", *Transactions of the Institute of British Geographers*, v. 17, n. 4, p. 417-33, 1992.

SWYNGEDOUW, Erik. "The City as a Hybrid: On Nature, Society and Cyborg Urbanization", *Capitalism Nature Socialism*, v. 7, n. 2, p. 65-80, 1996.

SWYNGEDOUW, Erik. "Apocalypse Now! Fear and Doomsday Pleasures", *Capitalism Nature Socialism*, v. 24, n. 1, p. 9-18, 2013.

SZCYGIELSKI, W. "Die ökonomische Aktivität des polnischen Adels im 16-18. Jahrhundert", *Studia Historiae Oeconomicae*, n. 2, p. 83-101, 1967.

TAINTER, Joseph A. *The Collapse of Complex Societies*. Cambridge: Cambridge University Press, 1988.

TAYLOR, Marcus. *The Political Ecology of Climate Change Adaptation*. Nova York: Routledge, 2015.

TEBRAKE, William H. "Taming the Waterwolf: Hydraulic Engineering and Water Management in the Netherlands During the Middle Ages", *Technology & Culture*, n. 43, p. 475-99, 2002.

TESCHKE, Benno. "The Metamorphoses of European Territoriality: a Historical Reconstruction.". *In*: BURGESS, Michael & VOLLAARD, Hans (orgs.). *State, Territoriality and European Integration*. Londres: Routledge, 2006.

THOMAS, Brinley. "Escaping from Constraints: The Industrial Revolution in a Malthusian Context", *Journal of Interdisciplinary History*, v. 15, n. 4, p. 729-53, 1985.

THOMAS, Brinley. *The Industrial Revolution and the Atlantic Economy*. Nova York: Routledge, 1993.

THOMAS, Peter D. "Gramsci and the Political", *Radical Philosophy*, n. 153, p. 27-36, 2009.

THOMPSON, Edward P. "The Moral Economy of the English Crowd in the Eighteenth Century", *Past & Present*, v. 50, n. 1, p. 76-136, 1971.

THOREAU, Henry David. *Walden; or, Life in the Woods*. Nova York: First Vintage Books, 1991. [Ed. bras.: *Walden*. Trad. Denise Bottmann. Porto Alegre: L&PM, 2010.]

TOPOLSKI, Jerzy. "La regression économique en Pologne du XVIe au XVIIIe siècle", *Acta Polonaie Historica*, n. 7, p. 28-49, 1962.

TOPOLSKI, Jerzy & WYCZANSKI, A. "Les fluctuations de la production agricole en Pologne XVIe-XVIIIe siècles". *In*: GOY, Joseph & LADURIE, Emmanuel Le Roy (orgs.). *Prestations paysannes, dîmes, rente foncière et mouvement de la production agricole à l'époque préindustrielle*, v. 1. Paris: Editions de l'Ehess, 1982.

TOYNBEE, Arnold. *Lectures on the Industrial Revolution of the Eighteenth Century in England*. Londres: Longmans, Green, and Co., 1894.

TSING, Anna. *Friction: An Ethnography of Global Connection*. Princeton: Princeton University Press, 2005.

TSING, Anna. *The Mushroom at the End of the World*. Princeton: Princeton University Press, 2015.

TUATHAIL, Gearóid Ó. "At the End of Geopolitics? Reflections on a Plural Problematic at the Century's End", *Alternatives*, v. 22, n. 1, p. 35-55, 1997.

TUCKER, Richard. "Containing Communism by Impounding Rivers". *In*: MCNEILL, J. R. & UNGER, Corinna R. (orgs.). *Environmental Histories of the Cold War*. Cambridge: Cambridge University Press, 2010, p. 139-63.

TURNER, Frederick Jackson. "The Significance of the Frontier in American History". *In*: TURNER, Frederick Jackson. *Frontier and Section: Selected Essays of Frederick Jackson Turner*. Englewood Cliffs: Prentice-Hall, 1961.

UNGER, Richard W. "Technology and Industrial Organization: Dutch Shipbuilding to 1800", *Business History*, v. 17, n. 1, p. 56-72, 1975.

UNGER, Richard W. "Dutch Nautical Sciences in the Golden Age: The Portuguese Influence", *E-Journal of Portuguese History*, v. 9, n. 2, p. 68-83, 2011.

UNITED STATES DEPARTMENT OF THE INTERIOR. "Organic Act of the U.S. Geological Survey", U.S. Statutes at Large 20, Stat. 394. Washington: U.S. Government Printing Office, 1879.

VAN DER WOUDE, Ad. "Sources of Energy in the Dutch Golden Age", *NEHA-Jaarboekvoor economische, bedrijfs, en techniekgeschiedenis*, n. 66, p. 64-84, 2003.

VAN DOOREN, Thom. "Keeping Faith with Death: Mourning and De-extinction", *Extinction Studies Working Group*, 10 nov. 2013. Disponível em: http://extinctionstudies.org/2013/11/10/keeping-faith-with-death-mourning-and-de-extinction/.

VAN DOOREN, Thom. *Flight Ways: Life and Loss at the Edge of Extinction*. Nova York: Columbia University Press, 2014.

VAN DOOREN, Thom & ROSE, Deborah. "Storied-Places in a Multispecies City", *Humanimalia*, v. 3, n. 2, p. 1-27, 2012.

VANSINA, Jan. "Quilombos on São Tomé, or in Search of Original Sources", *History in Africa*, v. 23, p. 453-9, 1996.

VARCHMIN, Jochim & RADKAU, Joachim. *Kraft, Energie und Arbeit: Energie und Gesellschaft*. Hamburgo: Deutsches Museum, 1981.

VAUGHN, Megan. *Curing Their Ills*. Palo Alto: Stanford University Press, 1991.

VAVER, David (org.). *Intellectual Property Rights: Critical Concepts in Law*, v. 4. Nova York: Taylor & Francis, 2006.

VINCE, Gaia. "An Epoch Debate", *Science*, v. 334, n. 7, p. 32-7, 2011.

VIRILIO, Paul. *The Original Accident*. Cambridge: Polity, 2007.

WACKERNAGEL, Mathis *et al*. "National Natural Capital Accounting with the Ecological Footprint Concept", *Ecological Economics*, v. 29, n. 3, p. 375-90, 1999.

WACKERNAGEL, Mathis & REES, William E. *Our Ecological Footprint*. Gabriola Island: New Society Publishers, 1996.

WALLERSTEIN, Immanuel. *The Modern World-System*, v. 1, *Capitalist Agriculture and the Origins of the European World-Economy in the Sixteenth Century*. Nova York: Academic Press, 1974.

WALLERSTEIN, Immanuel. *The Modern World-System*, v. 2, *The Second Era of Great Expansion of the Capitalist World-Economy, 1730s-1840s*. Nova York: Academic Press, 1980.

WARD, Peter Douglas. *The Medea Hypothesis*. Princeton: Princeton University Press, 2009.

WARDE, Paul. *Ecology, Economy and State Formation in Early Modern Germany*. Cambridge: Cambridge University Press, 2006a.

WARDE, Paul. "Fear of Wood Shortage and the Reality of the Woodland in Europe, c. 1450-1850", *History Workshop Journal*, v. 62, n. 1, p. 28-57, 2006b.

WARDE, Paul. "Energy and Natural Resource Dependency in Europe, 1600-1900", BWPI Working Paper 77, Universidade de Manchester, Reino Unido, 2009.

WARDE, Paul & Antonio MARRA. *Energy Consumption in England and Wales, 1560-2000*. Nápoles: Consiglio Nazionale delle Ricerche, Istituto di Studi sulle Società del Mediterraneo, 2007.

WARK, McKenzie. *Molecular Red: Theory for the Anthropocene*. Londres: Verso, 2015.

WATTS, David. *The West Indies*. Cambridge: Cambridge University Press, 1987.

WATTS, Michael J. "Nature: Culture". *In*: CLOKE, Paul & JOHNSTON, Ron. *Spaces of Geographical Thought*. Londres, Sage, 2005.

WEART, Spencer. *The Discovery of Global Warming*. Cambridge: Harvard University Press, 2008.

WEBER, Max. "Politics as a Vocation". *In*: GERTH, H. H. & MILLS, C. Wright (orgs.). *From Max Weber: Essays in Sociology*. Nova York: Oxford University Press, 1946. [Ed. bras. *Ciência e política: duas vocações*. 18. ed. Trad. Leonidas Hegenberg e Octany Silveira da Mota. São Paulo: Cultrix, 2011.]

WEBER, Max. *The Theory of Social and Economic Organization*. Nova York: Free Press, 1947.

WEBER, Max. *The Religion of China*. Nova York: Free Press, 1964.

WEBER, Max. *Economy and Society*. Berkeley: University of California Press, 1978. [Ed. bras.: *Economia e sociedade: fundamentos da sociologia compreensiva*, v. 1. Trad. Régis Bolsabe e Karen Elsabe Barbosa. Brasília: Editora da UNB, 2015.]

WEBER, Max. *The Protestant Ethic and the Spirit of Capitalism*. Nova York: Routledge, 1992. [Ed. bras.: *A ética protestante e o espírito do capitalismo*. Trad. José Marcos Mariani de Macedo. São Paulo: Companhias das Letras, 2004.]

WEBB, James. *Humanity's Burden*. Cambridge: Cambridge University Press, 2009.

WEBB, Walter Prescott. *The Great Frontier*. Austin: University of Texas Press, 1964.

WEIS, Tony. *The Ecological Hoofprint*. Londres: Zed Books, 2013.

WERMUTH, Thomas S. "New York Farmers and the Market Revolution", *Journal of Social History*, v. 32, n. 1, p. 179-96, 1998.

WEXLER, Harry. "Modifying Weather on a Large Scale", *Science*, n. 128, p. 1.059-63, 1958.

WHITE, Richard. *The Organic Machine*. Nova York: Hill & Wang, 1995.

WILLIAMS, Michael. *Deforesting the Earth*. Chicago: University of Chicago Press, 2003.

WILLIAMS, Raymond. *Culture and Society: 1780-1950*. Harmondsworth: Penguin, 1963 [1958]. [Ed. bras.: *Cultura e sociedade: de Coleridge a Orwell*. Trad. Vera Joscelyne. Petrópolis: Vozes, 2011.]

WILLIAMS, Raymond. "Ideas of Nature". *In*: BENTHALL, Jonathan (org.). *Ecology: The Shaping Enquiry*. Londres: Longman, 1972.

WILLIAMS, Raymond. *Keywords*. Londres: Fontana Press, 1983. [Ed. bras.: *Palavras-chave: um vocabulário de cultura e sociedade*. Trad. Sandra Guardini Vasconcelos. São Paulo: Boitempo, 2007.]

WILLIAMS, Raymond. *Culture and Materialism*. Londres: Verso, 2005. [Ed. bras.: *Cultura e materialismo*. Trad. André Glaser. São Paulo: Editora Unesp, 2011.]

WILSON, Charles H. *The Dutch Republic and the Civilisation of the Seventeenth Century*. Nova York: McGraw Hill, 1968.

WING, John T. "Keeping Spain Afloat: State Forestry and Imperial Defense in the Sixteenth Century", *Environmental History*, n. 17, p. 116-45, 2012.

WITTFOGEL, Karl. *Oriental Despotism*. New Haven: Yale University Press, 1957.

WITTMAN, Hannah; DESMARAIS, Annette Aurélie & WIEBE, Nettie (orgs.). *Food Sovereignty in Canada*. Halifax: Fernwood, 2011.

WOLF, Eric R. *Europe and the People without History*. Berkeley: University of California Press, 1982.

WORSTER, Donald. *Rivers of Empire*. Nova York: Pantheon, 1985.

WORSTER, Donald (org.). *The Ends of the Earth: Perspectives on Modern Environmental History*. Cambridge: Cambridge University Press, 1988.

WORSTER, Donald. "Transformations of the Earth", *Journal of American History*, v. 76, n. 4, p. 1.087-106, 1990.

WORSTER, Donald. *The Wealth of Nature*. Nova York: Oxford University Press, 1993.

WORSTER, Donald. *Nature's Economy*. Cambridge: Cambridge University Press, 1994.

ZALASIEWICZ, Jan; WILLIAMS, Mark; SMITH, Alan; BARRY, Tiffany L.; COE, Angela L.; BOWN, Paul R. & BRENCHLEY, Patrick. "Are We Now Living in the Anthropocene?", *GSA Today*, v. 18, n. 2, p. 4-8, 2008.

ZALASIEWICZ, Jan; WILLIAMS, Mark; STEFFEN, Will & CRUTZEN, Paul. "The New World of the Anthropocene", *Environmental Science & Technology*, v. 44, n. 7, p. 2.228-31, 2010.

ZALASIEWICZ, Jan; WILLIAMS, Mark; FORTEY, Richard; SMITH, Alan; BARRY, Tiffany L.; COE, Angela L. & BOWN, Paul R. "Stratigraphy of the Anthropocene", *Philosophical Transactions of the Royal Society*, v. 369, n. 1.938, p. 1.036-55, 2011a.

ZALASIEWICZ, Jan; WILLIAMS, Mark; HAYWOOD, Alan & ELLIS, Michael. "The Anthropocene: A New Epoch of Geological Time?", *Philosophical Transactions of the Royal Society*, v. 369, n. 1.938, p. 835-41, 2011b.

ZANDEN, Jan Luiten van. *The Rise and Decline of Holland's Economy*. Manchester: Manchester University Press, 1993.

ZANDEN, Jan Luiten van. "The 'Revolt of the Early Modernists' and the 'First Modern Economy'", *Economic History Review*, v. 55, n. 4, p. 619-41, 2002.

ZANDEN, Jan Luiten van. *The Long Road to the Industrial Revolution*. Leiden: Brill, 2009.

ZEEUW, J. W. de. "Peat and the Dutch Golden Age: The Historical Meaning of Energy-Attainability", *A.A.G. Bijdragen*, n. 21, p. 3-31, 1978.

ZINS, Henryk. *England and the Baltic in the Elizabethan Era*. Manchester: Manchester University Press, 1972.

Título original:
Anthropocene or Capitalocene? Nature, History, and the Crisis of Capitalism, Jason W. Moore (org.)
PM Press, 2016

Primeira edição, julho de 2022
Primeira reimpressão, junho de 2024
São Paulo, Brasil

Dados Internacionais de Catalogação na Publicação (CIP)
Angélica Ilacqua CRB-8/7057

Moore, Jason W. (org.)
Antropoceno ou Capitaloceno? Natureza, história e a crise do capitalismo / organizado por Jason W. Moore; tradução de Antônio Xerxenesky, Fernando Silva e Silva — São Paulo: Elefante, 2022.
344 p.

ISBN 978-65-87235-79-0

Título original: Anthropocene or Capitalocene? Nature, History, and the Crisis of Capitalism

1. Ciências sociais 2. Capitalismo 3. Meio ambiente
I. Moore, Jason W. II. Xerxenesky, Antônio III. Silva, Fernando Silva e

22-1477 CDD 300

Índices para catálogo sistemático:
1. Ciências sociais

---

elefante

editoraelefante.com.br
contato@editoraelefante.com.br
fb.com/editoraelefante
@editoraelefante

Aline Tieme [comercial]
Samanta Marinho [financeiro]
Sidney Schunck [design]
Teresa Cristina Silva [redes]

fontes GT Walsheim Pro & Fournier MT Std

papel Kraft 240 g/m² e Lux Cream 60 g/m²

impressão BMF Gráfica